大文豪小故事

杨建玫 编著

复旦大学出版社

目 录

第一章　泰晤士河畔的自由天使
　　——波西·毕希·雪莱 / 001

正直但叛逆的青春期 / 002
对自由思想的信奉 / 006
三位革命浪漫主义诗人地久天长的友谊 / 009
美好但坎坷的漫漫爱情路 / 010
充满苦难的意大利岁月 / 014

第二章　辉煌人生
　　——查尔斯·狄更斯 / 019

艰辛成长路上初品人世疾苦 / 020
痴情作家的青涩初恋 / 023
爱情、写作双赢 / 028
春风得意 / 032
风光无限美洲行 / 036
演员气质 / 043

多样癖好 / 050

善良之举 / 053

友谊之重 / 056

纠结的婚姻 / 059

忘年之恋 / 062

重访美国 / 064

亮丽晚霞 / 067

第三章 荒原上盛开的石楠花
——夏洛蒂·勃朗特与她的两个妹妹 / 070

孤寂童年 / 071

求学在外 / 075

无奈教书路 / 077

异国求学 / 082

漫漫文学路 / 084

崭露头角 / 087

乌云压顶 / 091

巅峰华彩 / 099

姐妹情深 / 104

因为爱情 / 106

个性十足 / 111

第四章 "淫荡"的流浪作家
——D. H. 劳伦斯 / 117

少年时代 / 118

初恋与创作 / 120
私奔与婚姻 / 132
战争旋涡 / 138
世界逐客 / 146
终点站意大利 / 157

第五章 矛盾之人
——萧伯纳 / 163

早年的奋斗 / 164
同行相轻 / 168
温馨浪漫史 / 170
忘年婚外恋 / 174
法西斯立场与中国之行 / 177
萧伯纳面面观 / 179

第六章 集温情、脆弱于一身
——美国文坛巨匠马克·吐温 / 185

曲折迂回求婚路 / 186
伊甸乐园美好时光 / 192
满腔父爱 / 197
亲人离世倍感伤 / 202
可爱的"缺陷" / 206
坎坷不平经商路 / 209

第七章 "邮票大小的土地"王国的"国王"
——威廉·福克纳 / 214

先祖的"遗产" / 215

初露锋芒 / 220

多情种子 / 225

好莱坞之恋 / 232

巅峰时期 / 239

第八章 勇敢的"投降"硬汉
——欧内斯特·海明威 / 249

少年风采 / 250

初出茅庐 / 255

勇敢战士 / 259

多样婚恋史 / 274

同行冤家 / 303

家庭隔阂 / 314

怪异性格 / 318

"投降"的硬汉 / 320

引用文献 / 326

第一章

泰晤士河畔的自由天使

——波西·毕希·雪莱

从小就具有叛逆性格的他,人称"不信神的疯子"。

为了坚持无神论思想,他不惜与父亲断绝关系,放弃父亲的经济支持,但他也被牛津大学开除。

年轻的诗人迫切地向学界长辈求教,于是他与骚塞和葛德文之间发生了一系列事情。

他与另外两位诗坛新人同声讴歌自由,与他们结下了深厚友谊。

年轻的雪莱

他既不幸,又幸运:不幸的是他的第一次悲哀的婚姻;幸运的是他遇到了玛丽,一位因创作《弗兰肯斯坦》而闻名的女作家。

意大利既是他多部杰作的产出之地,也是他断魂之处。

他虽年纪尚轻就撒手人寰,但他的艺术创造力却有着永恒的生命力。

他就是英国著名的浪漫主义诗人雪莱。

波西·毕希·雪莱(1792—1822)是英国文学史上最有才华的抒情诗人之一。与他同属于浪漫主义时期的诗人威廉·华兹华斯①称他为"我们的艺术家中最为优秀的人"。他被誉为"诗人中的诗人",是个伟大的理想主义者。

正直但叛逆的青春期

1792年8月4日,在英国一个贵族家庭的庄园里,一个新生命诞生了。他就是**英国浪漫主义时期伟大的抒情诗人雪莱**。

童年时的雪莱

雪莱是在不甚和谐的家庭氛围中长大的。他在很小的时候就感觉到家人对他态度的各种变化。祖父对他虽然宠爱,却太过专横,表达的是祖父本人的意志;父亲啰唆的管教方式让小雪莱厌烦父亲的虚伪和圆滑;美丽但冷漠的母亲令他感到她只是一尊冰冷的雕像。然而,雪莱却能够排除生长环境的消极影响,在以后的生活中关爱他人,甚至全人类。

阅读是雪莱一生的乐趣。雪莱在6岁时就开始接受教育,10岁进入一所教会学校学习。在枯燥的学习中,雪莱学会了阅读,从此,阅读伴随了他一生。他天生喜欢探究神秘的事物,尤其想要搞明白他所居住的菲尔

---

① 威廉·华兹华斯(1770—1850),19世纪英国重要的浪漫派诗人,1843年被封为桂冠诗人。

德庄园的秘密。他喜欢在林中漫步,在荒坟上躺卧遐想,在草地上凝望天空,感受自然之爱。在与大自然亲近的过程中,雪莱对自然界产生了一种深深的依恋。

童年时期,雪莱十分正直。12岁时,雪莱进入伊顿公学读书。这所学校虽然是培养贵族子弟的摇篮,却以鞭打学生而闻名。面对枯燥的功课和不合理的体罚,爱好自由的雪莱,其心灵自然与之发生了冲撞,他尤其对"学仆制"①深恶痛绝。在他看来,这种制度是对人格的污辱。

少年雪莱是一个内心绝不屈服于恶势力的正直之人。在学校里那群外表文雅、内心邪恶的少年中间,相貌俊秀但内心绝不屈服的雪莱立刻成为高年级学生想要征服的对象。一个小团体的高年级学生首领想让雪莱当他的学仆,立刻招来雪莱愤怒的反抗。柔弱的他像一头猛兽一样一次次将对手打败,导致不甘心的首领组织了一个"恼雪团",试图激怒雪莱。他们跟踪包围他,用泥球砸他,踢掉他手上的书并践踏它。同时,他们会尖声地号叫着"疯子雪莱"来威吓他。此时的雪莱全身颤抖,眼睛发直,激动万分,真的像疯了一样,众人这才一哄而散。

少年雪莱不相信上帝,推崇为被压迫者争取自由的思想。他喜欢在美丽恬静的泰晤士河畔阅读他最喜爱的英国哲学家威廉·葛德文的书籍,并试图论证葛德文思想的正确性:"如果上帝是公道的,我们如何能相信他会惩罚那些由他制造的、意志薄弱的人?如果上帝是全能的,人们如何能触犯他、抵抗他?如果上帝是理智的,他为什么向那些不幸的人们发脾气?"②**善于独立思考的雪莱从他所看到的**

---

① 学仆制:指新入学的低年级学生必须为高年级学生做仆役的习制,即他们得为高年级学生铺床叠被、提水、洗衣擦鞋等,若反抗则会招来惩罚(如被高年级学生用马刺踢、跳很宽的水沟、被殴打等)。

② 王志艳:《泰晤士河畔飞翔的天使——与浪漫为伍的诗人雪莱》,延吉:延边人民出版社,2007,第14页。

不公正现象开始怀疑神权,进而又怀疑王权,他逐渐成长为一个无神论者。

雪莱在扼杀学生思想的学校里找不到思想共鸣者,甚为苦恼。假期里,他回到菲尔德庄园的家,把自己的思考与大姐伊丽莎白和表妹哈丽特分享。谈到婚姻时,他告诉她们说:"婚姻是牢狱,应该摆脱无爱婚姻的束缚。"志同道合的三人一起写了一部长篇小说《扎斯特罗齐》,讲述暴君、侠盗和美女的故事。哈丽特的心逐渐与雪莱的心靠近,终至心心相印,成为彼此的初恋情人。

读大学时,雪莱推崇的生活是读书、写作、散步、思考。 18岁的雪莱进入牛津大学学习。在这里,雪莱享受着自由生活:读书、写作、散步、思考自己感兴趣的问题。作为一名无神论者,他把自己对上帝的怀疑等当时世人看来离经叛道的思想写了出来,散发给其他人。他广泛阅读欧洲文学经典著作,在阅读中追寻自由民主精神。

阅读之余,他喜欢到河畔散步。他有一项奇特的爱好,那就是把他折叠的纸船放到河面上,让它们慢慢漂流。这一爱好似乎预示着他以后的命运:**他终生都将像一只小船一样与世俗和强权的水流做斗争,水流能够吞没他的身体,却难以倾覆他的自由思想。**

在牛津求学期间,雪莱喜欢与人交谈争论。 这也是他与唯一的好友托马斯·杰斐逊·霍格之间经常发生的事情。他告诉霍格说:"我感到诗真正是最快乐、最善良的心灵中,最快乐、最善良的瞬间记录……诗能使世间最善、最美的一切永垂不朽!"霍格看到,此时雪莱表情诚恳、果敢、坚毅,但目光始终纯净无邪。他隐隐感到不安,担心像雪莱这样一个思想叛逆者将来的命运。

其实,雪莱家族的人已经开始警惕他的思想和言行了。又一个假期,他回到了家里。对他从来就冷漠不堪的母亲如今不只是厌恶,而是痛恨这个逆子。她难以忍受他给姐妹们写的亵渎上帝的信件,严令女儿们远离这个大逆不道的儿子。姐姐告诉他说,哈丽特决定放弃与他的婚约。雪莱开始还一直为此伤心,后来听说哈丽特嫁给了一个阔地主后,他不屑地一笑了之,说:"她嫁给了一块泥土。"

重新回到牛津大学后,雪莱写出了《**无神论的必然性**》,签上了"无神论者"的署名。结果,他这种**大逆不道、冒犯上帝的反宗教思想**引起了轩然大波,校方当即开除了他。霍格因拒绝回答校方的讯问并为雪莱辩护,也被开除。从中学时就被人称为"不信神的疯子雪莱",成为了无神论者队伍中的一员。

雪莱为了坚持自己的思想而放弃家业。离开牛津后,他与霍格来到伦敦。雪莱接着又遭到来自家庭的惩罚。自视为自由主义者的父亲想要逼迫他放弃无神论思想,以断绝他的经济来源相要挟。雪莱毫不犹豫地拒绝了。与父亲决裂后,雪莱这个庞大家业的继承人变成了一文不名的穷光蛋,但他拒绝放弃自己的思想,继续执着地追求真理。

身无分文的雪莱遇到了第一位志同道合的红颜知己。雪莱被校方开除、与父亲决裂之后,在伦敦无法找到工作,便依靠在女子学院读书的妹妹海伦的救济生活。幸运的是,雪莱英俊的外表及其非凡的思想、谈吐,吸引了海伦的女同学——与他前女友同名的哈丽特,她被雪莱的学识深深吸引住。于是哈丽特常来看望他,对他的观点从不反驳。他们的心逐渐靠拢,两人决定私奔结婚。

不屈服的雪莱随时准备与恶势力作斗争。19岁的雪莱和16岁的哈丽特一起到了爱丁堡,在一家旅馆成了亲,他们的婚礼很简单。旅店老板和他的朋友来祝贺时开的粗俗的玩笑,令这对羞涩的新郎、新娘难以忍受,他们不得不躲到房间里。令他们没有料到的是,这些人又敲开了门,挤到房间里说:"按我们的风俗,有人结婚,来宾在半夜要用威士忌酒给新娘洗澡……"随后一阵放肆的笑声在夜空中回响。雪莱勃然大怒,他无法忍受自己和妻子的人格受到侮辱,便转身从抽屉里掏出两把手枪,对这些酒鬼说:"谁再往房里走进一步,我就打出谁的脑浆。"①他狂怒的脸庞吓退了这帮人,他们仓皇逃窜。

刚度过蜜月,雪莱夫妇兴奋地迎来了前来度假的霍格。他们一起读书、讨论问题、散步、游玩,度过了许多快乐时光。就在雪莱为解决经济问题不得不独自前往伦敦时,越来越被哈丽特吸引的霍格不顾"朋友妻不可欺"的原则,向哈丽特表白。忠诚的哈丽特毅然拒绝了他。雪莱后来知道了这件事之后,带着妻子悄悄离开了霍格。

诗人从小就显示出不顺应世俗的叛逆思想和行为,他的婚姻选择也是如此。这意味着雪莱以后的生活道路必然会坎坷不平。

对自由思想的信奉

年轻的雪莱虽然名不见经传,但他看重的却从来不是金钱,而是**自由的思想和正直的良心**。他对自己的文学之路充满信心,他虚心向学界长辈求教,希望得到指导。于是,他与当时著名的英国湖畔派诗人骚塞②和葛德文之间,发生了一系列故事。

雪莱夫妇慕名来到骚塞生活的湖区③去拜访这位桂冠诗人。然而,与骚塞的会面却破坏了雪莱心中对偶像的美好想象。迎接他的骚塞大腹便便,家里布置得华丽俗气,完全没有他所期望的诗人那种温文尔雅的气质。骚塞的谈话更令雪莱失望。骚塞大谈社会秩序的稳定。谈到宗教时,骚塞宣称自己是基督教徒,这无疑与雪莱的无神论思想大相径庭。雪莱从谈话中得知,骚塞接受桂冠诗人的称号后

---

① 王志艳:《泰晤士河畔飞翔的天使——与浪漫为伍的诗人雪莱》,延吉:延边人民出版社,2007,第36页。

② 罗伯特·骚塞(1774—1843),英国浪漫主义时期"湖畔派"三诗人之一,在华兹华斯之前任桂冠诗人。

③ 湖区:指英格兰北部湖区。骚塞、华兹华斯和柯勒律治都曾长期居住在这一带。他们在诗歌创作上形成消极的浪漫主义流派,一般被称为湖畔派。

每年可增加300英镑的收入,但为此得为皇家的庆典赋诗。他认为骚塞是在出卖良心。在读到骚塞在报纸上发表的吹捧国王的诗时,爱憎分明的雪莱毅然给骚塞写信说:"我认为你已成为金钱的奴隶,从今日起我与你绝交。"①

因为这封信,雪莱得罪了心胸狭窄的骚塞。从此骚塞视雪莱为死敌,抓住一切机会撰文辱骂他,讥讽他是不信奉上帝的疯子、十恶不赦的恶魔和伤风败俗的罪人。湖畔派诗人中除了骚塞之外,还有华兹华斯和柯勒律治,他们同属于第一代浪漫主义诗人,都住在湖区。而且柯勒律治娶的正是骚塞夫人的妹妹,这无疑更加强了这个小团体的团结。**雪莱因此与湖畔派诗人交恶。**

两派浪漫主义诗人团体可谓志不同道不合,他们的关系进一步恶化。在雪莱和拜伦②这两位年轻的诗人崛起之后,骚塞和柯勒律治更是视雪莱和拜伦为仇敌。据说他们每隔3个月在杂志上撰文互相吹捧的同时,都要鞭挞这两位诗坛新人。**三位湖畔派诗人都曾写过歌颂自由的诗篇,然而他们所指的自由是指摆脱外国暴政的自由,而对英国统治者却怀有臣服之心。这与雪莱和拜伦的自由观大相径庭,他们所称的自由指对抗一切暴政的自由,是要获得全人类的平等与自由。**

雪莱在整个青少年时代都在研读哲学著作,希望能够实现他追求的理想:实现人类的平等自由。他曾承认自己"有一种改造世界的强烈爱好",这种禀性使他从小就同情弱者,憎恨强权。也正因为如此,他才会在伊顿公学反抗"学仆制";面对家庭的压力,他绝不屈服;面对百姓,他关心他们的疾苦。

离开湖区以后,雪莱夫妇来到了爱尔兰首都都柏林。但令他们

---

① 王志艳:《泰晤士河畔飞翔的天使——与浪漫为伍的诗人雪莱》,延吉:延边人民出版社,2007,第53页。

② 乔治·戈登·拜伦(1788—1824),19世纪英国浪漫派诗人。

失望的是，这里充斥着肮脏、贫穷、偷窃、赌博、仇杀。雪莱向都柏林贫穷的百姓进行演讲，发布了《告爱尔兰人民书》，意在唤起爱尔兰人对压迫他们的英国统治者的反抗意识。可是爱尔兰人民似乎对自己的生活状况毫无怨言，他们的愚昧和无动于衷令雪莱感到悲哀。

就在这时，雪莱发现他一直崇拜的哲学家威廉·葛德文就住在伦敦。他马上给这位精神导师写信，倾吐对他的仰慕之情。1812年冬，雪莱夫妇回到伦敦安顿下来后，雪莱去拜访他的精神导师葛德文。虽然是第一次会面，葛德文与雪莱一见如故。雪莱具有青年人的热情和思想者的智慧，他很快博得了葛德文的赞赏，两人的思想碰撞出智慧的火花。在这次会面中，葛德文给雪莱介绍了他的家人。雪莱得知，葛德文的第一任妻子玛丽·沃斯通克拉夫特是一位有才能的女作家①，他们有一个女儿与母亲同名，可惜这次雪莱未见到她。此时的雪莱无论如何也未曾料到，自己以后会与玛丽相恋并成为终身伴侣。

雪莱逐渐显露写作才华。这次拜见之后，雪莱和葛德文一家开始了密切交往。两人常常一起散步谈心，思想交流极为和谐。与此同时，雪莱创作了他的**第一部诗集《麦布女王》**，阐述了他对哲学、宗教、道德和社会问题的看法，几乎包含了他所有的社会政治观点。这首革命诗篇采用神话故事和梦境的形式，描绘了麦布女王向女孩艾安西展现的人类的过去、现在和未来。作品谴责了剥削阶级的残暴专制及其发动的非正义战争，预示未来世界将由仁爱取代暴政、自由取代强权，人民将迎来自由平等的生活。就在这部诗集出版后不久，**英国爆发了著名的"宪章运动"，工人的奋斗目标与《麦布女王》的思想一致。**借此，**马克思把这部诗集誉为宪章主义者的"圣经"**，可见马克思对雪莱作品的评价之高。

---

① 玛丽·沃斯通克拉夫特的《为人权一辩》一文是西方女权主义思想的开山之作。

从此,雪莱正式走上了诗歌创作的道路。**他始终对人类的未来保持着乐观精神,成为一位追求自由思想的进步诗人。**

三位革命浪漫主义诗人地久天长的友谊

在 19 世纪初英国的浪漫派诗人中,与雪莱同属于积极浪漫主义阵营的诗人还有拜伦和济慈①,这三位诗坛新人都以充满热情的语言讴歌自由。

初次相见,志同道合的雪莱和拜伦便结下了深厚友谊。在瑞士的日内瓦湖畔,雪莱遇到了在国外流亡的拜伦。两人一见如故,有许多共同话语。他们都出身于贵族阶层,又都与自己的阶级决裂,成为贵族的反叛者。**两人向往自由,崇尚精神生活,都将诗歌作为他们表达理想的工具,但雪莱的思想境界高于拜伦:他是个彻底的反叛者,将诗歌视作为平等自由而战的工具,而拜伦只是个辛辣的嘲讽者,喜用一种玩世不恭的态度进行反叛;雪莱尊重女性,而拜伦则认为女性是祸害,轻视女性。**尽管如此,这两人还是结下了终身友谊。他们常常泛舟湖中,探讨人生、理想与社会。在这段时间,异国他乡的旖旎风光激发了两位诗人的灵感,他们都写出了一系列优美的抒情诗作。

济慈是与雪莱和拜伦同时期的优秀诗人。济慈生活贫困,十多岁时就不得不放弃学业,开始学医谋生。凭借文学天赋和大量阅读,济慈创作了一系列优美的抒情诗篇。

雪莱和济慈初识于朋友之家。当时济慈因出身卑微而自卑,但雪莱的性格是那么随和,他被雪莱的温和吸引住了。看到济慈如此贫困、弱小,雪莱非常关心他,总是尽可能地给他提供帮助。1817年,当济慈因《恩底弥翁》受到保守势力的攻击和谩骂时,雪莱从国外

---

① 约翰·济慈(1795—1821),英国 19 世纪浪漫派诗人。

写来信安慰他,询问他的病情,并邀请他到意大利休养。

然而,贫病交加的生活、文坛政客的嘲讽使他在25岁时就过早离开了这个世界。济慈病逝后,充满同情心的雪莱哀叹他的英年早逝,创作了多篇哀悼诗人的优秀诗作。

刚刚听到济慈去世的噩耗,雪莱就奋笔疾书,写下了《哀济慈》。他将济慈比作年少貌美才高的阿童尼①,认为他受到9位诗歌女神和天地万物的钟爱,自由跨越山川、河流和大地,像一只永生的夜莺般翱翔。

后来,雪莱又写了长诗《阿童尼——挽〈恩底弥翁〉〈海披里昂〉等诗的作者约翰·济慈》,表达哀思。雪莱还写了一篇前言来概括济慈的一生,并斥责曾恶毒中伤济慈的文坛爬虫。雪莱以自己的生花妙笔,使济慈在艺术的世界获得了永生。

美好但坎坷的漫漫爱情路

雪莱的第一次婚姻以失败告终。就在雪莱忙于追求理想之时,他的妻子哈丽特的思想逐渐发生了变化。自从生了第一个女儿之后,她越来越追求时髦衣着,热衷于伦敦的社交生活,并与一位少校频繁相伴而行,不再对雪莱的思想感兴趣。雪莱因哈丽特的虚荣,内心逐渐与她疏远。即使他尽力想挽回自己的婚姻,但两人之间的裂痕越来越大。哈丽特带着孩子离开了伦敦,拒绝与雪莱和解。

然而,幸运的是,雪莱遇到了他真正的红颜知己玛丽。玛丽是一位才气逼人的优雅知性女子,她创作出**世界第一部科幻小说《弗兰肯斯坦》**。该作讲述年轻科学家弗兰肯斯坦创造了一个怪物,却难以驾驭它,最终与怪物同归于尽的恐怖故事。小说刻画了人类与科技

---

① 阿童尼又译作阿多尼斯,是罗马神话中爱神维纳斯爱恋的美少年。

进步之间的冲突,展现了滥用科学的后果,还揭示了人类在个人主义价值观的驱动下无所顾忌的丑态及其对社会构成的危害。

独居伦敦后,雪莱在葛德文家里经常碰到葛德文的女儿玛丽。玛丽既美丽,又充满智慧。当雪莱陈述他的婚姻观时,玛丽说:"只有男人也同样爱我,我才会结婚。重要的是爱情,而不是婚姻。"[①]玛丽的观点与雪莱不谋而合,博得了他的赞赏,而玛丽也早已从她姐妹口中熟知雪莱的才华、人品和学识。两人的交流日渐增多,他们的心也逐渐相互靠拢。玛丽在雪莱送给她的《麦布女王》一书中写道:

> 这书于我是神圣的,绝不许他人翻阅,我可以在书里写我心里想写的一切。——然而我将写什么呢?——我爱这书的作者,如此深厚,是任何言语不能表达的。我们分开时,将有最亲密专一的爱情——根据这爱,我们彼此誓约,即使不能彼此相属,也永远不能属于他人。但是,我已属于你,惟一地属于你啊……
>
> 这无言的亲吻,无形的凝视,
> 这避人耳目,躲躲闪闪的微笑……
> 我已立誓献身于你,而这种赠予是神圣的。

在彼此思念的日子里,雪莱也写了《我们别时和见时不同》一诗。诗歌描述了恋人之间的关切和困惑,也表达了诗人正遭受的相思之苦:

> 我们别时和见时不同,
> 心绪重重,但表露不多;

---

① 王志艳:《泰晤士河畔飞翔的天使——与浪漫为伍的诗人雪莱》,延吉:延边人民出版社,2007,第53页。

> 我胸中有难言的沉重，
> 你却充满对我的疑惑：
> 只一刻就丧尽了欢乐。①

　　限于雪莱的已婚身份，两人无法公开表达各自的情感，十分痛苦。雪莱一直认为，爱情是人感情的流露，只要两人相爱，就可以自由结合，不必受婚姻和道德的束缚。但现实远非如此简单。而且更令他痛苦的是，葛德文反对他们交往。雪莱的叛逆情绪又一次被激发出来，他写信告诉哈丽特说，既然哈丽特要的是金钱和地位，而非爱情，他情愿补偿她金钱，他则要和另一个女人私奔。

　　1814年7月的一天，雪莱和玛丽及其妹妹克莱尔一起逃离英国，先后到了法国和瑞士。因为没有经济来源，他们不得不返回伦敦。第二年，雪莱的祖父去世，雪莱将继承来的财产变卖给父亲，换得每年1000英镑的年金。又一年，他和玛丽有了漂亮的儿子威廉·雪莱，三人离开英国，来到瑞士的日内瓦生活。在日内瓦湖畔，望着阿尔卑斯山，雪莱和玛丽压抑的心情一扫而光。

　　1816年10月的一天，雪莱接到一个朋友的来信，称他的妻子哈丽特跳河而死。雪莱回到伦敦，看到了报纸上的新闻："从塞陪泰河中捞出的女尸，现已运至其生前位于皇后街的住宅。她已怀孕数月，貌似是名上流社会女子，尸身上所戴的一枚指环，价值不菲。传闻，该女子失踪近6周，其夫现居国外，而她之所以沉沦至此，则要归因于她的放荡。"据说，哈丽特在她的情夫被派到印度之后，又与一名马夫同居，但她怀孕后被抛弃。她的父亲深感此事有辱门风，便带走了她的两个孩子。哈丽特在社会上无立足之处，难以承受打击，于是跳河自尽。

---

　　① 王志艳：《泰晤士河畔飞翔的天使——与浪漫为伍的诗人雪莱》，延吉：延边人民出版社，2007，第89页。

回想哈丽特的音容笑貌,雪莱悲伤不已。虽然哈丽特的死主要归咎于她的虚荣心,然而雪莱还是感到自责,怪自己没有保护好前妻。他又想到两个孩子,决心承担起父亲的责任,照顾好他们。可是,哈丽特的父亲拒绝将孩子交还给雪莱。虽经雪莱极力抗争,他还是失去了孩子们的抚养权,只获得了探视权。他深感愤恨,感到这是对人类亲情的无耻践踏,为此他写下了著名的《致大法官》一诗,诅咒这摧残人性的无情家伙:

> 我诅咒你,凭着横遭踩躏的慈父之心,
> 凭着长久怀抱、最近才失却的希望,
> 凭着你永远也不可能体验的高尚柔情,
> 凭着你铁石心肠从未感受过的忧伤;
> ……①

失去了孩子的雪莱决心建立属于自己的完整家庭。他和玛丽到教堂举办了婚礼,把家安在泰晤士河边的马洛镇上。除了他们一家人之外,玛丽同父异母的妹妹克莱尔及她与拜伦的女儿也生活在这,克莱尔也是拜伦最后一位英国情人。

雪莱夫妇的婚姻生活起初十分幸福。在花园里阅读、写作成为雪莱的一大乐趣。

后来,雪莱夫妇到意大利生活,他们的婚姻生活充满苦难和不快。这期间,他们的一双儿女因病双双去世,这对他们的精神打击甚重。

其次,由于克莱尔一直与雪莱一家同行,天长日久,雪莱夫妇便因克莱尔多次发生争执。克莱尔因为女儿的抚养问题联系拜伦,拜

---

① 王志艳:《泰晤士河畔飞翔的天使——与浪漫为伍的诗人雪莱》,延吉:延边人民出版社,2007,第120页。

伦表示愿意独自抚养孩子,但不允许克莱尔再见到女儿。可是,几周之后,不负责任的拜伦就因养育女儿的琐事而感到厌倦,便把女儿送到了修道院。为此,克莱尔焦虑万分,经常找雪莱诉说苦衷,善良的雪莱自然会劝慰她,这招致了玛丽的不满和嫉妒。

另外,还有一件困扰玛丽的事情是她的父亲葛德文常向雪莱伸手要钱。雪莱每年要给岳丈大人5 000多英镑(这是他本人的大部分收入),可仍然难以填满葛德文的贪欲。这使玛丽既感到羞愧,又担心父亲遭到第二任妻子的折磨。同时,因为是克莱尔的母亲在折磨自己的父亲,玛丽对克莱尔的怨气便又加深了几分。

于是,雪莱不得不面对玛丽因克莱尔而生的小心眼和明争暗斗,并为之十分感伤。在他的心目中,玛丽是女性的完美偶像,可如今随着岁月的流逝,玛丽变得越来越世俗。虽然雪莱始终相信人间的真善美,但是在凡人俗事面前,他深感疲惫。玛丽责备他对克莱尔过于亲密,他则感到玛丽的妒忌毫无道理,是女性最可恨的顽疾。

1820年12月,雪莱和玛丽又为克莱尔的事情争执不下。玛丽便向克莱尔挑明她在这个家是多余的,克莱尔终于离开了他们,在佛罗伦萨找到一份教书的工作。她依然常给雪莱写来长信,表达她对雪莱的崇拜之心。善良的雪莱只好赶紧回信,让她不要对玛丽提及此事。

玛丽和克莱尔的不快使雪莱对女性有了新的认识。他曾试图在心中保留一个完美的女性偶像,但是岁月的腐蚀使这美好的女神形象渐损。是岁月的风尘磨损了玛丽的风采,将她变成了一个讲求实际的世俗之人。

充满苦难的意大利岁月

19世纪的意大利是西方艺术和美的国度。对于雪莱而言,**在意**

大利度过的时光是他诗歌创作的丰收期。

威尼斯见证了雪莱和拜伦的友谊。雪莱夫妇先是在米兰居住,后来雪莱为了克莱尔女儿的事去威尼斯找拜伦。两人志趣相投,相谈甚欢。雪莱说:"你似乎相信,人只是他本能的牺牲者,人本能控制本能。我的信念却大不相同。我以为我们的意志可以创造我们的美德。……虽然罪恶也为人之常情,可是这并不能表明罪恶就是不能克制的。"①拜伦为了证明自己观点的正确性,带雪莱来到一家疯人院,里面传来了哭叫声。拜伦感到,这是生命毫无意义的证明,但雪莱的脸上却浮现出怜悯的神情,感到这些人是世间苦难的见证。雪莱深刻地感受到拜伦的生活观过于悲观,他希望拜伦面对人类的苦难时能够克制本能,去关爱他人。他由此想到,人人都需要爱。两人的争论显现出他们迥异的思想:拜伦始终愤世嫉俗,以玩世不恭的态度游戏人生,而**雪莱则品格高尚,有一颗善良的爱人之心**。

可是,雪莱的命运却背负着重重苦难。他的女儿克拉拉因病去世。黑夜里,悲伤的雪莱看到了为给人类送去光明的火种而忍受苦难的普罗米修斯,勇士的形象在他心中越来越清晰。1818年末,雪莱夫妇和克莱尔去了罗马。这里深厚的文化积淀激励着雪莱,促使他决心写一部关于普罗米修斯的诗剧,他笔下的英雄迎来的将是大地的解放和人类的解放。**《解放了的普罗米修斯》**由此诞生。这首抒情戏剧取材于希腊神话,再现了普罗米修斯为了人类获得温暖而从天庭偷来火种,却备受宙斯折磨的英雄形象,但最终他获得了自由。被缚的普罗米修斯变成了解放了的普罗米修斯,这象征着人类反对压迫的胜利。

就在雪莱忙于创作之际,他的儿子威廉也因病去世。他们的三个孩子相继离世,这令雪莱夫妇痛苦万分。雪莱只有将精力投入到

---

① 王志艳:《泰晤士河畔飞翔的天使——与浪漫为伍的诗人雪莱》,延吉:延边人民出版社,2007,第167页。

追求自由的雪莱

写作中,才能释放心中的痛楚。只有在诗歌创作中,在这个自由的精神世界里,他的心灵才能充满爱,充满乐观的信仰。

1819年10月,雪莱夫妇移居佛罗伦萨。这座城市的艺术氛围和自然之美让雪莱流连忘返,激发了他的创作灵感。一天,雪莱正在林间漫步时,突然狂风大作,雷电交加,暴雨冰雹一泻如注。目睹难得的自然胜景,雪莱感受到了暴风雨的威力,它可以在瞬间改变一切,扫除肮脏、陈旧的事物,将世界变得洁净、清新。他有感而发,挥笔写下了**广为传诵的诗篇**《西风颂》。在诗中,诗人以铿锵有力的音韵和激昂澎湃的文笔,以西风象征革命力量,描绘了西风摧毁腐朽力量、迎接新生力量的威力,宣告了他为自由誓死斗争到底的决心和意志,并以"冬天来了,春天还会远吗"的诗句预言革命的胜利。他的《西风颂》成为传播火种的力量,激励了无数后人为了胜利去斗争。

这年年底,玛丽生下了儿子波西,她憔悴的脸庞浮现出一丝微笑。雪莱夫妇移居到比萨城里,雪莱又开始了他一贯的生活模式:阅读、思考、散步、写作。他除了写一些抒情短诗,还翻译了《浮士德》《神曲》等名篇片段。

1821年,雪莱堂兄的来访使他结识了威廉斯夫妇。威廉斯是一名爱好文学和艺术的退伍军人,他为人正直、坦诚,与雪莱夫妇相处融洽。朋友的来访使雪莱的家成为一个欢乐的社交中心。

1822年,雪莱夫妇移居斯培西亚海湾旁的一幢房子里。雪莱长期在国外,几乎过着与世隔绝的生活。他常常陶醉在自己一人的世界里,与大自然融合在一起。只有在大自然和几个朋友那里,他才能

第一章　泰晤士河畔的自由天使

感受到真善美。如今住在大海边,他有一种与自然融为一体的冲动和惬意。但是他虽然喜欢水,却始终没有学会游泳。

7月2日,雪莱与朋友亨特到比萨城拜访拜伦,商讨办报纸的事情。几天后,他们决定渡海返回住处。8号那天,一位船长预测海上马上会起暴风雨,劝雪莱停留一天再走,但雪莱执意不听。于是,他便与朋友威廉斯乘上小艇出发了。不出所料,不久海上就电闪雷鸣,狂风暴雨笼罩了整个海湾。几个小时后,大海恢复了往日的平静,但雪莱乘坐的小船却再也看不到踪影。

十天之后,人们在海岸发现了3具尸体,朋友确认其中一具正是雪莱。按照希腊人的风俗,他的尸体在海边火化了。大火燃烧了将近3个小时,火焰将要熄灭时,大家发现雪莱的心脏没有烧坏。一直在旁边沉默不语的拜伦说:"普罗米修斯啊,为了帮助人类,他不顾天帝的震怒。走吧,既然海水淹死了我们的朋友,咱们就来试试它有多大力量吧!"①他跳下海去,向远处自己的船游去。

1822年12月,雪莱的骨灰被安葬在罗马新教徒墓地,与儿子威廉的墓和朋友威廉斯的墓相邻。玛丽在他的墓碑上写下了"众心之心",这是对雪莱最好的评价:他表达的情感是心灵深处的感情。朋友们刻上了雪莱最喜欢的莎士比亚《暴风雨》中的诗行:

他并没有消失
不过是感受了一次海水的变幻
化成了富丽而珍奇的瑰宝而已。

拜伦悲伤地为雪莱撰文:"雪莱不在了,我的天才的朋友不存在了。我望着尸灰钵不禁发冷,里面装的只是那崇高的灵魂的尸骨。

---

① 王志艳:《泰晤士河畔飞翔的天使——与浪漫为伍的诗人雪莱》,延吉:延边人民出版社,2007,第203页。

这位英国最优秀的人死了,这是件极可悲伤的事,是件不可挽回的事,对英国来说,天才好像是它的负担,是它的诅咒。……社会对他的态度是无比地错误的、粗暴的、仇视的。"①

　　雪莱的生命之花过早地凋谢了,他的艺术才能却展现出永恒的生命力。**雪莱以理性的仁慈看待世间的生与死,宣泄追求自由的理想。**他一生向往法国革命精神,向往唤醒群众,帮助他们摆脱苦难。拜伦认为,**雪莱是"最优秀、最不自私的人"**。事实确实如此!雪莱无愧于这一赞誉!

---

　　① 王志艳:《泰晤士河畔飞翔的天使——与浪漫为伍的诗人雪莱》,延吉:延边人民出版社,2007,第 203—204 页。

第二章

辉煌人生

——查尔斯·狄更斯

英国19世纪最伟大的批判现实主义作家当属查尔斯·狄更斯。

童年时辛酸的生活使他饱尝人间疾苦。

少年时青涩的初恋使他备受打击,对他终生造成了难以磨灭的影响。

青年时苦尽甘来成为幸运儿,他走上了文学创作的光明大道,收获了爱情之果。

作为一个具有演员气质的人,他的生活充满了诸多戏剧性事件。

他的写作生涯一帆风顺,作品备受英国人的推崇,这也促成了他辉煌的美国之旅。

狄更斯

如果不做作家的话,他必定是一名出类拔萃的"性格"演员。他有自己的剧团;有近十年的光景,他在英国各地的朗诵大受欢迎。他的表演才能是如此出众,以至于有时人们不确定他到底是在演戏,还是他生性如此。

他天生多情,重视友谊,和周围的朋友都很亲热。可是他的婚姻并不美满,与伴侣间矛盾重重,纠结不断。这也许与他的忘年之恋不无关系。

45 岁的他对 18 岁的埃伦产生了恋情。只可惜,即便他的真情至死不渝,甚至给心上人留下了大笔遗产,他却仍未博得她的真心。

年逾花甲的他在第二次美国之旅中又一次满载而归。他不仅纳入口袋近两万英镑,还赢得了无数荣誉。

晚年的他仍对生活中各种事务乐此不疲,如同一抹亮丽的晚霞。

这就是狄更斯的辉煌人生。

艰辛成长路上初品人世疾苦

英国 19 世纪最伟大的作家当属查尔斯·狄更斯(1812—1870)。他的小说可谓是维多利亚时代的百科全书,读者从中可以清晰地了解那个时代伦敦的城市风貌。

狄更斯出生于一个还算富裕的中产阶级家庭,父亲约翰·狄更斯是朴茨茅斯海军军需处的职员。幼年的狄更斯在众人眼中是一个异常聪明的孩子,记忆力超常,能记起两岁时跟着姐姐蹒跚学步和保姆透过厨房窗户看着他们时的情景。由于身体羸弱,他与其他孩子相处得不多,这形成了他以自我为中心的性格。但保姆玛丽·韦勒后来说他是"一个活泼的孩子,性格开朗,脾气温顺,不像大多数孩子那样经常同人争吵",而且他"看起书来不要命"。

幼时的狄更斯酷爱读书,当他意外地在卧室旁边的空房间找到一些书时,便兴奋地争分夺秒读了起来。他阅读的书目主要有《兰登传》《汤姆·琼斯》《威克菲牧师传》《堂吉诃德》《鲁滨逊漂流记》《天方夜谭》等,这些书是他生活中的慰藉。阅读给他插上了想象的翅膀,

第二章 辉煌人生

他常把自己想象成书中的人物,感到极大的精神满足。

就在幼小的狄更斯积累越来越多的知识时,他的父亲却在飞快地走下坡路。但狄更斯始终对父亲赞誉有加,他称"父亲是世界上罕见的心地善良、慷慨大方的人。在我的记忆中,当妻子、孩子或朋友有病痛苦难时,他的行为令人赞叹不尽。许多个日日夜夜,他守护在我的病床旁边,不知疲倦地、耐心地照看我。无论是自己分内的工作还是别人托办的事务,他总是热情地、认真地、准时地、体面地加以完成。他的勤奋精神永不止息。"①

热爱读书的狄更斯

其实,狄更斯对父亲的夸赞极为夸张。父亲确实脾气随和,爱好交际,爱款待朋友,但他的这些癖好却给家庭带来了灾难,大儿子被迫辍学,岳母一家疏远并拒绝再资助他们。

无论如何,狄更斯与父亲的关系仍然十分亲密。狄更斯喜欢唱歌和表演,父亲总是儿子的滑稽演唱的最忠实听众。父亲在儿子生病时悉心照料他,在儿子表演时为他骄傲,这些都使狄更斯甚为感激。即使在父亲将家庭拖入负债的境地时,狄更斯仍旧维护父亲,反而恼恨在绝望之中尽力维持家庭生活的母亲。可怜的母亲决定开办一所学校,在家旁边租了一幢房子,并打发狄更斯散发建校的广告。这时,肉店和面包店的老板拒绝再给他家赊账,父亲也因负债被捕。年幼的狄更斯不得不奔走于父亲和家人之间,常常泪流满面。他去探监时记住了父亲的话:"如果一个人一年挣 20 镑,而只花掉 19 镑 19 先令 6 便士,他就会很幸福;如果多花掉一先令,他就会落到悲惨

---

① 赫·皮尔逊:《狄更斯传》,谢天振等译,杭州:浙江文艺出版社,1985,第 6 页。

的地步。"①

狄更斯的家境每况愈下，家里的家具被搬光了，狄更斯也不得不当掉他心爱的书籍和一些零碎的物品。最后，全家人只能挤在两间没有地毯的房子里。**家里艰苦的生活条件不允许他继续留在学校里读书**。11岁时，狄更斯一家住进贫民窟，他中断了学业，再也享受不到在学校读书时的喜悦，他感到"心像被捅了一下"。

不过，此时他非常熟悉的伦敦贫民窟，正是日后孕育他文学成就的地方。他踏遍了伦敦的大街小巷，或几个小时伫立街头，或探头窥视阴森的庭院，或注视阴暗小巷里的居民，汲取了塑造各色人物的素材。有一次，在一个名叫"七岔口"的地方，他惊呼道："那个地方在我的脑海中呈现出邪恶、贫困和乞讨的杂乱景象，真是可怕！"②这些景象对于像狄更斯这样一个敏感的孩子而言是一场灾难，在他内心烙下了难以抹去的印记，后来所有这些印象都转换成了他的小说的背景和人物。

12岁时，狄更斯到一家黑鞋油作坊做学徒。后来，他这样描述当时的工作："我的工作是给一瓶瓶糊状的黑鞋油封口，先盖一层油纸，再盖一层蓝纸，用绳把这两层纸在瓶口扎牢，然后齐绳把纸剪平，这瓶鞋油就像药房里卖出来的一瓶油膏一样好看了。"③他每天从早上8点干到晚上8点，作坊的气味令人作呕，到处都是老鼠，可他每周只能挣6先令。在作坊里，鲍勃·菲勤是狄更斯的保护伞，让他免受其他孩子的欺侮。在黑鞋油作坊度过的6个月里，他吃不到美味佳肴，有被人遗弃的感觉，十分痛苦。这一经历对他的影响颇大，令他印象很深刻，以至于他后来从未向他的孩子们提起。

即使在这种孤单、凄凉的生活中，狄更斯对人间众生相的兴趣也

---

① 赫·皮尔逊：《狄更斯传》，谢天振等译，杭州：浙江文艺出版社，1985，第8页。
② 同上书，第6页。
③ 同上书，第9页。

从未减退。当时，父亲住的马夏西监狱就是他的家，母亲带着一家人住进了监狱。狄更斯未随家人住进监狱里，只是在周日同姐姐范妮一起去监狱同家人团聚。他总是兴味盎然地听母亲讲监狱里许多负债人的经历，这些都成为他日后作品《小杜丽》的素材。

时来运转，父亲继承了祖母的遗产，获得自由。看到儿子在大街上众目睽睽之下干着又脏又累的活儿，父亲大为不悦，便带儿子回了家。这样狄更斯又有机会重返校园，他在惠灵顿寄宿学校继续学业。在接下来两年的学习中，他成为优等生，多次获得学校的奖励，学生生涯充满了快乐。

15岁时，狄更斯离开了学校，开始在社会上艰难谋生。起初，他在一家律师事务所做伙计。虽然薪水一般，但这段经历对日后成为作家的他大有裨益。在这里，他了解到社会各个阶层的人情世故，见识了普通人日常生活中各种有趣的事，觉得一切都饶有趣味。

为了改变生活境况，实现做议会采访记者的愿望，狄更斯从父亲那里学会了速记。一年半以后，他离开律师事务所，去民事法庭当记录员。不久，他开始了做法庭记录的工作，继续提高自己的速记水平。

在做这份工作的三年间，狄更斯频繁出入大英博物馆，勤奋阅读。这时，他对演员这份职业非常向往，便拜专业演员为师，学习朗诵、走台步，常常能一连几个小时练习各种表演动作和表情，他学会了演许多角色的戏。尽管活跃在舞台上的梦想没有实现，但对于文学界来说这是一大幸事。

虽然狄更斯的童年生活充满了辛酸，但是他在阅读中体会到了诸多乐趣，他做工的丰富经历也为他日后的创作积累了宝贵素材。

痴情作家的青涩初恋

狄更斯在17岁至21岁时经历了苦涩的初恋。这一经历发生在他做采访记者之时,对他影响深远,令他终生难忘。

在姐姐邀请音乐学院的同学来家里开舞会时,狄更斯认识了一名音乐专业的漂亮女子玛丽亚,狄更斯立刻像被吸铁石吸住了一样迷恋上她。可是,这只是他的一厢情愿,玛丽亚根本不会看上像他这样毫无前途的速记员。即使狄更斯一表人才,歌喉悦耳动听,对她情深意切,玛丽亚还是对他忽冷忽热,极尽卖弄风情之事,并以此为乐。可怜的狄更斯自以为得到了玛丽亚的垂青,为了实现为她建造一个"安乐窝"的理想,狄更斯给自己树立了奋斗目标:改变低下的社会地位,拥有一笔有保证的收入。

当时,狄更斯鬼迷心窍,对长他3岁的玛丽亚痴心妄想。大约有三四年的光景,他为她神魂颠倒,脑子里一直盘旋着一场假想的他与玛利亚的母亲商讨他们婚事的谈话。他给这位精于算计的太太写过不少向她女儿求婚的信,却一点没有把它们寄出去的意思,他会写好这些信后再把它们撕掉。有时他的信这样开头:"尊敬的太太,一位太太如果具备了您那样的洞察力,并且像您一样充满了女人对年轻和热情的人的同情之心——这种同情心是如此强烈,谁再对它怀疑就是亵渎——她就绝不会发现不了:我已经深深地爱上了您迷人的女儿,并已决定把我的一切都奉献给她。"在他头脑比较冷静的时候,信的开头就有所不同:"请宽恕我,亲爱的太太,请宽恕一个不幸的人,他在下面对您所做的坦白将完全出乎您的意料而令您惊骇万分。不过我请求您一俟了解了他那胆大妄为的非分之想后,就把此信付之一炬。"①在玛丽亚去参加舞会而狄更斯没有被邀请时,他会情绪低落,信就写得凄切无比:"致乌有太太:写这封信的人此刻已远去他乡了。唉,爱一个姑娘(我不愿提她的芳名),却又毫无希望,这真是难以忍受的折磨。我情愿去受非洲沙漠的炙烤,或是格陵兰冰雪的侵袭,也胜似

---

① 赫·皮尔逊:《狄更斯传》,谢天振等译,杭州:浙江文艺出版社,1985,第22页。

天天在这里饱受煎熬。"他接着写道:"假如有朝一日我摆脱了默默无闻的境遇而名扬天下,那么这一切全是为了她。假如有朝一日我能攒聚黄金万两,那也只不过是为了把它们奉献在她的脚下。假如我不幸而成为强鸟喙下的弱肉……"①他不知该如何表达自己对心上人的爱恋之情,干脆写上"别了"两个字,结束了这封信。

狄更斯被玛丽亚的喜怒无常冲昏了头脑,变得失魂落魄:他会一时因她笑脸相迎而喜不自胜,一时又因她冷若冰霜而苦恼万分。他写信给玛丽亚的姐姐安妮,询问自己与玛丽亚是否有成功的可能。安妮回答道:"对玛丽亚这个人我也摸不透,我可不敢说她究竟对谁中意。"

狄更斯的这种欢乐和沮丧交织、希望和绝望互现的复杂心情,在他 21 岁生日时才消停下来。那天,狄更斯请了许多朋友一起来家里喝酒庆祝。酒下肚以后,他拉着玛丽亚对她倾诉衷肠,玛丽亚像圣女一样脉脉含情地看着他,可是她的回答却给了他当头一棒,接着她扬长而去……经过一场痛苦的心理斗争后,狄更斯把她的信件寄还给了她,但还是给她写了一封矢志不移的信,告诉她说:

> 我们近来的每一次见面,一方面,无非是一次又一次地表现了您的冷漠无情,另一方面,徒然使我增添了无穷的苦恼和悲伤……自我们相识以来,我忍受痛苦和绝望的折磨实在太久。现在,感谢上帝,我感到我可以毫无愧色地对自己说,在我们两人的交往中,我的所作所为是正当的、理智的和高尚的。当人家一会儿对我恩宠有加,一会儿态度又完全变了的时候,我都始终如一……如果有朝一日我能知道您——我的第一个,也是最后一个情人——很幸福的话,那么,请您相信,世上没有什么消息

---

① 赫·皮尔逊:《狄更斯传》,谢天振等译,杭州:浙江文艺出版社,1985,第 22 页。

比这更使我高兴。①

事已至此,玛丽亚仍能够从中获取一些嘲笑狄更斯的笑料。她把她和狄更斯的交往信息全部捅给了一位朋友,这个朋友又把这些话传到了狄更斯的姐姐范妮耳朵里。狄更斯气恼地给玛丽亚写信说:"我因为您而忍受过的一切,我敢相信,要比任何人从女性那儿忍受的一切要多得多。但即使如此,我还是不能容忍人家怀疑我已改变初衷或有情于他人。有关这方面的丝毫怀疑,即使是现在,都是我所不能接受的。"

但是,在给玛丽亚的最后一封信中,狄更斯又保证说:"**我要尽一个人所能尽的最大努力——坚毅顽强、不折不挠地为自己开拓道路。我过去已经这样做了,今后还得这样做。**"他要她相信:"除了您,我谁都不爱,而且永远也不会去爱。"②但玛丽亚对他一丝兴趣也没有,她已经对这场游戏感到乏味,于是回信写得极其冷淡、刻薄。

另一件让狄更斯耿耿于怀的事情是,有一次他在街上碰到正在买衣服的玛丽亚和她的母亲,于是就陪着她们走到一家服装店门口。她的母亲并不希望狄更斯跟随她们,所以就不耐烦地说:"狄更斯先生,让我祝您今天早上过得愉快吧。"后来,当他终于在一家报社谋得一个记者的职位时,他仍然会在结束了下议院采访后的清晨两三点钟,踱步到玛丽亚家附近转转,期望能够遇到她。

狄更斯的初恋无果而终,从此两人各奔东西。虽然这场惊天动地的恋爱以失败告终,**但玛丽亚的形象在狄更斯的心中从未消失过**,凡是和玛丽亚相关的一切细节都令他终生难忘。如果有人提起她的名字,或是弹起玛丽亚擅长的竖琴,或者有谁像玛丽亚一样皱起眉

---

① 赫·皮尔逊:《狄更斯传》,谢天振等译,杭州:浙江文艺出版社,1985,第 24 页。
② 同上。

头,狄更斯都会心潮起伏,陷入对往事的回忆之中。**狄更斯后来以玛丽亚为原型,刻画了一个生动的女性形象,她就是《远大前程》中艳如桃李、心如铁石的艾斯黛拉。**

狄更斯可谓是对爱情忠贞不屈的有心人。玛丽亚曾请他为自己挑选一副蓝色手套,25年之后,他还清晰地记得这副手套的颜色和花样。多年之后,他告诉玛丽亚说:"从那时起直到我生命的最后一息,我始终相信,世上不可能有比我更忠诚、更痴情的朋友了。我所有的一切,无论是我的想象、我的奇遇、我的活力、我的激情、我的报抱负,还是我的意志,我都把它们,并将永远把它们和一个铁石心肠的小妇人连在一起,为了这个人,即使要我死我也心甘情愿。这个人就是您!"[①]

狄更斯认为,他早期取得的成就或是他性格的改变都与玛丽亚息息相关。他说:"在那几年苦恼的岁月(我回顾这段岁月时的心情是既喜且惧)里,我对您的无限依恋和没有结果的一往情深给我的性格带来了深刻的影响。我学会了克制——这是我性格中原先没有的,但它们却使我变得不动感情,甚至使我对自己的孩子(除了在他们小的时候)也很少流露感情。"后来,当两人都年过40的时候,狄更斯在给玛丽亚的信里写道:"我一直确信不疑地认为,当初我在为改变作家的贫穷和默默无闻的处境而奋斗的时候,有一个思想一直给我以力量,那就是对您的思念。"[②]由此可见初恋对一个人的影响之大。

颇为戏剧性的是,25年后,在狄更斯43岁时,他竟然收到了玛丽亚的来信。如今玛丽亚已成了温特夫人,她的来信使狄更斯心底久已泯灭的爱情又死灰复燃。狄更斯回信说往事依然历历在目,他头脑中有关她的记忆使他颇为激动。玛丽亚收到狄更斯的回信欣喜若狂,后悔当年拒绝了狄更斯的求爱,她希望能够与这位当红作家保持

---

① 赫·皮尔逊:《狄更斯传》,谢天振等译,杭州:浙江文艺出版社,1985,第25页。
② 同上书,第20—23页。

友谊,希望世人知道她就是作家年轻时热恋的情人。狄更斯的回信更加热烈,他给"我亲爱的玛丽亚"写信说,自己早期的成功归功于她,在他一生中最天真、最热情、最无私的日子里,她是他的太阳,并且他会"全心全意地接受并报答一切"。可是,后来狄更斯给玛丽亚的报答是什么呢?是《大卫·科波菲尔》中像极了玛丽亚的朵拉,狄更斯年轻时的梦中仙子如今已经变成了一个蠢货。

狄更斯约玛丽亚见面。先是两个人的会面,然后狄更斯带着妻子去见玛丽亚和她的丈夫。在与这位俗不可耐的温特夫人相见不到一个月后,狄更斯就斩断了自己对往昔情场失意的怀念,并告知她说,他要离开这里,也不知要去哪儿。虽然玛丽亚想和他保持联系,但无果而终。狄更斯告诉她说,他每天都忙得不亦乐乎!这真是上天对玛丽亚的捉弄!

狄更斯与初恋情人的最终悲剧性结局,大概是因为狄更斯对她以往的无情和如今的庸俗感到不胜其烦。他拒绝再与她交往,他宁可在内心深处保留她的完美倩影,为她保留一块纯洁的芳草地!

爱情、写作双赢

也许就是因为玛丽亚的绝情才使狄更斯对政治的荒谬和夸夸其谈极其敏感。受到初恋沉重打击的狄更斯,把所有的精力都投入到了为报刊写报道的工作中,以解除心中的烦闷。

成为下议院的采访记者之后,狄更斯得出的结论是:多数政客都是夸夸其谈、趋炎附势、阿谀奉承、追逐私利的小人。他以极其幽默的口吻和辛辣的讽刺把这些人的滑稽闹剧描绘了一番后,说:英国政治戏的班子从来没有这么庞大,其中演小丑的演员阵容尤为强大。他对这些政客风趣形象的描述令人啼笑皆非:"我们尽可以对这个演出季节里小丑们的娴熟表演赞赏和引以为豪。夜复一夜,他们跳啊,耍啊,直闹到深夜两三点,甚至凌晨四点。他们做着最古怪的动作,挤眉弄眼,互打耳光,并无丝毫倦容——真是难以想象。而场子里的喧哗、吵闹、叫喊和狂呼也足以使花六便士便能看到的最混乱的拳击赛相形见绌。"①狄更斯沉浸于写作中,沉浸于对混乱竞选的采访中,还着迷似地沉浸在危险的旅途奔波中,并发表了多篇生动有趣的文章。

1833 年,就在 21 岁的狄更斯不遗余力地干着记者行当时,笔法娴熟的他偶尔以现实生活为题材写了一篇随笔,投到了《月刊》杂志。年底,当文章发表之后,他兴奋得两眼含泪,随即把自己的一篇篇随笔全部投递了出去。一开始,这些随笔没有署名,直到第二年 8 月才署上了笔名——博兹。

署名博兹的随笔很快引起了人们的注意,其中一篇还被改编成滑稽剧在剧院演出。于是,这些随笔产生了良性的蝴蝶效应:第一个效应是他的薪水得以提高,第二个效应是一些名人开始与他结交。1836 年,狄更斯的随笔集得以出版,这是他写作生涯中最初的尝试。

这些随笔显露出狄更斯的写作才能。他不但善于观察人情世故,还具有幽默表现人们无事生非、庸人自扰的才华。他熟谙莎士比亚,也喜欢菲尔丁②,他的创作深受笛福③的《鲁滨逊漂流记》和斯摩莱特④的《兰登传》的影响,但他后来自成一派,成为一代文学大师。

虽然狄更斯事业顺利,但经常手头拮据,其祸因是他的父亲。父亲又因欠债入狱,狄更斯只好凑钱帮助父亲获得自由。父亲一见有人上门讨债,就会立刻逃之夭夭,这样狄更斯就不得不拿出自己的薪水作抵押。一大家子的生计全靠他维持。为了维持家人的生活,狄

---

① 赫·皮尔逊:《狄更斯传》,谢天振等译,杭州:浙江文艺出版社,1985,第 26 页。
② 亨利·菲尔丁(1707—1754),18 世纪英国作家。
③ 丹尼尔·笛福(1660—1731),英国小说之父。
④ 托比亚斯·斯摩莱特(1721—1771),18 世纪英国作家。

更斯不得不几次向人借钱。与父亲不同的是,他从来不会逾期还债,总是分文不少地提前把钱送到债主手中。

就在这时,曾经发誓不再坠入爱河的狄更斯忘记了自己的誓言,他不但爱上了一个女孩儿,还将她娶回了家,她就是凯特·霍格思。在《时事晚报》做记者时,狄更斯与编辑乔治·霍格思建立了深厚友谊。在去霍格思家做客时,他迷恋上了霍格思的大女儿凯特。狄更斯在幼年时缺少母爱,所以他总是希望得到别人的关爱。一旦有哪位姑娘对他钟情,她就会成为狄更斯当初对玛丽亚燃起的痴情余波的受益者,并有可能成为他的妻子。凯特就是这样一个幸运的人。她已届桃李年华,尽管她并无出众的个性,比较懒散,但还算漂亮、温柔、文静,说话时常常满脸微笑。狄更斯成为凯特的追求者,而凯特也为他的激情所感染,他们双双坠入了爱河。

两人在订婚后的第三周发生了第一次不和。狄更斯写给凯特的信比较冷淡:"昨晚我告辞时,你对我的那种突如其来和无缘无故的冷淡,不仅令我惊讶,而且使我深为痛心。我惊讶,因为我难以相信一个情窦初开的少女心中竟存有如此固执的阴沉和冷漠;我痛心,因为你现在在我心中的地位已远非昔日所能比拟了啊!"接着,狄更斯告诫她以后不要再惹他不快,讲明自己对爱情是多么的忠贞不渝:为了她,他和朋友断绝了来往;听到她病愈的消息,他欢欣鼓舞。凯特接到信后马上屈服了,她回信表白说:"自我认识你以来,我就从未中断过对你的爱,将来也是这样。"① 于是,两个恋人和好如初。狄更斯保证,他对她的爱是任何东西都无法动摇的,将超越时空而永存。两人之所以会出现不快,大概与凯特像典型的在恋爱中受宠的女孩子一样爱耍小脾气有关。

接下来狄更斯与凯特的恋情发展顺利,两人在情书中卿卿我我。

---

① 赫·皮尔逊:《狄更斯传》,谢天振等译,杭州:浙江文艺出版社,1985,第41页。

凯特的信里充满了情场上的爱情套话，而狄更斯的信也都以"我最心爱的心上人""我的心爱的""我可爱的小老鼠""我最亲爱的小猪"开头，并附上"难以计数"的吻。

两人偶尔还会有一些小摩擦。狄更斯有时太忙，没有时间去看望凯特，这就会引起她的抱怨甚至对他的忠心的怀疑。这时狄更斯就会写信安慰她说："在一天工作的余暇能和你坐在我们自己房间的壁炉边共度良宵，欣赏你的和颜悦色和娴雅风度，这是何等的幸福和享受啊！这种享受和幸福是只身独处的生活所无法给予的。请你相信我，由于工作需要，仅仅是由于工作需要，我才忍痛牺牲和你一起的快乐……"①他的确是全身心地爱恋着凯特。她患上了猩红热，狄更斯会好几个小时焦急地守护在她的床前问寒问暖。

这对有情人终于走入了婚姻殿堂，新房是狄更斯在旅店租来的一间条件较好的房间。他们在教堂举行了简单的结婚仪式，紧接着，两人到肯特郡的一个村子度过了他们的"密周"。狄更斯感到老和妻子待在一起很乏味，就提前回来了。他在婚前给凯特写的最后一封信的开头称呼是"我最亲爱的心肝"，但在婚后的第一封信就变成了"我亲爱的凯特"。可见狄更斯对凯特似乎没有产生像之前他对玛丽亚那么热烈的激情。

狄更斯的写作生涯终于时来运转。1836年，他的《博兹随笔》问世后销路很好。接着他应约为一家杂志撰写连载小说**《匹克威克外传》**。这部狄更斯的小说成名作，围绕一位富有的退休商人匹克威克的一系列堂吉诃德式的冒险故事展开。小说描绘了英国社会的全景，呈现出各种各样的小资产阶级人物形象，在批判当时英国的政治制度时充满了年轻人的幽默，整个故事滑稽有趣。

《匹克威克外传》从1836年3月开始刊行，至次年11月连载完

---

① 赫·皮尔逊：《狄更斯传》，谢天振等译，杭州：浙江文艺出版社，1985，第42页。

毕。在这期间的前4个月,它遭到冷遇,只印了400份,但从第5个月开始,发行量激增。到秋天时,匹克威克的名字在英国已经家喻户晓。这部小说引起的轰动在文学史上实属罕见,一时间匹克威克式的帽子、手杖、外套、雪茄纷纷应运而生。出版社从中获得两万英镑的利润,一些小报也竞相盗印、剽窃,大获其利,只有狄更斯没有从中得到实惠。他给出版商写信说:"当你们在结算匹克威克给你们赚来的金币时,如果能给我寄上几枚,我将十分感谢。"①他后悔没有和出版商签署书面协议,下决心以后再也不干那种只有口头协议的傻事。

青年时期的狄更斯还算幸运,凭借其写作天赋和勤奋,名噪一时,走上了文学创作的光明大道。这一时期他还收获了爱情果实,组建了幸福的小家庭,这些都为他以后稳定的生活打下了坚实基础。

春风得意

在《匹克威克外传》一炮打响之后,狄更斯发现他的出版商利用他大发横财,却付给他有限的稿酬,让他仅仅过着"勉强跻身于上流社会的生活"。因此,他与出版商之间矛盾重重,双方互相指责。狄更斯不得不与他们做斗争,并最终促进了英国稿费制度的建立。

1838年是狄更斯最为繁忙的一年,这一年他创作了《雾都孤儿》。小说围绕孤儿奥利弗可怜的童年经历展开,反映了19世纪伦敦下层社会的生活。奥利弗在济贫院出生,连自己的父母是谁都不知道。济贫院的生活非常糟糕,那里的孩子们甚至吃不饱饭,还得做工。可怜的奥利弗因为要求多加一些饭而受到惩罚,他不但被关到黑屋子,还被卖到了一家棺材店做工。在这里他不堪忍受大孩子的欺负和老板的虐待,便逃往伦敦。在路上,他被老贼费金带到了贼窝

---

① 赫·皮尔逊:《狄更斯传》,谢天振等译,杭州:浙江文艺出版社,1985,第51页。

做小偷。在去绅士布朗罗家偷窃时,他被抓住,送到了法院受审。但奥利弗时来运转,被布朗罗先生收养,过上了绅士生活,但很快他就被这帮贼绑架走了,并被严加看管,不得不继续参与他们肮脏的偷窃行为。在又一次行动中,他受了枪伤,得到好心的露丝的悉心照料,可是露丝却被狠心的盗匪蒙克斯谋杀,而蒙克斯也偶然上吊自缢。警察来搜剿贼窝,盗匪们被一网打尽,奥利弗被解救出来,并回到布朗罗先生身边。小说揭露了当时英国济贫院的可怕生活状况,并通过描写贼窝唤起了读者对下层百姓的同情。

其实,狄更斯创作《雾都孤儿》的过程并没有那么轻松顺利。为了避免受到外界干扰,他干脆住进了一家旅馆埋头写作,一口气完成了这部小说。尽管写作的过程比较痛苦,他却从来也没有后悔过自己的选择。他说:"一切有志于艺术的人必须完全献身于它,并在其中得到补偿。"①

读者也许可以猜测到,**狄更斯的作品并非深思熟虑的产物,而是凭一时激奋即兴创作而成**。因此,如读者一样,他本人事先也不知道某个人物的命运或小说情节以后会如何发展,也会对情节的峰回路转感到惊讶。因为狄更斯是个天生的演员,他非常注重其他人对他的作品的反应,他便在小说发表之前读给家人、朋友们听。凯特在听了《雾都孤儿》中的谋杀场面后几天都惊魂不定,而狄更斯却对这种预期的恐怖效果非常满意。

狄更斯在《雾都孤儿》中对伦敦市容市貌的展现,超越了以往所有对此留下一笔的作家。作为仅次于其幽默语言的第二大文学成就,这得益于他早年在黑鞋油作坊干活的经历。他把作坊描绘成一间窃贼的厨房,背景像他记忆中的景象一样阴森可怖。英国人对于小说首次展现的下层生活甚为不适,纷纷批评作家本人。萨克

---

① 赫·皮尔逊:《狄更斯传》,谢天振等译,杭州:浙江文艺出版社,1985,第83页。

雷^①——在维多利亚时代与狄更斯齐名的著名小说家——攻击他说："天才们无需把这些人物写得有趣或悦目，无需用这样荒谬绝伦的食物去满足读者的病态幻想，或纵容他们胡思乱想。"[②]两位小说家对此事都耿耿于怀。

虽然狄更斯看似同情下层民众，但这并未妨碍他成为贵族府邸和上层沙龙中的座上客。当时在伦敦有四位才子无论在才情或外表上皆出类拔萃，狄更斯便是其中的一位。狄更斯更多地依靠对生活的细致观察来塑造人物，他的人物都取材于真实的生活，栩栩如生，如同一幅多彩的拼贴画。《尼古拉斯·尼古尔贝》这部作品让狄更斯开始受到上层社会的欢迎。上层社会的所有人都在阅读《尼古拉斯·尼克尔贝》，他们谈论、预测小说中人物的命运，好像故事是真实发生的一样。

1836年至1840年是狄更斯春风得意的时期。他与许多伦敦上层名流结为朋友，频繁出入他们的宴会。他经常与新朋旧友欢聚，除了参加他们的社交活动之外，还积极参与他们的体育运动，如打弹子、投掷铁圈、放气球、跳舞、打板球等，热闹非凡。这种活动有助于他从恼人的批评声中解脱出来，使他暂时忘掉烦恼。

1839年，就在狄更斯的写作一帆风顺之时，仍然有一些令他烦恼之事，比如他的父亲和兄弟。父亲把他的一些手稿卖给他的粉丝，还向他的出版商借钱。出版商以为每次大方地借给他父亲钱，是在帮狄更斯的忙，殊不知这令作家气恼至极，他干脆把家人"挪出"伦敦，在乡下给他们租了一座宜人的别墅，声称"周围是我所见过的最美丽、最宜人、妙不可言的乡村"。他让一位朋友把他父母兄弟一家人送走后，自己回家继续写小说去了。

---

① 威廉·梅克比斯·萨克雷(1811—1863)，维多利亚时代的英国代表性小说家。
② 赫·皮尔逊：《狄更斯传》，谢天振等译，杭州：浙江文艺出版社，1985，第83页。

可是，父亲并不甘心就这样老老实实地过日子，仍然到处乱窜，或者贷款，或者游山玩水。一年之后，狄更斯被逼无奈，只好在报纸上声明，不再为父亲承担债务之责。外人也许会认为是儿子不孝，但事实好像并非如此，确实是狄更斯赡养了父母的余生。这只能归咎于他的父亲有些"无赖"吧。

根据朋友的提议，狄更斯携夫人于1841年6月访问了苏格兰，这是他第一次直接感受到公众热烈的欢迎。他很得意地给朋友写信描述这一盛况，好像他已被"介绍给爱丁堡的每一个人。旅馆被围得水泄不通，我被迫躲入长走廊尽头的一套与外界隔绝的屋子。"在为他举行的宴会上有300名宾客，还有200多名看热闹的妇女。看到一些头发花白的人围坐在他的周围，他感到不胜惊奇，但是他仍旧不动声色，泰然自若地接受了"爱丁堡市荣誉市民"的称号。

在这里逗留期间，狄更斯风光无限，他每天与名流共进午餐，到剧院接受人们的膜拜，并接待无数来访者。但一周后他又厌倦了整日受人追捧的日子，他在信里给朋友诉苦说："出门一里，不如家里。"于是，狄更斯便到苏格兰高地游玩。可是那里生活条件简陋，风雨严寒天气恶劣，这又使他渴望返回伦敦温馨的家，以至于他说，一次也不愿意停下来参加花费两万英镑的宴会了。

1841年，29岁的大文豪希望暂停写作，稍事休息，可是访问美国的念头在他脑海中挥之不去。听到美国传来的赞誉之辞后，他热情地回答道："你们发自密西西比河岸绿色森林中的充满深情厚谊的问候与褒奖，比欧洲所有宫廷所能授予的一切荣誉称号都更深入我的内心，更使我心满意足……能被告知在浩瀚世界的每一个角落中，都有一个精神上与你息息相通的祝愿者，真是无上的荣耀，给我一座金山我都不换。"[1]即使凯特哭得像个泪人，狄更斯仍对远赴美国的念头

---

[1] 赫·皮尔逊:《狄更斯传》，谢天振等译，杭州：浙江文艺出版社，1985，第83页。

像着了魔一样。华盛顿·欧文①向他保证,他将在美国各州获得成功,这更促使他下定决心远渡重洋。

于是,1842 年的第一个星期,狄更斯携家人乘坐汽轮驶向了他心仪已久的新大陆。此刻他心潮澎湃:"每当我想到正在等待我们的奇妙景象,我真无法向你描述我胸中油然而生的激动之情。"②

风光无限美洲行

年轻的狄更斯春风得意,开始了他的第一次美洲之旅。他在这片文化荒漠上大获成功。

由于天气的缘故,狄更斯一行在海上的旅行并不十分顺利愉快。但一到达新大陆的港口波士顿,他便受到无比隆重的欢迎。纽约州众议院议长像找到宝物一样,兴奋地带着他招摇过市。他被介绍给州长之后,就被奉为当日州议会开幕式上的贵宾。狄更斯自豪地向朋友福斯特描述了他所受到的隆重欢迎:

> 我真希望你能看到成千上万的人在街头向一个独具一格的作家欢呼。我希望你能看到法官们、司法官们、主教们和议员们欢迎这个独具一格的作家。我希望你能看到这个独具一格的作家被引到议长宝座旁边的一张大扶手椅前,一个人坐在众议院的大厅正中,在众目睽睽之下,带着一种堪作楷模的严肃神情,听着世上最奇怪的发言。③

---

① 华盛顿·欧文(1783—1859),美国短篇小说家。
② 赫·皮尔逊:《狄更斯传》,谢天振等译,杭州:浙江文艺出版社,1985,第 121—123 页。
③ 同上书,第 126 页。

到达波士顿港时,狄更斯在甲板上看到有几个人冒着掉到水里的危险跳到了他的船上。他们自称是编辑,拼命与他握手,直到他的手失去知觉。他设法脱身后,带着家人直奔当地最豪华的旅馆。他谈笑风生,恍如回到家一样。晚饭后,他奔出旅馆,兴奋地在硬邦邦的雪地上奔跑,嘴里发出令人惊诧的怪异大叫。

狄更斯在美国受到的款待史无前例。他在旅馆时,整日有涌进的来访者,他们来自湖区、林区、城市、工厂、村庄,甚至有从两千英里远的西部来的代表团;他外出时,街道两侧有成群的人驻足观看;他去剧院时,人们会发出此起彼伏的欢呼声。他收到一本又一本的诗集、一封又一封的贺信;他被邀请参加五花八门的欢迎仪式和没完没了的宴会;几乎所有的州政府都给他写了邀请函,许多大学、议会等机构向他发来问候。

虽然狄更斯声称没有人像他那样受到如此热烈的欢迎,然而,波士顿的上层人士却开始抨击他的言谈举止和外表。他们指出,他虽然热情四射,但嘴巴没有遮拦,衣着太随意奢华。在一次晚宴上,这位贵宾在镜子里瞥见自己的头发稍稍有些乱,便在大庭广众之下拿出一把梳子整理起头发来,这令四座皆惊。在另一次宴会上,当人们争论两位夫人中哪一位更漂亮时,他说:"我不知道,或许诺顿夫人更美丽一些,但是我认为公爵夫人是一个更值得一吻的人。"[①]他的话惊动了所有座中人,简直无异于一场大地震。当他离开波士顿时,当地人感到如释重负。

在访美途中,狄更斯见识了一些美国人极尽趋炎附势的献媚嘴脸。无论他走到哪里,他都会遇到成群的人。他们围着他低三下四地恭维、奉承,使他不得安宁。在纽约公园剧场为他举办的舞会上,人们根据狄更斯小说中的各种场面进行表演。一些清醒的美国人对

[①] 赫·皮尔逊:《狄更斯传》,谢天振等译,杭州:浙江文艺出版社,1985,第132页。

此表示反感,有人甚至讽刺道:一个实干的美国佬应该"把博兹买下来,放在笼子里,然后带他到全国各地去展览"①。其实,一直处于受人包围、没有私人空间的生活之中,这位公众人物也觉得难以忍受。他抱怨道:

  我无法做我想做的事情,去我想去的地方,看我想看的东西。如果我上街,我身后就跟着一大群人。如果我待在家中,访问者就接踵而至,使这所房子变得像一个集市。如果我只带一位朋友访问一个公共机构,主任们便不知不觉地会走下楼来,把我挡在院子里,对我发表长篇大论。我晚上去出席一个宴会,被人们团团围住,站在那里动弹不得,憋得喘不上气来,直弄得筋疲力尽为止。我出去吃饭时不得不与每一个人谈论每一件事。我去教堂寻找安宁,人们都向我坐的那一排蜂拥而来,牧师则向着我布道。我坐在火车的车厢中,甚至列车员也不给我一刻安宁。我在一个车站下车,可是连喝一杯水都会引来上百个人,在我张口下咽时朝我的喉咙里面张望。想一想这一切都是怎么回事!

  然后是每次邮差来,都带来一包一包的信件,它们都空洞无物,却都要求立即作复。这个人由于我不愿住在他家中而感到气愤,那个人因为我不愿意一个晚上外出四次以上而觉得厌恶。我无法休息,不得安生,终日焦灼不安。②

就在狄更斯对这种受人推崇或曰"追星"的氛围深恶痛绝时,抵达费城的他又受到了一群人的"捉弄"。那是在他会见了一位要人之后,这位要人问他是否可以引荐几位朋友,狄更斯连连摆手的同时却

---

① 赫·皮尔逊:《狄更斯传》,谢天振等译,杭州:浙江文艺出版社,1985,第132页。
② 同上。

看到他下榻的旅馆外的大街上人们纷至沓来。他被告知,那位要人已经在晨报上刊登了"狄更斯先生将乐于在十时半至十一时半与他的朋友们握手"的消息。于是,在接下来的两个小时中,无数来访者紧紧握住了狄更斯与凯特的手,害得他们的胳膊几乎脱臼。

费城的追星族太过热情了,以至于他走到哪里,女人们都要向他讨要一缕头发。他担心在旅行结束时得戴上假发,于是改成为她们签名留念。许多人从他的羊毛大衣上拔毛留念,害得他的大衣最后有许多秃点。

在匹兹堡,狄更斯夫妇还未下汽船,就有法官过来询问他们何时可以接见市民,于是又举行了一次拽胳膊、握手指的仪式。在晚宴上,他被一群妇女团团围住,其中一位恳请他把他的上衣扣眼上的玫瑰花送给她。他担心这样会引起其他人的嫉妒,于是在其他人咄咄逼人的注视下,他只好送给每人一片花瓣。狄更斯实在忍受不了如此"无聊至极的折磨",以至于他的脸上"终日阴云密布,再也不挤一丝笑容"。

尽管如此,大文豪在两位警官的陪同下悄悄进行了一次秘密的愉快旅行。他们在半个晚上跑遍了城里的每一家妓院、凶宅、水手们的舞场及黑人与白人各自的罪恶巢穴。

其实,狄更斯之所以受到美国人如此推崇也情有可原。当时美利坚合众国成立的时间尚短,在文化教育方面仍然依附于英国,所以对于这样一位大文豪的到来,他们自然十分激动。美国人热情奔放的民族特点,也注定了他们会在他面前显得低三下四。

狄更斯在忙于应对美国人史无前例的欢迎之时,并没有忘记传播他在一些问题上的观点。他在宴会上提出,**美国出版商从英国作家的作品中获得了巨额利润,他们应当付给这些英国作家一定的报酬**。这一提议在今天看来实属正常,与国际知识产权法相吻合。但在当时,狄更斯招致的是美国新闻业污言秽语的猛烈攻击。狄更斯解释说，如果美国把拖欠司各特的稿费的十分之一寄到他家乡的话，他暮年的负担就会减轻。可是这些说法引起了一片抗议之声，美国人对他的访美意图大加歪曲。一个为欢迎他而在纽约成立的委员会写信请求他不要再提及此事，但他仍然到处宣扬自己的观点。

在市政厅为狄更斯举行的宴会上，他又提出了国际版权法的问题，在场的几位显赫的美国人不得不表示支持他的观点，其中有华盛顿·欧文。欧文说："应当让那些头戴桂冠的人从他们的桂冠中得到好处。"但是，在报纸上狄更斯仍然因此受到恶意中伤。他气愤地说："我对这种怯懦狭隘的行径感到轻蔑和愤怒，可以对天发誓，这种感受是我有生以来从未经受过的巨大痛苦。"①

狄更斯除了因发表对版权问题的观点引起美国人的非议之外，他还因私下批评蓄奴制而陷入困境。在弗吉尼亚州的里士满，狄更斯访问了一个蓄奴区。有人为蓄奴制辩护说："主人虐待他的奴隶，是不符合主人的利益的，所以你在英国听到的是一派胡言。"狄更斯答道："一个人喝醉或偷窃，或赌博，或沉湎于任何别的罪恶，都是不符合他的利益的，但尽管如此，他依然沉湎其中。残忍行为和不负责任地滥用权力是人性中的两个罪恶的欲望，对利益或毁灭的考虑与这种欲望的满足并不相干。"他讽刺道："把奴隶制说成是上帝的一种赐福、一种理所当然的事和一种令人向往的事的人真是丧尽了理智，他们居然也来谈论什么无知和成见，简直荒谬绝伦，不值一驳。"② **狄更斯认为蓄奴制是最丑恶的污点和最肮脏的耻辱。**他说："由于它（美国）为世界树立了不光彩的榜样，这个国家将给自由以最沉重的打击。"

狄更斯还发现酒店和旅馆的过道里痰迹斑斑，便对美国普遍存在的不讲卫生的行为进行了无情批判。

---

① 赫·皮尔逊：《狄更斯传》，谢天振等译，杭州：浙江文艺出版社，1985，第133页。
② 同上书，第140页。

如今，当我们重新回顾狄更斯在一些问题上的立场时，不得不佩服他的远见卓识和他维护英国作家利益的勇气。他敢于置公众舆论于不顾，冒天下之大不韪提出自己的观点，实在令人佩服。现代的读书人更应当对这位提倡国际知识产权法的先驱，致以崇高的敬意！

在美国旅行期间，狄更斯还遇到了一些美国作家和政治家，与他们有过一些往来，其中包括欧文和埃德加·爱伦·坡①。

狄更斯在纽约时，欧文拜访了他。以前两位作家相互尊重，狄更斯在信中提到欧文时充满敬慕之情，而欧文在公开场合提到狄更斯时也很谨慎。可是这次会面，欧文不再像以往那样感到狄更斯高高在上了。当欧文到达旅馆后，随着一阵狂风似的声响，正在就餐的狄更斯像旋风一样走来。他大声向客人问好，然后拉着欧文到餐桌就座。欧文看到，桌上乱七八糟地堆满了各种食物，桌布上滴满了汤汁和酒渍，他对狄更斯如此不拘小节地待人接物和粗俗的举止深感惊诧，颇有微词。但狄更斯倒是对能与欧文一起进餐感到无比欣慰，觉得他们两人相处得十分融洽。

在费城时，狄更斯收到一个寄到他所居住的旅社的包裹，里面有一封作者的来信和两本故事集。在读了这两本故事集之后，他便邀请作者埃德加·爱伦·坡来会面。这时坡还是个名不见经传的普通作者，他希望狄更斯能帮他在英国出版故事集。狄更斯回国后做了一些努力，但并无结果。他深感遗憾，写信给朋友时这样评论坡："我衷心感谢PE②的善意的笑容，他是费城的文学批评家，并且是唯一在语法上、习语上都使用地道英语的人。我感谢PE，他有一头光亮的直发，衬衣领向下翻着，他发表文章责备我们英国作家时直言不讳，毫不妥协，但同时又告诉我，说我在他的头脑中，'唤醒了一个新

---

① 埃德加·爱伦·坡(1809—1849)，19世纪美国诗人、小说家和文学评论家。
② 指爱伦·坡。

的时代'。"①

在华盛顿逗留期间,许多官方要人来狄更斯下榻的旅社拜访。狄更斯还受到美国总统约翰·泰勒的接见。泰勒是个和蔼可亲的人,见到狄更斯这么年轻,他甚为惊奇。当秘书告诉狄更斯,他刚才的谈话对象是要人时,狄更斯大喊道:"自我到达后,我还没有跟一个不是这个国家中最出类拔萃者之一的人交谈过呢。"②他与前总统约翰·昆西·亚当斯一起用餐,在前总统为他举行的招待会上,在场的2 000多人像参加葬礼似的,以缓慢的步伐绕着他走了一圈,还伸长脖子死死地盯着他看。

无论狄更斯走到哪里,人们都像饥饿的鸡群看到玉米粒一样争先恐后地朝他涌来,就像他在一封信中所言,他感受到了美国人的好客、热情和彬彬有礼,但觉得很不自在。而且这不是他想象中的那个共和国,这里的新闻报道更为卑鄙、可耻,恶毒的党派幽灵侵入了生活的每一个角落。

狄更斯的这次旅行证明,凯特是个无怨无悔的理想旅伴。她总是心甘情愿地努力适应一切情况,在凶险的环境中也从未感到惊恐。与凯特谈过话的人都认为,她温柔、谦恭、笑容可掬。狄更斯也对她褒扬有加。

狄更斯最后到达加拿大,愉快地为生活在蒙特利尔的英国人演出了一场戏剧。这也标志着他整整6个月的美洲之行的结束。他这样评价自己的美洲之行:"上帝饶恕我把美国和绅士这几个词连在一起。"③

回到家的狄更斯无比幸福、兴奋。他奔走于亲朋好友中间,将寄养在朋友家的4个孩子紧紧搂在怀里。一时间,他无法安静下来工

---

① 赫·皮尔逊:《狄更斯传》,谢天振等译,杭州:浙江文艺出版社,1985,第138页。
② 同上书,第139页。
③ 同上书,第148页。

作,整日与孩子们在一起热热闹闹地嬉戏玩耍。两周以后,他开始着手写《游美札记》,记述美国生活给他留下的不愉快印象。虽然这本书的销路很好,但是许多人对之冷嘲热讽。爱默生认为此书肤浅、无知,"是最笨拙的滑稽模仿之作"。

可是,狄更斯的下一部《马丁·瞿述伟》在美国引起的反应不仅仅是愤怒,而是狂叫怒号。他在书中以辛辣尖刻的语言把美国人描绘成势利小人、伪君子、下流胚,指责他们粗暴无礼、卑鄙下流、贪得无厌、愚昧狂妄,批判美国资产阶级的金钱崇拜和庸俗的自私主义,揭露了财富和权力的腐蚀性影响,并抨击了美国的政治腐败。例如:"他们太爱自由了,所以忍不住要自由地摆布自由女神。""他们的忧虑、希望、欢乐、情感、美德以及诸如此类的概念似乎全都融化成了美元。"①

作为对他的报复,狄更斯收到了数以百计的包裹,里面全部是从美国寄来的责骂信和抨击他的报纸,但他将它们原封不动地退回了邮局。美国公众对他的谴责和咒骂如此强烈,以至于他在为即将去美国的朋友麦克里迪送行时告诫他不要说自己是狄更斯的朋友。最初,麦克里迪以为狄更斯对美国人太刻薄,但他在出访回来后说:"英格兰的一块面包皮要比这里的满桌佳肴好得多。死在纽约的第五大街②上还不如死在英格兰的小沟里。"③可见当时美国确实比英国落后得多。但是,狄更斯以大英帝国为荣的民族主义思想也可见一斑。

演员气质

在写作大获成功之后,狄更斯的第一个尝试是写戏剧,这揭示出

---

① 赫·皮尔逊:《狄更斯传》,谢天振等译,杭州:浙江文艺出版社,1985,第153页。
② 纽约市的繁华街道,以讲究时髦、奢华著称。
③ 赫·皮尔逊:《狄更斯传》,谢天振等译,杭州:浙江文艺出版社,1985,第158页。

他性格的一个重要方面：他是一个天生的演员。他热情奔放，容易兴奋，好动感情。他情绪易变，好纵情狂欢。他能够全身心地投入到工作当中，不遗余力地扮演任何角色。

著名散文家卡莱尔①在一次晚宴上遇到狄更斯时这样描述他：

> 博兹是一个不坏的小个子；一对清澈的充满智慧的蓝眼睛被他令人吃惊地弯成弓形；他有一张大大的、凸起的、颇为松弛的嘴，一张异常灵活的脸，在说话时他用一种非常奇怪的方式扭动五官——眉毛、眼睛、嘴巴。假如给这颗脑袋戴上一圈蓬松的普通颜色的头发，然后把它安在一个低矮而结实、小得可怜的身躯上，套上一身多尔赛式但并不豪华的衣服——这便成了匹克威克。就其他方面而言，他是一个沉默寡言、样子机灵的小个子。他似乎很清楚自己是什么人，别人又是什么人。②

卡莱尔的描述也许是他对狄更斯的个人印象。一般人在狄更斯的脸上能够发现他不同寻常的机警、热诚和智慧。他穿着如同花花公子，给人的整体印象不像是一个艺术家，而是一个脚踏实地的实干家。他给人的感觉是充满活力、生机勃勃，就像是钢铁铸就而成，同时，他演员般多变的性格往往能够从中凸显出来。

文如其人。 狄更斯的人物、他的喜剧作品、他的情感都具有戏剧性。他善于观察，善于捕捉到人物的怪异行径，并且能够形象地再现它们。

狄更斯是一个如此情绪化的人，以至于有时他难以控制自己的感情。有一件事明显体现了他的这一特点，并对他产生了极大影响，

---

① 托马斯·卡莱尔(1795—1881)，苏格兰散文家和历史学家，英国19世纪著名史学家。
② 赫·皮尔逊：《狄更斯传》，谢天振等译，杭州：浙江文艺出版社，1985，第55页。

那就是他对妻妹玛丽·霍格思的感情。

在狄更斯忙于在工作、社交、体育锻炼和家庭纠纷的旋涡中周旋时，他的夫人凯特在不声不响地为他生儿育女，夫妻两人逐渐拉开了差距。1836年秋，就在狄更斯的婚姻走入第十个年头时，凯特的妹妹玛丽来与他们同住。第二年年初，凯特生了个儿子后，身体不佳。虽然狄更斯不愿承认，但他对玛丽逐渐产生了感情，这种感情甚至超过了他对妻子的情感。狄更斯对玛丽怀着敬畏之心，常在人前提及她的聪慧，把她比作"最优雅、最完美的"女性；而玛丽认为姐夫是世界上最伟大的人，极为崇拜他。狄更斯被这种英雄崇拜冲昏了头脑，便把她想象成一个理想化的圣女。当凯特整日忙着带孩子时，他却整日带着玛丽到处游逛，走访朋友，参加宴会，参观艺术展览，他们度过了一段快乐的时光。这段时光太短暂，使他难以忘怀。

然而，不幸的事情发生了。一个晚上，玛丽在与姐姐、姐夫看完戏后，"身体完全健康，像以往一样活泼可爱"，但是在深夜1点上床休息时，突发心脏病，于次日下午死亡。狄更斯写道："她死在了我的怀抱里，并在临终之前依然在低声叨念着我。"①此后，他坚持要保留玛丽所有的衣物，并且希望能在死后与玛丽葬在一起。

玛丽的离去对狄更斯打击很大，他在多封信里一再念叨着"她是我们快乐圈子中的光辉和生命"，是"为我们的家庭增添光彩的美人"，"给我们的家庭带来了美和活力"。于是在《老古玩店》中，玛丽成为小耐尔这个可爱形象的原型。小说讲述了老人曲兰特和外孙女小耐尔的艰难遭遇，他们在伦敦经营一家老古玩店，迫于贫穷和痛苦，他们逃离了伦敦，最后客死他乡。玛丽成为狄更斯笔下完美理想女性形象的代表，成为一个永远纯真的小女孩。

有很长一段时间，狄更斯都沉浸在对玛丽的回忆之中，以至于

---

① 赫·皮尔逊：《狄更斯传》，谢天振等译，杭州：浙江文艺出版社，1985，第61页。

《匹克威克外传》和《雾都孤儿》的写作无法正常进行。甚至在玛丽去世5年以后,他仍对朋友吐露说:"我想与她埋在一起的欲望,现在仍与5年之前一样强烈;并且我深知,它将永远不会减弱。"①亲人离世,家人流露出对亲人的怀念实属正常,但狄更斯对妻妹的离去反应如此强烈,这种情感自然会令他的妻子不快。日后,这件事成为影响他们夫妻和谐的一个因素。

狄更斯的情绪时常变幻莫测,他时而亲切和蔼,时而闷闷不乐。有时,他装模作样地与朋友埃莉诺调情,称她是"我心上的女王""我灵魂的爱人",请她跳舞。可是,一天,当她请他读她父亲的一本书时,他突然转过身粗鲁地说:"我讨厌苏格兰的故事和所有其他苏格兰玩意儿。"②这弄得埃莉诺很尴尬。

有时狄更斯的情绪高涨得如同演员。一个晚上,他与埃莉诺正在码头散步时,忽然抓住她,把她抱到码头的另一端,紧紧地搂住她,声称要让她待在那里,直到海浪把他们淹没为止。埃莉诺吓得尖声呼救,她最后挣脱出来时全身都湿透了。还有两次,狄更斯逼迫埃莉诺跑下大浪翻滚的岬角,她的两顶帽子都被毁掉了。

狄更斯的表演才能太过突出,以至于有时周围的人不清楚他是在演戏还是真的如此。1840年2月,在维多利亚女王与艾伯特亲王举行婚礼时,狄更斯迷恋上了女王,他说:"我完全掉进了无边的苦海,已经无可奈何。"他还在给朋友的信里写下一首诗:"我的心儿在温莎,我的心儿飞出了家,我的心儿在温莎,紧紧跟随亲爱的她……"狄更斯随后又讲起他将会结束自己的生命,并断言:"我从权威的钱伯林勋爵处听说,她读我的书,而且很喜欢它们。我想我死后她会伤心的。我希望人们给我涂上防腐油(如果可能的话),当她住在城里时,把我放在白金汉宫的一座凯旋门上,当她住在温莎时,就把我放

---

① 赫·皮尔逊:《狄更斯传》,谢天振等译,杭州:浙江文艺出版社,1985,第64页。
② 同上。

在圆形城堡的东北面角塔上。"①狄更斯的荒谬言论让周围的人觉得他发了疯,在胡言乱语。后来,在狄更斯恢复了正常之后,他听到这些谣言,气得把牙齿咬得咯嘣咯嘣响。

不甘寂寞而又多才多艺的狄更斯创办了杂志《家常话》。每一期他都事必躬亲,不论在家还是外出,他都把杂志的事放在心上。在这位总编的安排下,新刊物刊登的文章基调颇为得体,那就是:可以披露社会弊病,但不予刊登私人丑闻。一次,他给一位撰稿人回信说:"敬请勿向读者介绍你感到有半点不雅的东西。斯卡特菲齐太太尽可以在大庭广众之中赤身裸体——我不怀疑她会这样干,但要把此事公诸19世纪的名媛淑女,我感到十分遗憾。"②**按照狄更斯的要求,杂志的作者必须每一篇文章都写得引人入胜、妙趣横生,按照他的话就是:要把杂志办得活泼、活泼、再活泼!**

狄更斯本人认为《马丁·瞿述伟》是他下功夫创作的作品,比前几部小说要好许多,但是销量却不大,所得款项也少了许多,这令他有些气恼。接着,他的下一部作品《圣诞欢歌》的经济收益进一步恶化。写《圣诞欢歌》时,他全身心地投入其中,"一会儿痛哭流涕,一会儿哈哈大笑,反复无常"。他为这个题材激动万分,"好多个夜晚,当理智的人们都已进入梦乡时,我却在漆黑的伦敦街道上游荡,往往一夜走上十五或二十英里"。然而,如今看到小说的销售收入还不足以抵消它那漂亮的印刷装帧费用,他忧心忡忡,一筹莫展。最后,他与原出版商结束了合作关系,重新找到另一家出版商,总算还清了债务。

卡莱尔这样评价狄更斯一流的演技:"在听狄更斯朗诵之前,我对一个人的脸部表情和声音所蕴含的能量一无所知。狄更斯表情丰富,瞬息万变,独自表演超过了满台演员,而且他善于模仿各种音调,

---

① 赫·皮尔逊:《狄更斯传》,谢天振等译,杭州:浙江文艺出版社,1985,第104页。
② 同上书,第217页。

根本不需要乐队伴奏。……他的确演得妙极了,超过了世上任何一个麦克里迪。他虽然单枪匹马,却使观众们看到了一场悲喜交加、威武雄壮的演出。"①

　　狄更斯确实具有超凡的演出才能,尤其擅长即兴表演。如果不做作家的话,他必定是一名出类拔萃的"性格"演员。他能够迅速换装扮演另一个角色,这得益于他敏捷的思维和行动。他的脸部表情丰富,嗓音灵活多变,能够塑造出各类角色。他说:"即兴表演使我着迷——我说不上这其中有多少奇怪的原因,它使我感到遂心如意,所以当我失去一次表演的机会,当我不能用声音和其他手段去扮演一个与我截然不同的另一个人时,我就感到是一种莫大的损失。演一个美妙的滑稽角色,这其中的滋味真是难以言传啊。"②

　　1847年,狄更斯成立了自己的剧团。他既是一个天生的演员,又是一个天生的舞台监督,集演员、导演和舞台监督于一身。虽然他忙碌不堪,但却总是精神焕发地训练演员们排练,直到累得他们直不起腰来。在演出莎士比亚的《温莎的风流娘儿们》时,狄更斯扮演夏禄,连女王和亲王都亲临观看。可是,在这些演出结束之后,他又会为日常生活的单调无聊而唉声叹气。他渴望周游全国进行巡回演出,因为"世上没有任何事情可以和见到全场向你起立,面对一张张的笑脸、一阵阵的欢呼相媲美!"狄更斯临终前说,他一直希望"当一个最伟大的演员,让公众拜倒在我的脚下"③。

　　从1858年至1870年,有八九年的时间,狄更斯到英国各地朗诵他的作品。他的表演常常使观众群情激昂,无论他朗诵什么故事都能够抓住观众的心。往往他刚一登台,观众席上便会爆发雷鸣般的掌声。等他卸装离去时,观众还久久不愿散去,仍旧欢呼不已。狄更

---

① 赫·皮尔逊:《狄更斯传》,谢天振等译,杭州:浙江文艺出版社,1985,第332页。
② 同上书,第195页。
③ 同上书,第192页。

斯对此却很淡定，保持着一种矜持的态度，仿佛这一切与他毫不相干似的。狄更斯不仅从自己的演出中获得了乐趣，更是完全沉醉其中。

这位演技高超的演员感到，能将一大群观众"忽悠"得团团转真是一种美不可言的滋味。他能够不厌其烦地排练每一个场面，就像正式演出一样一丝不苟。一次，他在完成了给勃朗宁、柯林斯等几个朋友的朗诵后说，他练习这段朗诵有两百遍了。他能模仿十几种人的声音和表情，他天生的好嗓音能发出各种音节来表达哀婉、幽默或热情。他在台上的一举一动都含义丰富，令观众听得神魂颠倒，一会儿号啕大哭，一会儿放声大笑。

朗诵中的狄更斯

作为一名**演员、演说者和朗诵者，狄更斯的演员气质的优势还在于他有很强的控制力**。在一次演出中，台上的帷幕突然着火，观众纷纷朝唯一的出口涌去。当时正在台上演出的狄更斯向大家大喝道："坐下，都坐下！"接着，他命令其他人去灭火，而他自己则继续演出。

到一些地方演出时，有时当地的代理商安排不周，会出现许多意想不到的情况。一次在爱丁堡，大批观众无法进入小小的演出厅，台下人声鼎沸，吵吵闹闹，观众有的鼓掌，有的辱骂。狄更斯请大家安静下来后告诉他们说，他愿意尽最大努力挽回这一过错。场内有人问，是否可以让一些因拥挤无法立足的女人坐到台上去，狄更斯答应了，于是，台上霎时坐满了女粉丝。狄更斯描述这个场景时说，他不知道这到底像是战场，还是像乱七八糟的集市或者野餐会。他讲到："有一个身着晚礼服的漂亮姑娘抓着我的桌子的一条腿，在地上侧卧了一晚上。"①总之,朗诵会结束时,观众中爆发出一阵欢呼声,而他这位"明星"演员也名利双收。

作为幽默之人,狄更斯以善于表达妙言隽语而著称。他头发浓密,理发师们通过出售他的头发捞到不少外快。索要他头发的人实在太多了,以至于在送给一个美国女粉丝自己的一小卷头发时,他幽默地说,这是"我除了理发师以外,给别人的第一缕,也十分可能是最后一缕头发,因为如果我在这方面开明起来,我的下一幅肖像肯定无疑将是一个光头绅士"。②

狄更斯的演出才能与他的性情有直接关系。他做什么事情都全力以赴,将全部身心倾注到自己的喜怒哀乐之中,贯穿他生命的激情无比坚韧。

狄更斯就是这样一个冲动的人。他将现实与想象混淆在一起,所以他的生活充满了诸多戏剧性事件。

多样癖好

名人都有自己独特的癖好,狄更斯也不例外。

作为一个虚荣的人,狄更斯拒不阅读别人对他小说的评论。其实,他从未低估过自己的作品,也从不给予它们过高的评价,而且避免在公众面前提及它们。但在创作时他总保持头脑冷静,悉心听取朋友们的意见,甚至因此把《远大前程》的结尾改写得很糟糕,这反而使他保持身心愉悦。

《**远大前程**》描述了穷孩子皮普成长为有钱人后又回到起点的成长经历。皮普童年时曾帮助过逃犯马格维奇,所以他后来得到马格维奇的资助,得以进入伦敦上层社会,成为一名绅士。然而,好景不

---

① 赫·皮尔逊:《狄更斯传》,谢天振等译,杭州:浙江文艺出版社,1985,第336页。
② 同上书,第113页。

长,马格维奇因从海外流放地私自回国探望皮普被死敌告发,又被投入监狱。马格维奇最后死于监狱,皮普也因此失去了他的远大前程梦想。皮普很喜爱伴随他成长的女孩埃斯特拉,可是她一心想要进入上流社会,根本瞧不起皮普,对他如铁石般冷漠,这使皮普很受伤。最后,两人经历很多事情后都变得成熟。

狄更斯为人所共知的性格是好激动、刚愎自用。他常常完全控制着自己的社交圈,将自己的意志凌驾于他人之上。他的家庭事务也完全根据他的古怪念头来安排,晚宴、度假、装修和搬家都得听从他的命令。幸而他还算是一位性情温和的统治者,否则他的家人和朋友会苦不堪言。即使如此,凯特和孩子们有时还是感到心惊胆战。

狄更斯生平对整洁和准时要求极其严格。所以家人如果看到一本书掉在地上就会十分紧张,听到钟响就会心跳加速。他常命令孩子们列队,检查他们的衣服是否有油污;早上他会到他们的房间,查看他们是否把椅子安放整齐,地板是否脏乱;他甚至对花园、马厩和狗窝也要每天巡查,确保所有的物品有条不紊。

守时是一种美德,但他对此过于苛刻,几乎成为一种恶习。他与别人会面时往往不差分秒,因而他也不允许别人以任何借口在赴约和进餐时迟到。

虽然狄更斯过于讲究秩序和规矩,但他的家庭氛围还是很愉快的。他对孩子们十分亲切慈爱,喜欢与他们在一起玩耍嬉戏。他常带他们去野外散步、采花,给他们讲故事,与他们在树丛中嬉闹、做游戏。其实与孩子们玩耍的过程,也让他能重温自己的童年时光。

作为孩子们乐观、明智的父亲和朋友,他关爱自己的每一个孩子。在他们生病时,他会细心地在旁边照料护理。当女儿卡蒂结婚搬走之后,他跑到女儿的卧室,半跪到地上,把头埋在她的睡衣里呜呜直哭。他明白,卡蒂喜欢他,但同情自己的母亲,所以宁可尽早嫁给一个她并不爱的人,也不愿再与父亲住在一起了。正如卡蒂晚年时回忆的那样,她觉得父亲是一个邪恶的、一意孤行的人,认为他刚愎自用,不顾他人的感情。

即使他的写作十分繁忙,狄更斯却好像永远忙于玩耍。为了节省生活开支,换个环境,1844年,狄更斯带全家到意大利生活了一年。进行写作的同时,狄更斯没有忘记游山玩水,欣赏异国风光。在罗马的狂欢节上,他非常得意地"带着一大口袋糖梅子以及至少五百个花束,准备往人群中扔……每当我们遇到异国不可一世的坏家伙时,我们都用一大把非常大的糖果打中他的鼻子"①。他声称这是他一生的最高成就。两年之后狄更斯又去瑞士旅游,到巴黎定居一年。**他的生活繁忙、充实而又充满快乐**。

1850年,在创作《大卫·科波菲尔》时,只要狄更斯好动的脾气一冒头,他就会不顾一切地跑到世界各地去游玩。这部自传体小说被公认是狄更斯最重要的代表作,他通过描绘主人公大卫·科波菲尔从幼年到成为作家期间的种种经历,全面展现了19世纪维多利亚时代英国社会的广阔图景,展现了不同阶层的人物形象,揭露了当时社会的罪恶,表达了他的人生哲学和道德理想。同他的其他作品相比,《大卫·科波菲尔》更能反映狄更斯的创作思想和艺术风格。

《大卫·科波菲尔》的写作过程让狄更斯重温了过去的幸福时光。大卫也和他的创造者有相同的经历:黑鞋油作坊、马夏西债务监狱、恋爱经历、民事法庭、议会采访记者、写作方面的成功。大卫和他一样,也有演员的气质,也对婚姻未能如意感慨颇多:"有时候,我脑子里确曾闪过这样的念头,如果我的妻子能真正成为我的贤内助就好了,然而她那缺少个性和毅力,她无法支持我、帮助我,无力填补我的那种若隐若现的空虚……"②

虽然大卫并非狄更斯本人,但他确实具有作家的主要特点。例

---

① 赫·皮尔逊:《狄更斯传》,谢天振等译,杭州:浙江文艺出版社,1985,第214页。
② 同上。

如:"若没有我当时养成的准时、井井有条和勤奋的习惯,我就绝不会取得我现在所取得的成就。""无论我在生活中试图干什么事情,我都全力以赴地干好它……无论我献身于何种事业,我都毫无保留地献身于它……无论干大事还是小事,我总是一丝不苟、兢兢业业。我始终认为,任何天生的或后天培养的才干,若不与坚韧不拔、谦逊踏实和埋头苦干的品质相结合,就不可能有所成就。"①所以狄更斯在临终前不久才会说:"在我的所有的著作中,我最喜欢这一部。……正如许多溺爱的父母,我在内心的最深处有一个得宠的孩子,他的名字就是《大卫·科波菲尔》。"②

在写给朋友的信中,狄更斯表达了他对这个最为宠爱的"孩子"的愿望:"但愿这本书能成为我所期望的那样一本好书,可以传诸你的子孙后代,一直给他们阅读。"③他的期望确实没有落空!

善良之举

虽然狄更斯是一位个人主义者,但他又是一位具有社会主义思想的人,即使当时并不存在这一理论。他对生活持乐观向上的态度。他曾这样告诫一位诗人:"诗人不应该以自怨自艾为题材,也不应教别人自怨自艾。"他拒绝接受卡莱尔超人专政的信念,认为生活充满乐趣和刺激。他揭露观察到的社会罪恶,宣扬基督的仁爱、宽容和忍耐精神,希望改良这个社会。

在行动上,狄更斯是一位具有宗教美德的人。他对人慷慨大方,即使在生活贫困时也是如此。他经常借钱给经济困难的朋友,救济那些给他写信请求施舍的人,帮助生活艰难的艺术家。他对衣食无

---

① 赫·皮尔逊:《狄更斯传》,谢天振等译,杭州:浙江文艺出版社,1985,第214页。
② 同上书,第209页。
③ 同上书,第214页。

依的儿童和醉汉之妻都有求必应,资助他们金钱或者帮他们联系慈善机构。他还为许多贫困的作家和演员募集捐款,以务实的善良之举彰显了无私的助人之心!

1857年,在获悉老朋友道格拉斯·杰罗尔德的死讯之后,狄更斯决意通过上演《冰冻三尺》一剧给予朋友的家人经济援助。虽然朋友的遗孀拒绝了,但他还是按照计划排练剧本。演出轰动一时,连女王观看之后也大加赞赏。之后,狄更斯将演出获得的2 000英镑善款交给了朋友的遗孀。不过,狄更斯本人也有收获,那就是他爱上了剧中一位女演员埃伦·特南,而且对她的爱恋一直持续到他生命的终结。

狄更斯的善良之举并不仅限于救助个别的人,他还与一位阔太太安吉拉·伯德特·库茨合作,一起救助伦敦贫民窟的贫民。他通过杂志告知人们,在英国国内因生活条件差而死亡的人数远远超过在国外死于战争的人数,所以募集用于战争的钱财应当用于拯救无数英国贫民的生命。他还就贫民子弟学校的问题撰写长篇报告,并创办了一所失足妇女之家,收容一些尚可拯救的人,劝导她们与人为善。他还反对派遣传教士出国传教的政策,认为应当把钱用于管教无人照管的儿童。他与安吉拉一起清理出一个肮脏的贫民区,后来在1862年那里被改建成了哥伦比亚广场。

狄更斯不仅关注贫民肮脏的生活条件,还注意到他们肮脏的语言。当时伦敦大街上随处可以听到人们使用粗野的难听话,尽管国会已经通过法令禁止讲脏话,违反这项法令将受罚,可是警察对此置之不理。狄更斯决心唤起警方的注意,促使这项法令付诸实施。一次,在街上,当一个女子朝他出言不逊的时候,他把她送到了警察局,坚持要求对她实施罚款或坐牢的惩罚。

目睹这个经济繁荣的社会充斥着无数贫困现象,狄更斯动笔创作了另一部小说《艰难时世》,连载在1854年4月至8月的《家常话》

上。这是一部反映劳资矛盾的小说,既表现了资产阶级内部的矛盾,也表现了资产阶级与工人阶级之间的矛盾。狄更斯揭露了资产阶级代表人物庞得贝之流掠夺、压榨工人的野蛮行径,而且描写了工业城镇中贫民艰难的生活状况,表达了穷人也应当和富人一样享受良好的卫生条件和自由的思想。在19世纪中期英国工人运动处于低潮的时期,他能够揭露批判资本主义,对受奴役的无产阶级表示同情,这是难能可贵的。

同行是冤家。同时代的文人之间有时不免相互嫉妒、排斥,但是狄更斯对他的同行很宽容大度。他的魅力品质之一是推崇同时代的作家。他欣赏卡莱尔、丁尼生、勃朗宁、华盛顿·欧文等人,毫不妒忌他们。

卡莱尔是狄更斯最为敬仰、欣赏的人。谈起他,狄更斯的语气充满爱戴,而卡莱尔对狄更斯的态度则不然。狄更斯成为大作家之后,卡莱尔内心极为嫉妒,却装作毫不在乎。他曾这样讽刺狄更斯在美国受到空前欢迎的盛况:"哦!全美国点起熊熊火炬,对一位小小的'小说名家'纷纷宴请,高声欢呼,因为感到他虽然小,还多少有点什么。"卡莱尔即使说起狄更斯的好话也采用一种相当倨傲的语气,把狄更斯称为"好样的小家伙","我所遇见的人中性情最愉快、最单纯的一个","我同时代人中唯一真正能妙笔生花的作家",等等。尽管卡莱尔读到狄更斯作品中的有趣片段时会哈哈大笑,但他依然认为狄更斯是个无知的人,批评其人生哲学一无是处:

他认为应当让人们都能得到温饱,周围的世界应该弄得舒舒服服,各式各样的人圣诞节都应有火鸡吃。坚决不许对他们下命令,不许控制,不许惩罚,而要奉劝他们,说服他们,诱导他们从善。然而永恒的法规并非如此行事,而恰恰相反。狄更斯没有写出一篇有助于解决这类人生问题的文章,不过还有些价值，值得临睡前读来消遣消遣。①

虽然卡莱尔依据自己的思想贬低狄更斯，但是狄更斯正是因为坚持了他的人生哲学才赢得了世界各国读者的青睐。可见狄更斯的哲学更为大多数人理解，他也自然取得了比卡莱尔更大的成功。

友谊之重

狄更斯生性多情，重视友谊，他和周围的朋友都很亲近。他曾说，生活中他最需要的就是有几位可以促膝谈心的朋友。他待人真诚，也渴望得到朋友的真情回报。

除了道格拉斯和另外一人之外，他从没有主动与哪位朋友中断过联系。道格拉斯曾公开抗议狄更斯的一些观点，这导致两人产生龃龉，有好几个月，两个人互不说话。一次，他们在同一个俱乐部时，道格拉斯突然表示想要和好，狄更斯随即同意，两人又和好了。后来，热心的狄更斯曾通过演戏来帮助道格拉斯的遗孀募集资金。

狄更斯在陌生人中显得相当拘谨，但和朋友在一起时却谈笑风生，热情洋溢。他尤其喜欢跳舞，以此忘掉工作的重压、生活的烦恼和忧虑。他跳起舞来生龙活虎，比年轻人还充满活力。

虽然狄更斯并不是一个健谈的人，但是他善于听人讲话，善于打开别人的话匣子。他尤其擅长绘声绘色地复述听到的故事，形象地描绘见到的景象，生动地对熟人的言谈举止做出滑稽的模仿。他不爱与人争论，不喜欢战争、宗教、政治、经济等容易引起人激动情绪的话题，他感兴趣的是关于鬼怪、疯魔、凶杀、罪犯等的故事，讲起这些他总是眉飞色舞。

---

① 赫·皮尔逊：《狄更斯传》，谢天振等译，杭州：浙江文艺出版社，1985年，214页。

狄更斯最大的特点是幽默，这源于他的乐天性格。他的到场是对忧伤情绪的开战。他那爽朗愉快的声音、坦率的谈吐都使他显现出无限魅力。在社交场合，他总是保持愉快的心态，不仅使自己快乐着，也把快乐的情绪传递给他人。

　　50年代，在巴黎之旅中，狄更斯会见了一些法国文学界名流，其中包括大仲马和乔治·桑。他感到，桑的外表活像是"被皇后每月召入一次的护士"。而大仲马对他的一次邀请，则给狄更斯带来了浪漫体验。大仲马让狄更斯在某晚某时在某街道的某个拐角处等候，"届时将有一个身披西班牙式斗篷的蒙面人来联络，用一辆四轮马车把他护送到某一地方"。这一安排对于讲求实际的狄更斯而言过于浪漫了，他欣然前往。

　　1857年，丹麦童话大师汉斯·安徒生来访，到狄更斯家里做客五周。狄更斯十分兴奋，他写信给安徒生说："请相信，即使从这儿到哥本哈根的路上全都铺满了纸，也不够书写我对您的热爱和尊敬。"可是从他后来写在一张纪念这次来访的卡片上的话来看，声名显赫的安徒生的来访好像让他压力颇大，他在卡片上写道："汉斯·安徒生在这间房间里住了五个星期——对我们一家人来说，真是度日如年！"①

　　女儿卡蒂出嫁以后，狄更斯突然心血来潮，企图忘记过去。他把自己所有的私人信件付之一炬，卡莱尔、萨克雷、丁尼生、勃朗宁、柯林斯等与他同时代声名显赫的文人所写的大量书信化为灰烬。

　　当时的两位英国大文豪萨克雷和狄更斯之间，始终存在着隔阂。从1836年萨克雷为《匹克威克外传》作插图，到1847年《名利场》大获成功，他与狄更斯的关系还算友好，两人相互宴请，一起到朋友家赴宴。但是两人的生活背景、习惯、爱好相去甚远，性格也无相似之

---

①　赫·皮尔逊：《狄更斯传》，谢天振等译，杭州：浙江文艺出版社，1985，第271页。

处。萨克雷在思想上接近于18世纪,对维多利亚时代虚伪的社会风气深感不快。他常常感到自己与时代格格不入,在社会交往方面显得比较笨拙。

《名利场》大获成功之后,俱乐部成员们说,有了一本绅士作者为绅士们写的书了。随着文学界被分为萨克雷派和狄更斯派,两人发现,他们因为被各自的粉丝吹捧为当代最伟大的小说家而被迫陷入了敌对状态,他们之间的隔阂进一步加深。萨克雷认为狄更斯的才华高自己一等,而狄更斯也毫不谦虚地认为如此,并对萨克雷的作品不屑一顾。于是,两人再见面时自然没有那么融洽。

大名鼎鼎的狄更斯常常使萨克雷相形失色。一次,萨克雷与狄更斯等人相约游猎。正待出发时,来了一封狄更斯给女主人的信,信是由萨克雷转交的。女主人读完信,立刻跑到厨房对厨师说:"别烤圌鹬了,狄更斯先生不来了。"萨克雷听后感慨道:"我从来没有像现在这样感到自己微不足道。"①

尽管如此,狄更斯与萨克雷还是比较注意尽量搞好关系,表现出对对方的尊敬。在《董贝父子》出版之后,萨克雷对小说进行了一番热情洋溢的评论,狄更斯答谢道:"您的豁达的来信使我深受感动,世界上没有任何东西能比这番慷慨大度的、大丈夫气概的褒奖更使我觉得珍贵的了。"②但是,他接着又暗示说,萨克雷对著名小说家进行滑稽模仿的做法恰好起到相反的作用。

他们之间发生的另一件不愉快的事情是,1849年皇家艺术学会只给萨克雷发出了邀请函,未邀请狄更斯参加。第二年,狄更斯得到该邀请之后,写了一封措辞生硬的信,拒绝了这一荣誉。两人后来又因其他事情产生了隔阂,但萨克雷在去世前不久还是与狄更斯和解了。

---

① 赫·皮尔逊:《狄更斯传》,谢天振等译,杭州:浙江文艺出版社,1985,第316页。
② 同上。

狄更斯是个只属于男人的人，对朋友真诚。尽管他与多位朋友发生过多次争吵，但他从未与他们真正断绝关系。

纠结的婚姻

作为一个快乐之人，狄更斯把快乐带给了别人，但是他维系了22年之久的婚姻并不是十分美满，最后甚至到了夫妻分居的地步。他曾登报公开此事，以至于他的婚姻生活在全国传得沸沸扬扬。

凯特生性谨慎，性情温和，喜欢过平静淡泊的生活。这与外向、风趣、活泼的狄更斯迥异。她的兴趣是家庭和孩子，她为丈夫生了10个孩子，多次流产，平日里喜欢谈论的话题是孩子和针线活。可以想见，凯特难以符合丈夫高雅的要求和趣味。但为了尽到做大作家夫人的本分，即使感到厌倦不堪，她不得不多次陪丈夫出席各种仪式、会议和宴会。她甚至为了迎合丈夫，不得不忍痛离开4个孩子，与他漂洋过海，在美国忍受半年像是被展览的动物般的生活。

虽然狄更斯夫妇也曾一起度过幸福的时光，但早已一去不复返了。早在1955年，狄更斯就第一次在信中提及自己不幸的婚姻。他曾在写给朋友的信里说："可怜的凯瑟琳和我生来就不是一对，这是毫无希望的。不光是她令我不安和痛苦，而且是我让她更不幸。你很清楚她是什么样的人，她很温和、顺从；但我们之间就是那样格格不入。上帝知道，她若嫁给别人，会比现在幸福一千倍；要是她遇到的不是我，那对我们两个都是好事。"[①]

在《大卫·科波菲尔》中，狄更斯把自己对婚姻的看法通过大卫的感受传达出来："这种难受的感觉在我的生命里蔓延，如果有任何变化，那只能是逐渐加剧了。和原来一样，它也难以说清楚，对我来

[①] 舍利·克莱恩：《查尔斯·狄更斯的绝妙睿语》，范慧玉译，北京：东方出版社，2007，第67页。

说就像是漫漫黑夜中一阵悲痛的音乐在我耳畔萦绕。我深深地爱着我的妻子，我也很幸福。但是这种我曾经隐约期望的幸福却不是我所向往的，两者之间总缺点什么东西似的。"[①]他对婚姻的失望也使凯特感到不舒服。

夫妻间的摩擦越来越使凯特难以忍受，她几次提出分居的要求，都遭到丈夫的回绝。狄更斯解释说，他们应当为孩子着想。但是他没有说明的是，作为一个小说家，他的名望一部分来自人们对他家庭幸福的理想化想象，分居会影响到他的公众形象和社会地位。此外，维多利亚时代的社会风俗也难以容下离婚的人。

其实，从《冰冻三尺》的最后一晚演出之后，他们夫妇之间就开始了冷战。狄更斯声称凯特和他性情不和，但问题在于他不仅爱上了埃伦，而且还对一直与他们生活在一起的凯特的妹妹乔治娜有情。乔治娜长期帮助凯特主持狄更斯一家的事务，使狄更斯觉得乔治娜与他心爱的玛丽·霍格思在精神特征方面极为相像，而乔治娜一直非常崇拜狄更斯，可以说两人相互怀有情愫。

1957年，狄更斯决心与妻子分道扬镳，擅自将自己的卧室与凯特的分开。在给朋友的信里，他写道：

> 我的家庭生活太不幸了，我无法提笔写字，而且一分钟也无法休息。……在我们死掉、入土并复活之前，家里的事情已成定局，不可能好转。它已经不再取决于我的意志、我的努力、我的忍耐、我的脾气好坏，也不取决于我有否能力转危为安、化险为夷。事情已经彻底绝望。要靠我来维持这种结合，我感到是毫

[①] 舍利·克莱恩：《查尔斯·狄更斯的绝妙睿语》，范慧玉译，北京：东方出版社，2007，第27页。

无指望。这件事最后必然是以痛苦的失败而告终,别无可能。①

就在狄更斯忙于登台做首次朗诵演出时,妻子却随母亲和妹妹离开了家,流言蜚语在伦敦上流社会传得沸沸扬扬。据说,有人在俱乐部对萨克雷说,狄更斯与妻子分居是"因为与他的小姨私通"。萨克雷回答道:"不是这么回事,是和一个女演员。"狄更斯知道此事后大发雷霆,否认关于埃伦和自己的流言,他对散布流言的岳母气恼至极。1858年5月他与凯特签署了分居协议,凯特可以得到每年600镑的生活费,他们的大儿子将和她同住,其他孩子与狄更斯同住。

狄更斯在签署了协议之后,遭到许多朋友的反对。他怒不可遏,将责任推到凯特身上,说她由于身体欠佳,总是把孩子给别人抚养。这实在是冤枉了凯特,当初是他认为凯特不适合教养孩子而剥夺了她做母亲的权利。其实,三个较大的孩子中只有一个孩子是站在他一边的。

如今,俱乐部里最热门的话题就是狄更斯和他妻子、小姨及一个女演员间的丑闻。这使狄更斯非常苦恼,认为全世界的人都在议论他。为了证明自己的清白,他决定登报把内情公之于世。这份声明就刊登在1858年6月12日的《家常话》上,其中包含以下内容:"我郑重宣布——以我本人和我妻子的名义——所有有关我的家庭纠纷的传闻,即近来某些人私下散布的那些流言蜚语,都是恶毒的诽谤。在我如此辟谣之后,谁再重复一句这种谣言,他就像任何伪证人一样,是在天地面前存心不良、卑鄙无耻地撒谎。"②许多报纸接着也进行转载,并发表不怀好意的评论。狂怒的狄更斯又写了一篇声明,称:"多年来狄更斯夫人和我生活在一起很不愉快。我们俩在性格和

---

① 赫·皮尔逊:《狄更斯传》,谢天振等译,杭州:浙江文艺出版社,1985,第299—230页。
② 同上书,第307页。

气质各方面均不相配。……谁也不像我们这样互不理解,性格迥异。乔治娜在起着阻止我们离异的作用。"①

两人的分居及诉诸报端的行径,对双方都造成了不可弥补的精神损失。狄更斯内心明白,他对凯特是不公平的,他把一切责任都推给了妻子,把自己装扮成一个正人君子。狄更斯说妻子没有帮过他一点忙,如今却要中伤他。他还说,他要原谅妻子,忘掉她。事实上,凯特是这场冲突的受害者,她承受了一个有口难辩的无辜妻子和一个失败母亲的双重痛苦。

萨克雷对这场纠纷发出了正义的感慨:"想一想结婚22年而离开自己家庭的可怜太太吧!天哪,在发生了这样的事情后,我们这个行业还有什么价值可言呢。"但是,他的正义慨叹导致他与狄更斯之间结下了再也未能解开的疙瘩。

狄更斯在这件事上一意孤行,对于任何同情凯特的人都无法容忍,他与一些支持凯特的老朋友断绝了关系。《家常话》的几名合伙人都站在凯特一边,认为他对妻子太刻薄,狄更斯便宣布脱离这份杂志,并创建另一份类似的杂志《一年四季》。好在这本新杂志在创刊头3个月就大获成功,销路极好,到创刊十周年时销量达到30余万册。

狄更斯的婚姻如此纠结,与他的忘年之恋不无关系。

忘年之恋

大文豪对比自己小27岁的小情人埃伦可谓真情所至,矢志不移。他甚至给心上人留下了大笔遗产,可是仍未博得她的真心。

狄更斯爱上18岁的埃伦·特南时已经45岁,但其实他之前就

---

① 赫·皮尔逊:《狄更斯传》,谢天振等译,杭州:浙江文艺出版社,1985,第307—308页。

已经认识做演员的她了。可以说,《远大前程》中艾斯黛拉的形象就是狄更斯对埃伦的印象。长期以来,狄更斯对埃伦的痴情处于毫无希望的状态,埃伦并不爱他,她甚至一想到要与他亲昵就感到恶心。1862年狄更斯写给她的信里透露,埃伦与他保持着一定距离。

然而,狄更斯的典型特点是执拗,对于他想得到的东西,他就一定要得到手。凭着坚持不懈的努力,一年后他的钱财和名望终于迫使埃伦屈服,两人成为情人。但就像《远大前程》中的艾斯黛拉一样,埃伦看中的也是钱,她也同样任性而没有"心肝",她具有与艾斯黛拉一样的品质——浅薄、傲慢、贪财、冷酷。但她高兴时也会把狄更斯哄得忘乎所以。

狄更斯既忙于取悦小情人,又意欲维护自己的名誉,总是嘱咐周围的人不要提他的事。但是知道此事的人超出了他的想象,连他的孩子们也都一清二楚。其实狄更斯自己也清楚埃伦根本不爱他,这是他有史以来经历的第二次精神痛苦,也使他对嫉妒有了切身体会。

埃伦不爱他的事实使他怀疑周围所有人都是他的情敌,埃伦热情接待或交谈的每个人都是他的死敌。他的这种疑虑一直延续到他最后合上双眼,他本人成为《爱德温·德鲁德》中有着狂热情感经历的约翰·约斯泼的原型。他对埃伦狂热的爱情可以与《远大前程》中陷入热恋的皮普相媲美,皮普的心声也许就是他意欲对埃伦倾吐的真情:

> 每当你来到身旁或出现在我心中时,我就茫然失措、毫无信心,无法控制我自己。你现在每时每刻占据着我的心。自从我第一次见到你之后,我就一直对你魂牵梦绕。啊,那是我的一个多么不幸的日子!一个不幸的、悲惨的日子!你深深地吸引着我。即使我被关入一座坚固的牢狱,你的吸引也能帮助我奔向

自由——我将冲破牢墙与你相会;即使我染疾卧床,你的吸引能使我一跃而起——我将奋力走到你的面前,匍匐在你的脚下。①

情场失意令狄更斯的内心格外痛苦,如他的朋友所言:"他以为他已开始了新的生活,以为从今以后前程似锦,一路玫瑰。但他忘记了,玫瑰是有刺的。他以为他眼前是有史以来凡人所享有的最大的幸福,但他错了。"②

虽然一直众说纷纭,但无论狄更斯与埃伦的关系到底是单纯的朋友关系还是情人关系,埃伦都是狄更斯生命中的重要组成部分。在他的遗嘱中,他首先宣布留给埃伦1 000镑不含遗产税的赠款,这笔财产与他的长女得到的赠款数量一样。这是他对埃伦表达的特殊心意,亦可见埃伦在他心目中的重要位置。

重访美国

美国刚刚经历了内战,各种投机商、委员会便邀请狄更斯来美国进行朗诵演出。他们纷纷向狄更斯许愿,要付给他高额报酬。狄更斯打心眼里讨厌那个庸俗的国家,但他难以抵挡金钱的诱惑,决定不妨一试。于是,1867年11月9日,狄更斯登上了驶往波士顿的轮船,只不过这次他未偕夫人同去。

不久前他刚刚最后一次写信给凯特:"我亲爱的凯瑟琳:收到你的信,并能与你互致良好的祝愿,我很高兴。我将投入艰苦卓绝的工作,但我对此并不陌生,我乐于走我自己的路,干一番事业。"但一年之后,凯特就他的房子问题征求狄更斯的意见时,他却回答说:"我绝

---

① 赫·皮尔逊:《狄更斯传》,谢天振等译,杭州:浙江文艺出版社,1985,第373页。
② 同上。

不会去她的住所,我已下定决心尽可能少与她来往。"①可怜的凯特默默地忍受了这一切。

60多岁的狄更斯只身赴美。经历了海上的颠簸之后,他又全身心投入到朗诵演出的专业状态。他在饭桌上不喝酒,饭后不抽烟。他的到来受到了美国人的空前欢迎,仅从购买他演出票的热闹程度就可见一斑。

在许多大城市,购买狄更斯演出票成了难题。往往在售票的前一天晚上,人们就在售票点附近安营扎寨,排队等候买票。早上看去就像在举行规模空前的野餐会似的:人们躺在地上,或靠着褥子,或裹着毯子,带着酒和食物,哼着小调,无比热闹。售票开始时,人们一拥而上,瞬间就把前一夜排好的队打乱了。期间还发生了一场混战,警察立即赶到,挥舞着警棍大打出手。在纽约,每天上午9点,会有5 000多人排队买票,周围的饭馆专门派侍者将早餐送来销售,趁机发财。

有时,还会出现另一种令人不解的事情:门票会被人倒手转卖。于是,就出现了每人限购6张票的场景。有些唯利是图之人看到这种情况可以从中大捞一把,就雇人去排队购买许多张票,然后高价出售,从中牟取暴利。

在狄更斯所到的大城市,几乎每家店铺门口的橱窗都摆放着他的肖像,人们在大街可以很快认出他来。有时人们与他擦肩而过后会再转过身来,再次从他面前走过,以便更仔细地观察他,但不再像他上一次在美国访问时那样主动来与他攀谈。他到华盛顿时,安德鲁·约翰逊总统专门设宴接见他,两人都互相仔细地打量对方,尽量使对方感到满意。

狄更斯从来没有抱怨过他所到的城市有多么破败、他所留宿的

---

① 赫·皮尔逊:《狄更斯传》,谢天振等译,杭州:浙江文艺出版社,1985,第379页。

旅店有多么肮脏,他对此只是一笑置之。狄更斯的经纪人乔治·多尔贝曾为多位名人服务,他对狄更斯最为推崇,感到狄更斯是他遇到过的最体贴、最脚踏实地而又和蔼可亲的人。

在美国5个月,狄更斯的健康状况并不理想。他不时受到咳嗽、感冒、失眠、头晕等疾病的折磨。但是他只要一登台,就马上忘记了所有的病痛,嘶哑的嗓音变得圆润,头脑变得清晰有条理,体温也下降了。他从来没有使观众失望过。但是他的身体状况实在太糟糕,医生告诫他不能再加场了,他却回答道:"只要能起床,任何人无权在公众面前失约。"在华盛顿的一场朗诵演出之前,他嗓音嘶哑,嗓子还敷着芥末,所有的人都认为他不可能再朗诵了。但一到台上,他又像往常一样展开了洪亮的嗓音。不过,他不得不取消了在美国西部和加拿大的演出。

狄更斯连续几个月在美国各地颠簸演出,加上路途劳累、气候恶劣、疾病和苦干,简直要累垮了。在纽约即将结束巡回演出时,他几乎要瘫倒在地。他对身边的人说:"我走得太远了,现在我精疲力竭,除了疲劳,我对一切都已麻木不仁。相信我的话,我是无能为力的。"[①]这是他第一次认输。

在出席纽约新闻界为他举行的盛大宴会上,狄更斯谈到美国这几十年的巨大进步和英美两国的关系,他说:"这两个伟大的国家以各自的方式在不同的时刻为了自由而艰苦奋斗,并取得了辉煌的成就。如果英美两国发生对抗,那就是这个星球上最可怕的灾难。与其如此,还不如让地震将地球震裂,让彗星将它毁灭,让冰山将它覆没,让北极的狐狸和熊将它任意践踏。"他的这番话确实有先见之明,从那时起直到现在的100多年里,英美两国一直保持着亲密伙伴的关系。另外,美国人也从狄更斯的朗诵中受益匪浅,至少他们从曾经

[①] 赫·皮尔逊:《狄更斯传》,谢天振等译,杭州:浙江文艺出版社,1985,第380页。

很"傲慢"的狄更斯口中听到了对美国的赞誉。

狄更斯的演出虽然辛苦，但他的收入颇丰。他的经纪人无论到哪里去，都背着一个大包裹，这个包裹看似是一个沙发垫，其实是一大捆纸币。20周的美国之行结束时，狄更斯共举行了76场朗诵会，净收入近两万英镑。不仅如此，他又一次捕获了众多美国人的心，赢得了无数荣誉。

亮丽晚霞

狄更斯年过花甲时仍旧不甘寂寞，忙于从事各种事务，生活过得充实、有序。

在家的时候，狄更斯非常喜欢在爱犬的陪伴下散步。无论雨雪阴晴，每天下午他都会穿过树林和田野，沿着小路散步，从不间断，往往一走便是12英里。他买下了屋后一片草地，在那里组织板球、赛马等比赛。

狄更斯仍旧像以前那样热衷于社交，家里常常宾朋满座。上午他埋头写作，客人们则自得其乐，午饭后他肯定会提议出去散步。狄更斯患有严重的腰部风湿病，但他仍然坚持疾走。晚餐之后，他总是写信，然后与客人们一起做游戏、唱歌或打牌。

年老的狄更斯仍旧乘火车到处奔波。一次，他遇到了严重的交通事故。他乘坐的火车驶入一段因修理而拆除了铁轨的路，8节车厢从桥上翻入下面的河里，他乘坐的车厢挂在短桥的边缘，悬在半空中。车厢里的人惊恐地尖叫起来，狄更斯安慰他们，并试着爬出窗口。他发现脚下的桥身已经荡然无存，只留下两根空荡荡的铁轨，而车厢的另一部分是安全的，他就和其他人用两条木板帮大家脱离了危险。然后，狄更斯带着他的白兰地瓶子爬下桥墩，盛满水去救援伤者，一连数小时在伤者中忙碌不停。

尽管他在这次事故中没有受伤，但是四处血迹斑斑的可怕景象让他触目惊心，使他连续数日感到恶心、头晕。这以后他改换慢车出行，若碰到火车震荡，他会吓得面无血色，紧紧抓住座椅扶手。

在生命的最后几年，狄更斯仍然醉心于作品的朗诵，只是昔日他热爱生活的欢乐气质已一去不复返。他曾经品尝过幸福与爱情，但如今这些都离他而去，他的处境一落千丈，这也促使他在朗诵节目中加入《奥利弗·退斯特》中南希被杀的一段情节。最初，他担心这场谋杀情节会吓跑观众，决定在一小群观众中先试验一下效果。一天，狄更斯的儿子查理来家里，听到后院传来一阵毛骨悚然的声音，他走进花园，看到父亲正在做着"谋杀南希"的动作，把他吓得魂飞魄散。两个月后，狄更斯首次公演这个节目。这段朗诵开始时是那么平静，但后面的谋杀场景却是那么阴森可怖，听众们一个个面如死灰，木然不动，连气都不敢出。当狄更斯走下舞台时，有半分钟之久听众们呆若木鸡。在后来的演出中，每次都有一二十位女士当场昏倒在地。

狄更斯获得了如此的成就，以至于利物浦市政府想请他参与公共事务，爱丁堡和伯明翰都请他竞选议员。但他表示，他决心将一生献给文学，世界上没有什么东西能比文学更能吸引他。

由于疾病缠身，狄更斯不得不听从医生的劝告，含泪告别舞台。从1858年至1870年，狄更斯共举行了423次专业朗诵会，净获利约45 000英镑，占他所有资产的一半。

应维多利亚女王的一再要求，狄更斯在病情急剧恶化之前带病到白金汉宫谒见了女王。两人的会晤持续了半个小时，女王评价他"十分随和，声音和举止很招人喜欢"。他们谈论的话题涉及仆人、生活费用、美国人的行为举止、阶级分裂等，但没有一个有趣的话题。女王把自己撰写的签名本《苏格兰高地日记》送给了狄更斯，并表示为将这样一本习作送给当代最伟大的作家自己曾犹豫许久。女王还向他索要他的作品全集。

1870年6月8日,劳累了一天的狄更斯突然中风,第二天他便与世长辞。就如他经常在作品中展现巧合事件一样,5年前的这一天,狄更斯从那次严重的火车事故中死里逃生。这不得不让人承认,狄更斯编造的巧合事件还是基于真实的现实生活的。

英国为这位影响了一个时代的大文豪的离去举国哀悼。狄更斯被葬于威斯敏斯特教堂的"诗人之角"。在他下葬前,他的坟墓开放了整整两天,供悼念者作最后的缅怀。这是世人给予这位大文豪的最高奖赏!他无愧于此!

第三章

荒原上盛开的石楠花

——夏洛蒂·勃朗特与她的两个妹妹

1847年秋,《简·爱》首次出版。间隔不到两个月,《艾格妮丝·格雷》和《呼啸山庄》也一并问世。

如今,这三部小说的作者家喻户晓。但在当时,她们的真实身份

艾米莉、安妮和夏洛蒂三姐妹

却是轰动英国文学界的一大悬念,引起了各种猜疑和好奇。

直到第二年,人们才知道她们的真实名字,她们就是享誉世界的英国19世纪著名的文坛三姐妹——勃朗特姐妹。

她们的一生都被自闭和孤独笼罩着,但她们的作品却富有激情。

其实,她们真实的生活比小说更加震撼人心。

夏洛蒂很有抱负,又很独立。

艾米莉俗称"假小子",她的才情不容忽视。

安妮恬静的外表下藏匿着强烈的情感。

她们的家族故事充满悲情色彩。

三姐妹的家乡在英国北部偏僻荒凉的荒原地带,她们的教育背景也并不扎实,那么她们是如何创作出传世之作的,又是怎么成为旷世奇女的呢?

这实在是一个难解之谜,值得进行一番探究。

孤寂童年

勃朗特三姐妹闻名于世,可是多数人大概不曾料到,她们的家乡坐落在英国北部的穷乡僻壤,她们的童年孤独、寂寞。

她们的父亲帕特里克·勃朗特是爱尔兰人。他相貌英俊,身材挺拔,聪明上进。由于家境贫寒,他没有条件接受教育,家里仅有一本《圣经》和一本苏格兰诗人罗伯特·彭斯的诗集。但他酷爱学习,常用自己省下来的有限的钱买书。在一位牧师的帮助下,他到剑桥大学学习了4年,拿到了文学学士学位。

毕业后,勃朗特先生到约克郡的哈茨海德教区担任副牧师。在这里,他遇到了玛丽亚·布兰威尔,两人一见钟情。玛丽亚虽然相貌一般,但气质高雅,温柔可爱,加上她每年有50英镑的收入,在当时足够他们的生活开销。他们结婚以后生下6个孩子：大女儿玛丽亚、二女儿伊丽莎白、三女儿夏洛蒂、儿子布兰威尔、四女儿艾米莉和五女儿安妮。

帕特里克虽然是神职人员，但他兴趣广泛，热爱大自然，喜欢文学，尤其钟爱写诗。他对文学的热爱和他的诗歌创作才能，对孩子们日后的成长起到了很好的促进作用。

1820年4月，勃朗特一家搬到了哈沃斯。**这里天气变化多端，终年狂风呼啸，雨、雪、雾交替出现，难得有阳光灿烂的日子。对于一般人而言，这里的荒原凄凉可怕，但对于喜爱萧瑟景致的人来说，这里却魅力无限。正是这片荒原，养育了勃朗特姐妹。**

勃朗特家位于山顶，是一幢两层楼的石头建筑，对着教堂的钟楼，可以俯视山下的村庄和一望无际的荒原。房子右边是教堂的墓地，后面则是日后对勃朗特三姐妹影响巨大的荒原。也许与荒原的地理环境有关，这里社交活动不多。但四周的荒凉环境并没有影响这家人的生活，他们把家收拾得有条不紊、一尘不染，家里的陈设朴素大方。

在夏洛蒂不到5岁时，母亲病倒了。母亲默默地忍受着病痛，从不抱怨；孩子们也十分懂事，总是很乖巧、安静地做各自的事情。他们或在自己的房间里坐着看书，或低声交谈，或携手在山坡上漫步，从不让父母为他们分神。母亲去世之后，姨母伊丽莎白·布兰威尔小姐来家里帮忙。父亲把所有精力都放在了教育子女上，以真挚的父爱关怀、照顾这些年幼丧母的孩子，兴味盎然地关注着他们所有天真的乐趣。

勃朗特先生鼓励孩子们发挥创造力。他注重培养他们的想象力，允许他们阅读各种书籍和当时的主流报纸杂志。他家佣人莎拉·加尔回忆说："在生人面前他们都很拘谨，不过在自己家里还是活泼的，勃朗特先生是一位心地善良、充满爱心的丈夫和父亲，对任何人都很善良。"[①]孩子们在这样的环境长大,明显比同龄的孩子早熟。

几个孩子最快乐的事情是拥有了父亲买回来的一些木制骑兵,**这些玩具展开了他们想象的翅膀**。他们在游戏中编撰故事,在虚构的世界里尽情想象,创作出了早期的作品。他们除了阅读《黑森林》杂志和一些历史、地理方面的书籍外,还阅读了《天方夜谭》以及拜伦和司各特创作的作品。他们还创作了一些微型书,在上面密密麻麻地写满了微小的字,像真书一样。少年时期的写作锻炼,成为他们日后成功的基础。

1824年,一贯重视孩子教育的父亲,把两个大女儿玛丽亚和伊丽莎白送到一所名为柯文桥的寄宿学校去读书。这里的冬天奇冷无比,而且伙食和住宿条件极差,学生们忍饥挨饿。非常不幸,两姐妹先后染上了百日咳和肺结核,几个月后就离开了人世。

《简·爱》中洛克伍德学校的原型就是夏洛蒂的两个姐姐曾经学习过的地方,她描述的海伦·彭斯受苦场景,就是对玛丽亚真实生活的再现。一天早上,玛丽亚由于病得很严重,听到起床钟声后没有马上起床,史凯契尔德小姐就开始骂骂咧咧地说玛丽亚肮脏邋遢。玛丽亚好不容易起来穿好衣服,她冻得瑟瑟发抖,可史凯契尔德小姐却惩罚玛丽亚在风口站了几个小时,这加速了玛丽亚的早逝。

两个姐姐的去世对于几个幼小的姊妹而言是个沉重打击。母亲离世之后,她们把两个姐姐看作母亲,可如今姐姐们也离去了,这让年幼的姊妹十分孤单。她们在以后的作品中都对此予以反映。例如,在夏洛蒂的作品中,女主人公几乎都没有母亲。但幸运的是,她们的姨母伊丽莎白和女佣泰比承担起了照顾她们的责任,让她们感受到了家庭的温暖。

父亲把9岁的夏洛蒂和7岁的艾米莉接回家里,**决定自己在家**

[①] 张耘:《荒原上短暂的石楠花:勃朗特姐妹传》,北京:中国文联出版社,2002,第9页。

教育几个孩子。每天早饭后,父亲就在书房里给孩子们上历史、地理等课程,晚上给他们读报纸或杂志。他们还常常一起讨论政治问题。在这一时期,他们养成了爱读书的好习惯,除了阅读宗教书籍以外,还阅读一些名著,如约翰·班扬的《天路历程》和约翰·弥尔顿的《失乐园》。这些学习经历无疑对她们以后的创作做了很好的铺垫。著名作家萨克雷在阅读《简·爱》时曾评论说:"我不知道作者是哪一位,如果是一位女士的话,她对语言的掌握要比大多数妇女好,她一定接受过经典著作的教育。"①

由于孩子们的母亲是在他们刚搬到这个地区后不久就去世的,而且他们的房子远离其他居民,所以他们在童年和青少年时期被剥夺了社交活动。可是他们似乎并不需要社交活动,他们相亲相爱、相互关怀。作为4个孩子中的老大,夏洛蒂不但要读书,还帮着做许多家务活以及简单的烹饪,并开始照看弟弟妹妹,担负起超出她实际年龄的责任,这使她感到自己比实际年龄大得多。唯一的兄弟巴特里克·布兰威尔和姐妹们一起做游戏,他是个非常聪慧的孩子,在某些方面早早便显示出过人的才能。

在盖斯凯尔夫人②撰写的《夏洛蒂·勃朗特传》中,她列出了勃朗特姐妹在1829年至1830年创作的作品清单③,主要是她们一起创作的短篇故事,可见她们在十多岁时就开始了文学创作。

几个小勃朗特在没有母爱的环境中度过了童年,他们从来没有同其他孩子接触过,过着几乎与世隔绝的生活,缺少应有的欢乐。这使他们的性格存在缺陷,几个姐妹全都性格孤僻,不善于与人交往。

---

① 张耘:《荒原上短暂的石楠花:勃朗特姐妹传》,北京:中国文联出版社,2002,第15页。

② 盖斯凯尔夫人(1810—1865),英国小说家,与夏洛蒂是好友。撰写了有名的夏洛蒂传记。

③ 盖斯凯尔夫人:《夏洛蒂·勃朗特传》,祝庆英、祝文光译,上海:上海译文出版社,1987,第67页。

求学在外

姐妹几个在青春期时离开了家,到外边的住宿学校求学,以学得将来生活需要的技艺。这是她们难得的接触外面世界的机会。

15岁的夏洛蒂文静、稳重,喜欢沉思。她个子不高,身体苗条纤瘦,眼睛大大的,衣着老派,这与她父亲和姨母的影响有关。16岁时,她又被送到了一所学校读书,在这里结交了两个终身亲密的朋友——玛丽·泰勒和艾伦·纳西。玛丽曾在信里描述她对夏洛蒂的第一印象:"她看上去像个矮小的老妇人,眼睛近视得厉害,总好像在找什么东西,头左右摇摆要找到它似的。她十分害羞和神经质,说话带着浓重的爱尔兰口音。给她一本书,她就低下头凑近它,直到鼻子都快碰上书了,叫她抬起头来,那么书也就跟着头一起起来,还紧靠着鼻子,所以看了没法不笑。"[1]

夏洛蒂的近视眼是她在这一时期画画造成的。她对绘画兴趣十分浓厚,喜欢临摹年鉴上的铜版画[2]。6个月之后,她画出了一本临摹得非常逼真的画册。她希望用绘画来表达思想,不曾想这一爱好竟造成了她终身近视。

另一个女孩还记得,夏洛蒂来的第一天站在教室窗口前,一边看窗外的雪景,一边呜呜地哭着想家。后来,她成为这里姑娘们亲爱、可贵的朋友,她的博学令同学们惊诧不已:

> 她知道一些完全超出我们接触范围的事情……我们必须背的短诗,她大多很熟悉;给我们讲这些诗的作者、出处,有时候会

---

[1] 盖斯凯尔夫人:《夏洛蒂·勃朗特传》,祝庆英、祝文光译,上海:上海译文出版社,1987,第86页。

[2] 铜版画:一种用小点而不用线条的绘画。

背上一两页,把情节告诉我们。她习惯写斜体字(印刷体),说是在写杂志时学的。他们一个月出一期杂志,要尽可能把它写得像个印刷品……在我们的游戏时间,她总是坐着,或者一动不动地站着,只要可能就看书。①

夏洛蒂是个勤奋的学生,从来不浪费一点时间,"好像连必要的休息和游戏的时间都几乎舍不得……尽管有这些孤僻的习惯,她在同学中却很受欢迎。……她们希望的事情,她总是乐于去做,竭力去做。在夜里,她是个难能可贵的讲故事的人,她们躺在床上的时候,她几乎把她们吓傻了。"②

夏洛蒂在这里生活了一年半。**这个勤奋刻苦、衣着落伍的姑娘,不知疲倦地渴求知识,受到了老师和同学的喜爱和尊重。**

夏洛蒂回家以后,开始教艾米莉和安妮学习。日子虽然单调,但还算愉快。也许是因为家里有太多亲人早早离她而去,所以当时年纪尚轻的夏洛蒂从来不敢对未来抱有希望。她们是主日学校的老师,却从来不愿与外人见面,宁愿独自享受荒野中的孤独和自由。

在勃朗特家,到处都可以看到成套的书。精装书排列在父亲圣殿似的书房里,卧室的书架上放有许多因多次翻阅而破旧的书,还有许多优秀的文学作品,包括瓦尔特·司各特的作品和华兹华斯、骚塞的诗。

父亲鼓励三个女儿读书,而姨母把她们读书的兴趣局限于适当的范围之内。她要她们精通家务,因而她们一天有许多时间忙于家务。即使如此,她们还是到基思利的图书馆去借书。一次又一次,她们捧着刚借到的新书快活地走在4英里远的漫长回家路上。

有趣的是,**勃朗特全家人都酷爱绘画艺术。**姑娘们喜爱一切与

---

① 盖斯凯尔夫人:《夏洛蒂·勃朗特传》,祝庆英、祝文光译,上海:上海译文出版社,1987,第88页。

② 同上书,第91页。

绘画有关的东西。虽然她们缺乏绘画技巧,却可以画出富有想象力的作品。父亲给孩子们请了一位绘画教师,他们对这门艺术的兴趣愈加浓厚。有一个时期,夏洛蒂甚至想以绘画谋生。她使用的是拉斐尔前派①的精细工整笔法,凭想象而非临摹现实来作画。对于夏洛蒂来说,在这段时间"画画和同两个妹妹出去散步是她一天中的两大乐趣,也是一种休息"②。

布兰威尔被公认为有绘画才能。他曾给三个姐妹画过一幅画,十分逼真形象——安妮的脸庞温和善良,艾米莉的脸充满力量,夏洛蒂则充满焦虑。姐妹几个一心想帮助这个唯一的兄弟实现他成为画家的理想,她们打算牺牲自己,到夏洛蒂读过书的学校里教书,以便攒钱送他到伦敦的皇家艺术学院去学习。

处于青春期的勃朗特姐妹虽然生活清苦,但在读书和绘画的海洋里,她们的精神世界富足,生活十分充实。

无奈教书路

19世纪上半叶,英国妇女的地位仍然十分低下。她们因所处社会阶层的不同而有各异的生活出路:或结婚嫁人,或教书,或出外打工,或做家务。勃朗特姐妹的家境决定了她们只能选择中等家庭妇女的生存方式③,但她们并不愉快。

1835年,刚满19岁的夏洛蒂到位于罗海德的伍勒小姐的学校开

---

① 拉斐尔前派:19世纪中叶出现在英国的一个画派,画风审慎而细致,用色较清新。
② 盖斯凯尔夫人:《夏洛蒂·勃朗特传》,祝庆英、祝文光译,上海:上海译文出版社,1987年,第104页。
③ 盖斯凯尔夫人的传记作家威尼弗莱德·热兰曾分析了像勃朗特姐妹那样的年轻女孩的地位:"如果一个家庭出身良好的女孩必须要挣钱养家,她只有很少或者没有什么选择的余地……她们必须去到一个陌生的家庭去当家庭教师……当家庭教师并没有完全排除结婚的可能性,简·爱就证明了这一点。"见简·奥尼尔:《勃朗特姐妹的世界》,叶婉华译,海口:海南出版社,2004年,第59页。

始教书,艾米莉作为学生陪她前去。可是艾米莉太想家了,简直像得了病一样,做什么都静不下心来,她只在学校待了3个月就回家了。夏洛蒂这样分析妹妹回家的原因:

> 我妹妹艾米莉喜欢荒原。对她说来,在石楠丛生的荒地里最黑的部分,花儿开得比玫瑰都鲜艳;她的心能把灰白山坡上最阴沉的洼地想象成伊甸园。她在那片荒凉的孤寂中找到许多心爱的乐趣;而最最喜爱的是——自由。自由是艾米莉鼻子里的气息;离开了它,她就不能生活。从她自己的家转到学校,从她自己那非常僻静而又无拘无束、朴实自然的生活转到纪律很严、按部就班的生活方式(虽然受到无比亲切的照料),是她无法忍受的。
>
> ……
>
> 每天早上她一醒来,家和荒原的幻境就在她心头涌现,使她一整天都闷闷不乐。……她的身体很快垮了下来:她那苍白的脸、消瘦的形体、衰退的体力,预示着会迅速地完全垮掉。我心里感觉到,如果她不回家,她会死去。[①]

勃朗特一家都认为,**艾米莉只有在家里才会身体健康**。如果他们中间必须有人离开家的话,留下来的必然是艾米莉。她后来只离开过家两次,一次是去哈利法克斯做了6个月的教师,另一次是和夏洛蒂去布鲁塞尔学习了10个月。

艾米莉在家为全家人熨烫衣服,准备菜肴。佣人泰比年老时,艾米莉负责为全家人做面包。家人从厨房经过,都会看到她一边揉面,一边看摊在面前的书学习德语。即使如此,她做的面包总是松软可口,味道从来不会受到影响。

---

① 盖斯凯尔夫人:《夏洛蒂·勃朗特传》,祝庆英、祝文光译,上海:上海译文出版社,1987,第120页。

第三章 荒原上盛开的石楠花

这样，勃朗特姐妹同时接受来自父亲和姨母的两种训练。父亲从知识的角度教导她们，培养了她们的文学创造力；姨母从生活实际出发教育她们，使她们尽到女人在家应尽的义务。而她们对这两种教育方式兼收并蓄，为了充分利用时间，她们能够同时做两件事，既能利用零星时间来看书，又不会耽误做家务。

夏洛蒂在伍勒小姐学校最初的生活还算愉快。在她眼里，学生就是她的妹妹。她常常拒绝进行娱乐活动，认为度假是玩忽职守，所以总是过着苦行僧般的生活。幸而她与伍勒小姐成为了朋友，虽然白天的工作沉闷单调，但在晚上她可以和伍勒小姐一起愉快地度过，她们有时交谈到深夜。

但是后来，夏洛蒂的心里充满了恐惧，这大概与她过早接触死亡以及过度敏感的性情有关。那是一个傍晚，她坐在梳妆室里，突然发现天完全黑了下来，她顿时害怕起来，这与她在《简·爱》中描述的场景一致："我开始想起了我听到过的关于死人的传说，死人……在坟墓里也不会安宁……我脑子里只想到恐惧的事，又害怕得神经极其脆弱，还以为这一道迅速滑动的亮光是从另一个世界来的鬼魂的先驱。我的心怦怦乱跳……"① 从此，夏洛蒂的想象变得阴郁可怕，她无法忘记那昏暗，夜里睡不着觉，白天注意力不集中。她在身体好的情况下没有这种情绪，但是身体一旦有问题，她就会变得忧郁。据说她在伍勒小姐学校时，常被这种神经方面的毛病所困扰。

圣诞节期间，姐妹们在家团聚，畅谈各自的生活和对职业、收入的展望。她们希望能够减轻父亲的负担，这个担子主要由夏洛蒂和艾米莉承担。艾米莉已经到哈利法克斯的一所学校任职，教授近40个学生。她的工作负担繁重，从早上6点一直工作到晚上11点，中间只有半小时的活动时间。艾米莉是一个自由自在、狂放不羁的人，

---

① 盖斯凯尔夫人：《夏洛蒂·勃朗特传》，祝庆英、祝文光译，上海：上海译文出版社，1987，第123页。

她最不喜欢与陌生人打交道,只有在自己家和荒原上生活才会感到高兴舒适。只有在家里,她们的性格才能得以展现。艾米莉和安妮在生活方式和兴趣方面极其相似,两人简直像孪生姐妹一样,前者矜持,后者胆小。除了与家人交流,两人都避免与外人有亲密接触。艾米莉专横、控制欲强,不允许别人干涉她,她也从未与公众舆论有过接触。她把爱倾注到了安妮身上,就像夏洛蒂把爱倾注到她身上一样。她们三人的感情非常深厚。

也是在这一年的圣诞节,安妮开始生病,咳嗽,呼吸困难。夏洛蒂极为担心,唯恐妹妹患上肺结核。整个假期,她都怀着焦急、疼惜的心情密切关注着安妮的病情。艾米莉由于健康原因放弃教职,回到了家里;布兰威尔放弃了到皇家艺术学院学习的打算;夏洛蒂默默回到学校,那里的生活单调乏味,她也病倒了。父亲把她接回家,还把她的两个好朋友玛丽和艾伦请到家里来陪伴她,她有时也到朋友家去小住。渐渐的,夏洛蒂的身体恢复了健康,心情也变得愉快。

夏洛蒂在信里提到了一个人——他有点像《简·爱》中的圣约翰。他好像对夏洛蒂有点儿意思,可是夏洛蒂却无动于衷。她在给朋友的信里陈述了她对未来丈夫的期望:

> ……我对他有好感,因为他和蔼可亲、性情很好。然而我却没有也不可能有那种能够使我为他而死的强烈感情;如果我有朝一日结婚的话,我对丈夫必须有那样的敬慕之情。十之八九,我绝不会再有这个机会了;但是没有关系……我可不能在我丈夫面前整天摆出一副庄重的神情坐着。我要大笑,讽刺,一想到什么就说什么。如果他是个聪明人,而且爱我的话,整个世界,同他最渺小的希望衡量起来,只会像空气一样轻。[①]

[①] 盖斯凯尔夫人:《夏洛蒂·勃朗特传》,祝庆英、祝文光译,上海:上海译文出版社,1987,第149页。

在夏洛蒂的人生规划里没有婚姻的位置，只有认真工作。只是她对自己应当往哪一方面发展感到困惑：在文学方面，她受到骚塞的劝阻；在绘画方面，她的视力阻止她前行；教学是她唯一可以谋生的出路，但她并不喜爱儿童，而且她似乎仍未掌握传授知识的技巧。

对于勃朗特姐妹而言，教育儿童绝不是愉快的工作。但是，除了留艾米莉在家陪伴长辈之外，她们总得出去赚钱。于是，安妮到一户人家做家庭教师，夏洛蒂也到一家富有的制造商家里做家庭教师兼保姆。可是，她在那里的生活并不顺心。在给艾米莉的信里，她抱怨说，那家的孩子们"要干什么就干什么"，那家太太"只是千方百计一味要我尽可能多干些活儿。为了达到这个目的，她把我淹没在针线活儿的海洋里，给我好几码细麻布要我镶边，叫我做睡帽，尤其是给玩具娃娃做衣服。"她认清了家庭教师的地位："除了同她不得不完成的繁重工作有联系以外，她是不存在的，是不被当作一个有理性的活人看待的。"夏洛蒂在这一家受到主人的责备，她神情忧郁，有时甚至想辞职回家，可她还是决定振作起来继续干下去。她的家庭教师工作在当年7月便结束了。

虽然夏洛蒂只喜欢待在家里享受自由的时光，她一想起当家庭教师就感到憎恶，但是现实生活的压力迫使她不得不再次出去工作。1841年3月，夏洛蒂得到了她的第二个也是最后一个家庭教师的职位。她牺牲了薪金方面的利益，以获得舒适的工作条件——这并非指舒服的生活条件，而是她希望能够与和颜悦色、心地善良的人在一起。她比较幸运，这次的雇主仁慈好客，夏洛蒂把雇主看作难得的朋友。但问题是她得没完没了地干许多婴儿保姆要做的针线活，这即使对于她这个有充裕空闲时间的人而言也不太容易。其实**从她的性情考虑——缺少欢乐的童年、存在缺陷的性格，她与家庭教师这个职业是格格不入的。**

好不容易到了假期，夏洛蒂得以回家，见到了令她担心的安妮。

她发现,安妮的身体很糟糕。她又想起了办学校的事情。创办学校对于三个感情深厚的姐妹来说至关重要,这样她们就可以生活在一起,而夏洛蒂也可以照料两个妹妹。她把她们的生命和幸福看得比自己还重要。同时,她们还能一起进行文学创作,她们从来没有放弃过文学创作的目标。

虽然夏洛蒂有办学的雄心壮志,但她们缺少创办学校的资质。她们仅仅懂得一点法语,但没有教授法语的实力;艾米莉和安妮懂的音乐知识有限,如果她们不提高水平的话,就很难上好音乐课。于是,夏洛蒂和艾米莉决定到费用较低的比利时布鲁塞尔深造。

勃朗特姐妹学到的专业知识对她们以后的独立生活很有帮助。即使生活在物质贫困的环境中,她们依然具有很强的自主性和独立性,决心依靠自己的双手生活。

异国求学

1842年,26岁的夏洛蒂和小她两岁的艾米莉第一次远离家乡,到比利时布鲁塞尔的埃热夫人寄宿学校学习。远离家乡和荒原让她们的内心备受思乡之苦的煎熬。

最初,在其他人面前,她们害羞得简直到了可怜的地步。艾米莉说话从来不超过一个音节,而夏洛蒂有时候会滔滔不绝地就某个话题讲个不停,可是她的一个习惯是开口之前在椅子上慢慢转过身,不让人看到她的脸。除非万不得已,她们不跟任何人讲话,也不参加快乐的游戏。

不过,**她们在这里学到了久已渴望学习的知识,感到十分兴奋。**音乐、写作等都是她们喜欢的课程。埃热先生教她们法语和法国文学,他似乎认为,艾米莉的天分更高,她的逻辑思维能力和辩论能力强,想象力丰富,但她以自我为中心,而夏洛蒂始终很无私地容忍妹妹的专横态度。她们的学习进步很快,两人在学习之余开始担任学校一些课程的教学工作,夏洛蒂教法语,艾米莉教一些小学生弹钢琴。

半年以后,布兰威尔姨母因病去世,夏洛蒂和艾米莉马上收拾行装回家。她们要尽自己的义务,为姨母送行,并安慰父亲。过了圣诞节,恋家的艾米莉决定留在家里,而夏洛蒂又回到了位于布鲁塞尔的学校。她除了学习德语和文学外,还教授学生英语。可是如今没有妹妹的陪伴,加上天气严寒,羸弱的她在精神上倍感压抑,尤其在生病时,她的情绪会非常低落。即使如此,她依旧关心着家中的父亲和妹妹。在给父亲的信里,她写道:

> 收到家里的来信,我很高兴。前一阵没有收到任何信,我已经开始情绪低沉了,非常担心,生怕出了什么事。你信中没有谈起你自己的健康,但是我希望你身体好,也希望艾米莉身体好。现在汉娜(一个帮泰比做事的姑娘)走了,我怕她有许多艰苦的活儿要干。听到你还留着泰比(七十多岁了)我万分高兴。这对她来说,是个很大的恩惠,我想这不会没有报答,因为她忠心耿耿,只要有机会,她总是尽最大努力来伺候你。除此以外,她还可以陪伴艾米莉;没有她,艾米莉会感到非常孤独。①

夏洛蒂强迫自己为了学习留在异国他乡,但回家的渴望时时向她袭来。尤其在假期,空荡荡的校园让她更加寂寞。她克制着自己的情感。战胜内心的软弱以后,她就像一个精疲力竭、痛苦万分的受难者。于是,在这里学习了近两年之后,夏洛蒂于1843年底回到了家乡哈沃斯。与埃热先生的分别令她悲伤,但是她拿到了盖有布鲁

---

① 盖斯凯尔夫人:《夏洛蒂·勃朗特传》,祝庆英、祝文光译,上海:上海译文出版社,1987,第229页。

塞尔皇家中学印章的证明,这令她感到欣慰。

1844年春天,勃朗特姐妹三人终于决定在家里开办一所学校。可是,几个月过去了,她们并没有招来学生。哈沃斯村又荒凉又孤寂,她们又没有什么亲戚朋友,别人不太了解她们,自然也就不会把自己的孩子送来读书。她们用来独立谋生的办学计划最终泡汤了。

此后的日子里,夏洛蒂情绪低落。对于她来说,"一天天都很相似,每天都是死气沉沉的样子,星期日,烤面包的日子和星期六是唯一有特别标志的日子"。① 其他人都不知道,她因视力过差而苦恼,但她还是为看书写字都很吃力的父亲阅读书籍。平时她只做一点简单的针线活,尽量避免写字。

夏洛蒂失败的办学经历证明,一个人不见得在各个方面都会成功。最初,她到布鲁塞尔学习的目的是为了创办学校,现在虽然办学失败了,但她在两年的求学生涯中提高了写作技巧,加强了文学修养,这对她以后的成功不无裨益。

塞翁失马,焉知非福?夏洛蒂到布鲁塞尔求学的经历还为她另一部小说提供了素材。《维莱特》是她以笔名柯勒·贝尔出版的一部半自传体小说,讲述了贫穷的女孩露西·斯诺在比利时一个女子寄宿学校的工作和生活经历。夏洛蒂表达了她对生活、爱情、婚姻的看法,以及她对女性问题的关注和思考。

漫漫文学路

偏远寂寞的环境挡不住姐妹三人的文学梦。她们一起出诗集,各自创作小说,凭借对文学的热爱和执着,她们在文学之路上艰难地跋涉。

---

① 盖斯凯尔夫人:《夏洛蒂·勃朗特传》,祝庆英、祝文光译,上海:上海译文出版社,1987,第250页。

第三章 荒原上盛开的石楠花

在青春时期，三姐妹曾在她们自创的微型杂志上发表过故事，尝试过写诗，还互相赞扬各自取得的"成就"。但她们也很清楚，这种赞誉是各自对姐妹作品的偏爱而已，并不可靠。于是，夏洛蒂决定给桂冠诗人骚塞写信，向他求教，请他给自己的诗歌提意见。布兰威尔也做了相似的大胆举动，给华兹华斯寄去了一封求教信。

3个月后，夏洛蒂收到了骚塞的回信。骚塞解释说，迟迟未回信是由于长期离家以及信件积压导致的。他怀疑夏洛蒂用了化名，认为她有诗才，但是他指出，以文学为职业是一条危险的道路。"文学不可能也不是一个妇女的终生事业……要为写诗而写诗，不要抱竞争的心理，为出名而写诗；你越是以不出名为目标，你越是可能终于受之无愧地出名"①。读了信以后，夏洛蒂备受鼓舞，她又给骚塞回信，表达了她激动的感谢之情。骚塞又一次回信，邀请她到湖区与他见面。但苦于没有旅费，夏洛蒂只好放弃去拜见大诗人的念头。多年之后，当她有机会到湖区时，骚塞早已作古。

夏洛蒂在给朋友的信里讲述了她们姐妹一起出版诗集的经历。1845年秋，她看到了艾米莉写的一本诗歌手稿，觉得这些诗精炼、简洁，狂放又振奋人心，具有美妙的音乐感。她花了几个小时劝艾米莉出版这些诗，安妮也拿出几首自己的作品。于是，三人一致同意从她们各自的诗中挑选出一些来，编辑成诗集出版。她们向出版商提出，希望不要公开她们的真实姓名和身份。1846年5月，她们三人共同的心血《科勒·贝尔、埃利斯·贝尔和阿克顿·贝尔诗集》悄悄出版了。除了一篇评论文章之外，这本书几乎没有引起人们的关注。就这样，她们的第一部作品没有卖出去几本就悄无声息地被人遗忘了。

尽管经历了失败，姐妹三人并不气馁，她们又做了一次文学尝试。她们各写了一部小说，希望能够合在一起出版。这三部小说分

---

① 盖斯凯尔夫人：《夏洛蒂·勃朗特传》，祝庆英、祝文光译，上海：上海译文出版社，1987，第260页。

别是夏洛蒂的《教师》、艾米莉的《呼啸山庄》和安妮的《艾格尼丝·格雷》。投稿遭到拒绝,她们只好分开来投寄。

此时,她们的父亲因白内障动手术,兄弟布兰威尔不争气,身体赢弱的姐妹们生活极为坎坷。就是在这样的逆境中,**夏洛蒂开始了《简·爱》的创作,她自始至终靠着勇气在书写勇敢独立的简·爱。**据夏洛蒂讲,她不是每天都有时间坐下来写作,而是干完家务和尽到做女儿的义务之后再动笔,有时间隔几周或几个月才把一些新内容加到已写好的部分中。

她们沿袭了姨母在世时的生活习惯,晚上9点钟收起针线活,开始在屋里踱步,谈论各自写的故事,并征求他人的意见。这种讨论对她们来说是一件有趣、兴奋的事情,将她们从日常琐事和生活压力下解放出来,使她们拥有自由自在的心境。

夏洛蒂很少会因他人的意见改动自己的作品。艾米莉和安妮笔下的女主角都很漂亮,她们的理由是这样会引起读者的兴趣,但**夏洛蒂决定挑战社会传统。她说:"我要向你们证明你们错了。我要写一个女主角给你们看,她和我同样貌不惊人、身材矮小,而她却要和你们所写的任何一个女主角一样引起读者的兴趣。"**作品越写下去,她越有兴致。写到桑菲尔德那一部分时,她简直停不下来。由于近视,她不得不把本子凑在眼前。她一口气写了3个星期,一直写到女主角离开那里,而她因为发烧,才不得不暂时停下笔来。

夏洛蒂在1846年写给伍勒小姐的信中陈述了她对妇女生活的看法:

>我常常思考现在未婚的和永远不打算结婚的妇女的生活。我已经得出这样的结论:有的未婚女人没有丈夫和兄弟的支持,默默地、坚毅地在人生的道路上走自己的路,而且到了45岁或者45岁以上,还保持一个清醒的头脑,一种能欣赏单纯乐趣

的性情和忍受无法避免的痛苦的坚韧不拔的精神,同情别人的痛苦,愿意尽自己财力的许可来救济别人的贫困。我认为世界上再也没有比她更值得尊敬的人了。①

这是夏洛蒂对婚姻的思考,或许也是她对自己婚姻的一种打算。从中我们可以窥见她拒绝顺应社会传统观念和习俗的独立思想。

崭露头角

1847年是勃朗特三姐妹的幸运年。夏洛蒂的《简·爱》由史密斯·埃德尔公司出版,大获成功,受到读者的热烈欢迎。艾米莉的《呼啸山庄》和安妮的《艾格尼丝·格雷》也在年底得以出版。

一位与出版公司有联系的先生首先审读《简·爱》,他被深深地打动了,便向史密斯先生力荐这部小说。史密斯感到难以置信,便请第二位审稿人再审。这位先生在晚上下班时把原稿带回家阅读,兴趣浓厚,甚至熬夜读完了它。此时,史密斯先生的好奇心大发,他发现两位审稿人的赞扬确实名副其实。于是,小说很快得以出版。

《简·爱》是夏洛蒂的代表作,讲述了贫穷的牧师孤女简·爱从孤儿成为独立女性的成长过程。她幼年时在舅妈家遭到粗暴对待;少女时期在慈善学校遭受身心虐待;青年时期在罗切斯特先生的庄园找到爱情,却因罗切斯特已有妻子而无法获得妻子名分。她毅然出走,流落荒原,几乎病死。幸而牧师里弗斯救起她,帮她获得一份教职。当里弗斯向她求婚时,她心底深藏的对罗切斯特的爱被唤醒,于是她毅然动身去寻找他。此时罗切斯特的疯妻子早已放火烧掉了他的房子,而他也落得双目失明,身体残疾,一无所有。即使如此,

---

① 盖斯凯尔夫人:《夏洛蒂·勃朗特传》,祝庆英、祝文光译,上海:上海译文出版社,1987年,第265页。

简·爱仍然义无反顾地嫁给了他。小说在批评英国虚伪的慈善机构和资产阶级教育制度的同时,还塑造了一位独立自主、追求平等和幸福的女性形象,这在英国文学史上是史无前例的。

《简·爱》被公司分赠给一些在文学界很有地位的作家,也得到了普遍赞扬,其中就有夏洛蒂崇拜的小说家萨克雷。他对作品大加赞赏,肯定它的优点。紧接着,一些杂志的评论文章相继刊出,包括一些专业评论家的赞誉。小说出版两个月之后,读者开始纷纷争购。

对于这本小说的成功,盖斯凯尔夫人曾问夏洛蒂是否对小说受欢迎的程度感到吃惊,她犹豫了一会儿说:"我相信,我写的时候给我留下如此强烈的印象的东西,一定会给任何读者都留下深刻的印象。读《简·爱》的人对这本书感到很大的兴趣,这我并不觉得奇怪;但是我几乎没有想到,一本无名作者写的书会有读者。"[①]为了免得父亲担心,《简·爱》的创作和出版一直是瞒着父亲进行的。直到读者争购这本书时,夏洛蒂才告诉了父亲。

夏洛蒂采用了"柯勒·贝尔"的笔名出版《简·爱》,由此引发了许多有趣的事情。一次,邮递员离开她们家时碰到了勃朗特先生,问他柯勒·贝尔到底住在什么地方,他的回答是:教区里没有这个人。

对于她们家人而言,作者柯勒·贝尔就像是一个梦,一家人仍旧延续着原先单调的生活。但是英国的广大读者却热切地想要知道这位无名作者是谁,对作者身份的猜测像野火般蔓延开来。其实连出版商都不知道柯勒·贝尔的性别,舆论像潮水般把小说推向了风口浪尖。

面对无数读者的来信,有推崇,有恭维,偶尔也有对作品的优缺点进行评价的,夏洛蒂丝毫没有自我陶醉,而是采取了谦逊的态度正确对待,只有当她认为在作者的性别问题上受到了不公平对待时才

---

① 盖斯凯尔夫人:《夏洛蒂·勃朗特传》,祝庆英、祝文光译,上海:上海译文出版社,1987,第297页。

第三章 荒原上盛开的石楠花

会恼火。在读了乔·亨·刘易斯的评论文章之后,她回了一封长信,足以显示出她虚心听取他人意见的谦虚态度:

> 亲爱的先生:衷心感谢你作了宽容的评论。我带着双重的满意向你致谢,因为现在我肯定这种致谢不是多余和冒失的。你对《简·爱》并不严格,而是很宽大。叫我高兴的是,你私下里坦率地给我指出过缺点。因为你在公开的评论中只是稍稍触及一下,而这样指出来,我也许会不加思考地把它们忽略过去。
>
> 我打算听从你的告诫,在考虑如何创作新的作品时要多加小心。我积累的素材并不丰富,而是很贫乏;再说,我的阅历、学识和能力都还不够,不足以使我成为一个多产作家……①

夏洛蒂在这封信里还对与她同时代的作家进行了一番评论:**她并不欣赏简·奥斯丁,认为奥斯丁只是精明和善于观察,她难以苟同奥斯丁的文雅风格,坚持认为奥斯丁不可能成为伟大的作家;对于乔治·桑和萨克雷,她表示赞赏。**

然而,艾米莉的《呼啸山庄》出版以后远没有《简·爱》那么幸运。许多读者对于小说中人物的邪恶性格及其残酷行为很反感,好在也有少数有识之士感受到了天才作家的创造力。《呼啸山庄》讲述了希斯克利夫和凯瑟琳痛彻心扉却又刻骨铭心的爱情故事,也展现了希斯克利夫痛失凯瑟琳后的复仇故事。凯瑟琳的父亲恩肖先生收留了吉普赛流浪儿希斯克利夫,把他与女儿凯瑟琳和儿子辛德雷一起养大,这培养了希斯克利夫和凯瑟琳的爱情,却招来辛德雷的嫉恨。同时,凯瑟琳的内心发生了变化,她认为嫁给希斯克利夫有辱身份,便背弃了心上人,嫁给了富有的林顿。这导致希斯克利夫心生怨恨,心

---

① 简·奥尼尔:《勃朗特姐妹的世界》,叶婉华译,海口:海南出版社、三环出版社,2004,第310页。

理扭曲。三年后,富有的他从外边回来,便采用一切手段对周围所有人进行复仇,他折磨凯瑟琳的感情,骗取辛德雷的房产,他娶了林顿的妹妹,通过逼迫他的亲生儿子和凯瑟琳的女儿结婚得到了林顿的房产。但是在得到一切以后,他失去了人生目标,最终绝食而死。小说以下一代的和解而结尾。

对于艾米莉的这样一部惊世骇俗之作,夏洛蒂这样评价道:

> 我不得不承认,对于她自己生活其间的农民阶层,她实际了解的,并不比一个修女对于修道院大门外边路过的乡下人了解得多。我妹妹的性情生来就不合群:环境促成和助长了她的孤僻的倾向;除了上教堂或者到山上去散步,她很少跨出门槛。她尽管对周围的人怀着善意,却从不设法去和他们交谈,也不曾和他们交谈过,只有很少的几次例外。……她的想象比较阴暗而不很明朗——比较有力而不很轻松——这就从这些特点中找到了材料,创作出希思克利夫、恩肖和凯瑟琳①这样的人物。她写出了这些人物,还不知道自己干了什么。②

评论界对《呼啸山庄》的评价很高,认为它是一部出色的哥特小说,是非凡之作,主人公的爱情被建立在财富基础上的社会偏见所毁灭。艾米莉以此抨击了资产阶级的婚姻制度,并通过希斯克利夫的复仇行为挖掘到了人类灵魂的深处。

安妮的代表作《艾格尼丝·格雷》是一部有自传性质的小说,描述了一位家庭女教师的故事。小说出版以后,她开始写第二部小说《威尔德菲尔府的房客》,主题是关于一个人因酗酒导致的放荡和堕

---

① 即《呼啸山庄》中的三个主要人物。
② 盖斯凯尔夫人:《夏洛蒂·勃朗特传》,祝庆英、祝文光译,上海:上海译文出版社,1987,第307页。

落，影射她的哥哥布兰威尔。她反复思考亲眼所见的事情，感到自己有责任把每个细节再现出来，以告诫他人。可是，小说引起了读者的曲解和对她的攻击。安妮以她惯有的温和与耐心承受了一切不快。作为一名真诚而又实际的基督徒，她虔诚的忧郁色彩给她短暂的一生涂上了悲哀的阴影。

无论是否公正，两个妹妹的作品在出版之初并不太受欢迎，一些评论家认为她们表现了忧郁阴暗的人生观，但盖斯凯尔夫人坚持为她们辩解，指出这些字句都是她们在长期痛苦的回忆中写出来的。令人欣慰的是，经过历史的沉淀，**今天人们因《呼啸山庄》认可了艾米莉的天才创造力，最为推崇她的作品，认为她是现代文学的先驱，她的天才想象力和狂放风格使她成为三姐妹中成就最大的一位。**

几家出版商争相出版夏洛蒂下一部作品，其中一位出版商认为：《简·爱》《呼啸山庄》《威尔德菲尔府的房客》出自一人之手，这引起了姐妹三人的不安。夏洛蒂和安妮马上动身去伦敦，要向史密斯·埃尔德公司证明，她们是不同的人。她们的出现让出版商大为惊讶，事实上，他们根本不知道几位"贝尔"是男还是女，一直以来把她们当作男人来通信。公司马上极其热情地招待她们，安排她们去观看歌剧、参观国家美术馆和皇家学院的展览。**夏洛蒂给人们留下了很好的印象：她是个明辨是非、见解超凡的人。她在评论书籍时滔滔不绝的口才令人佩服，跟她交谈是件令人兴奋愉快的事情。**

乌云压顶

1848年，就在姐妹俩进行了愉快的伦敦之旅后，乌云笼罩了这注定要遭难的一家人。

令三姐妹苦恼的人首先是她们的兄弟布兰威尔。布兰威尔作为家里唯一的儿子，在自我放纵的环境中成长。家人都特别疼爱他，认为他很有才华,有一天会给家族带来莫大的荣耀。他享尽了全家的宠爱,也背负着全家的厚望。他在少年时期就显露出前途无量的才能,留在家由父亲亲自教导。他性格开朗,能言善辩,和家人一样,他对自己的前途充满信心。

布兰威尔确实在写作和绘画方面有一定的才能。他热爱画画、写诗,他把诗寄给《里兹信使报》,是家里第一个在报纸上发表作品的人。他还曾把作品寄给华兹华斯和柯勒律治,两位大诗人都对他大加赞赏。

然而意想不到的是,这样一个前途光明的年轻人却变成了一个令人失望、自甘堕落的人。当初,这个在封闭小镇长大的年轻人背负着家人的希望踏上了去伦敦的道路,但两周之后,他又回来了。他解释的理由是,他没到伦敦就遭抢劫。但令人痛心的事实是,他带着钱到一家客栈享受了几天纸醉金迷的日子,身无分文后,他只好回来了。

接着布兰威尔谋得了几份工作,但他屡次被解雇。他在不断的碰壁中意志消沉,而他的最后一份工作更具灾难性。他在妹妹安妮任教的一个鲁滨逊家族里做家庭教师,爱上了大他15岁的女主人,她似乎鼓励他在情感上采取行动。两年半后,布兰威尔收到一封鲁滨逊先生的来信,宣布他因"道德败坏得无以言表……的行为"而被解雇。

布兰威尔伤心至极,回家后常常显得很苦恼。有时他情绪消沉,说自己罪大恶极、背信弃义,但不肯说出实情。他陷入了绝望的深渊,试图通过酒精、鸦片麻醉自己。他神秘又可悲的行为令夏洛蒂和艾米莉痛苦不堪,为他淌了很多泪,担心他不但不会成为家里的骄傲,反而会给家族带来耻辱。

布兰威尔在此后几年中常抽鸦片、酗酒,有一个时期他还患上了震颤性谵妄。他睡在父亲房里,有时候会说,天亮以前他们父子中的

第三章 荒原上盛开的石楠花

一位会死去,吓得姐妹们彻夜难眠,神经处于极度紧张的状态。等到早上,他从屋里出来后会像醉汉一样说:"可怜的老头儿和我过了可怕的一夜。他尽了力——可怜的老头儿!可是对我来说一切都完了。"①

夏洛蒂对于布兰威尔的遭遇没有丝毫同情。她甚至在给朋友的信里责备他做的事情:布兰威尔趁她不在家时找借口讨了一英镑到酒店里去酗酒。她对他不再抱什么希望,认为他不可救药。布兰威尔曾是她们最大的骄傲,如今她们不得不眼睁睁地看着他的天赋和才能逐渐流逝。

在此后的两年中,布兰威尔一直让家人心情沉重。他还和以前一样白天睡觉,夜里把其他人折腾得心力交瘁。他的身体迅速衰弱,没有人预料到他已接近生命的终点。夏洛蒂在日记里写道:"他只有一天是完全卧床不起,而且在去世以前两天还待在村子里。9月24日,星期日上午,他经过20分钟的挣扎以后去世了。"

布兰威尔的逝去并未引起家人"正常的"悲痛,如夏洛蒂所言:

> 我并不是为了失去亲人而哭泣——不是失去了支柱,不是夺走了慰藉,也不是失去了亲密的伴侣——而是因为才华的毁灭,希望的泯灭,一个很可能成为熊熊燃烧、闪闪发光的希望之光过早地、可悲地熄灭。……我对他的生命和死亡是如此的悲恨交加,对他整个空虚的生命是如此的怀念,我无法表达出来。我相信时间会冲淡这些感觉的。②

令夏洛蒂担心的是两个妹妹的身体。安妮的身体总是很羸弱,

---

① 盖斯凯尔夫人:《夏洛蒂·勃朗特传》,祝庆英、祝文光译,上海:上海译文出版社,1987,第258页。
② 简·奥尼尔:《勃朗特姐妹的世界》,叶婉华译,海口:海南出版社、三环出版社,2004,第38页。

而艾米莉经常感冒咳嗽。夏洛蒂在 10 月 29 日的日记里记下了自己的担忧:"现在我为我的妹妹比为我自己更加不安。艾米莉的感冒和咳嗽非常顽固。我担心她胸口痛,在她很快走动时,我偶尔能听到她呼吸急促。她看上去很瘦、很苍白。她那缄默的性格使我心里很是不安。问她也没有用,你得不到回答。给她推荐治疗方法更没有用,她不采用。安妮身体特别虚弱,我也不能闭上眼睛不看。"①

夏洛蒂为两个妹妹写的评传感人肺腑。在她的回忆中,**艾米莉显示出不甘屈服的坚强而又倔强的性格:**

> 我的妹妹艾米莉是第一个垮下来的。她一生中从来没有拖延过摆在她面前的工作,现在也不拖延。她迅速衰弱下去,匆匆离开我们。……一天又一天,我眼看着她怎样面临疾病,怀着又惊又爱的痛苦心情望着她。……她的性格是独一无二的,比男人还坚强,比孩子还单纯。可怕的一点是,她对别人充满同情而对自己却没有怜悯。精神对肉体毫不宽容;还要求那颤抖的手、失常的四肢、变得无神的眼睛像在健康时一样工作。站在旁边目睹这一情景,又不敢劝说,那真是一种言语无法表达的痛苦。②

事实上,自从布兰威尔去世后,艾米莉一直没有出过门。她病得十分严重,却从不抱怨,也不许别人对她表现出同情和帮助。有好几次,她在楼梯上爬上爬下,脚步蹒跚,呼吸困难,夏洛蒂和安妮则揪心地听着。可是,要强的她不肯说出自己的感受,坚决拒绝去看医生。姐妹们为她请来了医生,可艾米莉还是拒绝见医生。姐妹们只好把她们观察到的症状告诉医生,可她依然强调自己没病,不肯吃药,不

---

① 盖斯凯尔夫人:《夏洛蒂·勃朗特传》,祝庆英、祝文光译,上海:上海译文出版社,1987,第 329 页。
② 同上书,第 330 页。

第三章 荒原上盛开的石楠花

让她眼中"毒死人的医生"走近她。她直到生命的最后阶段还保持独立的个性，不接受别人的帮助。

艾米莉的病情迅速恶化。夏洛蒂到荒原的低洼处为妹妹寻找石楠，可是艾米莉那双木然的眼睛已经识别不出她最心爱的花了。就在她生命的最后一天，她还像往常一样自己穿衣，甚至还做针线活。中午，她的病情进一步恶化，只能间歇地低声说话。她对姐姐表示她现在愿意看医生，可是为时已晚。下午2点钟时，她永远合上了双眼。

在艾米莉的葬礼上，她忠实的爱犬基伯跟着送丧的队伍走进教堂，性情凶猛的它默默地待在那里，直到葬礼结束。回去以后，一连几夜，它都躺在主人空荡荡的房屋门口，发出呜呜咽咽的叫声。在艾米莉去世之后，它再也没有活蹦乱跳过。

基伯对逝去的主人如此"多情"，想必一方面是因为它一贯对主人忠心耿耿，另一方面则是因为艾米莉平日待它不薄。人与狗的感情只有非常深厚，才会有如此感人的场景出现。从某个角度看，**艾米莉和基伯有许多相似之处：外表看似狂野、无情，但情感丰富、热烈，内心充满温情、关爱。这种性格特点，也是艾米莉的《呼啸山庄》得到评论界高度评价的根源。**

艾米莉去世以后，安妮再也没有恢复元气。她的精神垮了，病情日益加重。夏洛蒂时时担心妹妹的身体，小心地看护着她。安妮经受着家人离去的痛苦折磨，仍旧非常坚强地面对生活。她在给朋友的一封信里这样写道："我避免回顾往事和展望未来，而一直在向上天看着，现在不是后悔、害怕和流泪的时候。我必须做和应该做的事情很清楚地摆在我面前，我所需要和祈求的只是完成它的力量。"这里显现的是一位勇敢面对人生的女子形象。在另一封信里，她写道：

失去艾米莉的痛苦不但没有随着时间的推移而减轻，反而更加强烈地感受得到。它还给人带来一种无法表达的悲伤;这时前途就变得暗淡了。但是我清楚地知道,抱怨和消沉无济于事,所以我竭力不这样做。……这孤单寂寞和与世隔绝是一种令人难受的处境,但是我并不希望任何朋友来和我同住。我不能让任何人来分担这所房子里的悲伤;那样做会使我痛苦得无法忍受。……我天生能够在我一个人待着的时候坚持奋斗,而且我相信,上帝会帮助我的。①

好在安妮是个温顺的病人。她积极配合医生的治疗,但同时对于自己的病情,她也听从上天的安排。她在一封信里表达了对生活的眷恋:"我希望上帝会高兴让我继续活下去,不仅是为了爸爸和夏洛蒂的缘故,而且是因为我想在离开这个世界以前做一些有益的事情。我脑子里有很多计划要去实行——实在是些微小的、有限的计划——尽管这样,我也不愿意它们一无结果,也不愿意自己活得毫无意义。但还是按上帝的意志办吧。"②

在这一时期,安妮创作了最后的诗篇:

一

我的这份工作,我希望,
能列在勇敢坚强的工作之中,
我能怀着纯洁崇高的志向,
在繁忙的人群中辛勤劳动。
……

---

① 盖斯凯尔夫人:《夏洛蒂·勃朗特传》,祝庆英、祝文光译,上海:上海译文出版社,1987,第 339—340 页。
② 简·奥尼尔:《勃朗特姐妹的世界》,叶婉华译,海口:海南出版社、三环出版社,2004,第 344 页。

第三章 荒原上盛开的石楠花

七

如果您让我获得再生,
我将更加谦逊,
更加聪明——更加坚强地斗争,
更加驯服地依靠您。
……①

安妮乐于接受姐姐的一个朋友的建议,到比较暖和的海边去。于是夏洛蒂陪着极度虚弱的妹妹离开了家。温柔、善良的安妮很高兴又能感受到海风的轻拂,可惜她的肺结核病已经到了晚期。四天以后,她安详、平静地离开了这个世界。悲伤的夏洛蒂记住了妹妹临终"勇敢些"的嘱咐,就地安葬了这朵过早凋零的花朵。

其实,**活着的人被孤单地留在世上是更为残酷、痛苦的事**。回到家里,夏洛蒂只觉得"整幢房子都很寂静,房间都空着"。她怀念两个逝去的妹妹,"情不自禁地想起她们临终前的几天,回忆起她们遭受的折磨,她们的一举一动,一言一行,以及她们忍受临终时的痛苦的神情"。然而,面对巨大的精神磨难,夏洛蒂仍然凭借一股内在的力量硬撑着,她写道:"有时我在早晨醒来,知道'孤独''回忆'和'渴望'几乎是我一天中仅有的几个伴侣——晚上我带着它们上床,它们会使我很长时间不能入睡——而第二天早上醒来又会想起它们……但是我还没有被压垮;我的开朗的性情、对未来的希望和不懈的努力也都没有被夺走。我有些力量,可以在人生的战场上搏斗。"②

对于夏洛蒂而言,失去两个妹妹是她人生中最痛苦的事情。有

---

① 盖斯凯尔夫人:《夏洛蒂·勃朗特传》,祝庆英、祝文光译,上海:上海译文出版社,1987,第344—345页。
② 简·奥尼尔:《勃朗特姐妹的世界》,叶婉华译,海口:海南出版社、三环出版社,2004,第356页。

多少次，即使在获得巨大声誉之后，她仍然因怀念两个妹妹承受着"孤独的白天、不眠的夜晚"的煎熬，她难以忘却昔日与她们一起度过的欢乐时光。在安妮去世一年的时候，她在给朋友的信中表达失落的心情：

> 在这种宜人的天气里……我可以自由自在地在荒原上散步。可是我一个人走到那里，一切都会使我想起另外两个人同我一起散步的时刻，于是荒原就变得像一片荒野，毫无特色，凄凉而令人悲伤。我妹妹艾米莉特别喜爱荒原；没有一座石楠丛生的小丘，没有一株羊齿，没有一片越橘的嫩叶，没有一只鼓翅的百灵鸟或红雀不使我想起她。远景是安妮喜爱的景色，我环顾四周时，她就在那蔚蓝的色彩、白茫茫的雾气、天边的波浪和阴影之中。在那山乡的寂静里，她们的诗歌一行行、一节节地来到我的脑海里。以前，我一度热爱那些诗歌；如今我却不敢吟诵，我常常忍不住希望能饮一口遗忘的美酒，把只要头脑存在就永远不可能忘却的许多的东西都忘个干净。①

这封信显示，勃朗特三姐妹的情谊已经深入骨髓，夏洛蒂无法割舍掉她多年来与妹妹们结下的深情厚谊。可以想象，两个妹妹的离世，对于残留人世的她而言是多么残酷无情！

在《呼啸山庄》第二版出版以后，夏洛蒂兴奋地给朋友写信表达感激之情，希望妹妹的作品能够得到评论界的认可。她写道："对我来说，为了她的缘故，谴责和赞扬还是有所谓的。尽管她早已作古，但是她的天才的作品却终于获得了可贵的赞赏，看到这一点，我精神

---

① 盖斯凯尔夫人：《夏洛蒂·勃朗特传》，祝庆英、祝文光译，上海：上海译文出版社，1987，第394—395页。

振奋了好几天。"①

巅峰华彩

如今,夏洛蒂虽然已凭《简·爱》红遍英国,可她却失去了所有的兄弟姐妹,凄凉的心境时时向她袭来,使她从未能陶醉于成功的喜悦之中。**写作成为帮助她驱除悲痛的亲密伙伴**,同时,走出家庭,接触外界,聆听他人的赞扬,也成为她生活的一部分。

坚强的夏洛蒂重新拿起了笔,继续撰写她在三个弟弟和妹妹去世之前就已经开始创作的《谢利》。只不过今非昔比,晚上她仍像过去一样然在客厅里踱步,但是却再也无人倾听她谈论故事了。孤零零地写作让她倍感凄凉。

夏洛蒂仍旧希望出版商能够继续帮助她隐瞒真实姓名,这样评论就会更公正些。可是,第二本小说出版之后,有评论文章指出这位作者肯定是个女人。夏洛蒂大失所望,她担心人们对于出自女人之手的作品降低评论标准。接着,一位移居到利物浦的哈沃斯人根据书中提到的地名和使用的方言猜测出,只有夏洛蒂会写这样的作品。《简·爱》作者的真实身份就这样公开了。

应出版商史密斯先生邀请,夏洛蒂决定到伦敦去做客,并顺便看看医生,医治长期折磨她的头痛病和胸痛病。

她过惯了隐居生活,所以一见到生人就紧张,不过能够见到她感兴趣的人还是令她十分快乐。她长期敬重的萨克雷先生被邀请来同她见面,她激动地记下了与他共进晚餐时的感受:"至于感到快活,那我可以说我是处在激动的场面和环境之中;但有时我感到剧烈的痛

---

① 简·奥尼尔:《勃朗特姐妹的世界》,叶婉华译,海口:海南出版社、三环出版社,2004年,第426页。

苦——我的意思是说精神上的痛苦。当天我只吃了很少一点早餐，而那时已是晚上7点钟了。所以，萨克雷先生出现时，我已经饿得浑身软弱无力。那天晚上，激动和精疲力竭残酷地折磨着我。我不知道他对我印象如何。"①

夏洛蒂告诉盖斯凯尔夫人，她在第一次与萨克雷先生见面时，很难判定他是在开玩笑还是认真的，所以她曾完全误解了他的一句话。他走进休息室后问她是否闻到了他们抽雪茄的烟味，她按照字面意思作答。几分钟后，看到几个人的微笑她才明白，他是在暗示《简·爱》中的一段描写②。

后来，夏洛蒂又一次见到了萨克雷。她这样表达对他的印象："萨克雷是个心灵的巨人。他的风度和才能会给人留下深刻的印象；我并不把他当作一个普通的人来看待或认识。相比之下，所有别人都变成次要的。……除了跟萨克雷在一起以外，我跟别的任何人在一起，心里是感到够自在的；可是跟他在一起，我却愚蠢得可怕。"③从她的这番话可以看出，夏洛蒂在大名鼎鼎的萨克雷面前还是不太自信，她感到难以与大作家比肩，这也许与她含蓄、谦逊的性格有很大关系。

经历了在伦敦这个"大巴比伦"般忙乱的旋涡里的生活之后，夏洛蒂又回到了僻静的家中，恢复了她往日悄无声息的生活。以前她认为声誉是在文学界晋升的一个阶梯，希望在文学界赢得名声。可是，如今在她终于得到了这一切以后，她却又哀叹它毫无用处。"我的孤独的生活使我没有资格进入社交界。我变得毫无准备，神经紧

---

① 盖斯凯尔夫人：《夏洛蒂·勃朗特传》，祝庆英、祝文光译，上海：上海译文出版社，1987，第372页。
② 《简·爱》第23章，在罗切斯特向简·爱求婚的那个黄昏，去果园之前和在果园中散步时，简·爱两次闻到他的雪茄的烟味。
③ 盖斯凯尔夫人：《夏洛蒂·勃朗特传》，祝庆英、祝文光译，上海：上海译文出版社，1987，第376页。

张,容易激动,不善于辞令,说话枯燥乏味。"①她还是和以前一样孤独,生活还是和以前一样毫无趣味。

如今,夏洛蒂的名声在家乡逐渐传播开来。人们都知道《简·爱》的作者就是哈沃斯那个牧师的女儿。这些早就认识她的人忙着借阅她的书,为她的成功感到骄傲,这令她暗暗感动。许多外地人专门跑来看望她,教堂司事只是把她指给别人看,就能多挣许多钱。另一件有趣的事情是,越来越多形形色色的人来到哈沃斯,也许他们不是出于好奇的心理,而是希望来看看是否能分担她深重的苦难。

在这一时期,夏洛蒂不得不忙于给许多向她表达敬慕之情的陌生人回信。在她又一次的伦敦之旅中,她与萨克雷的会面十分奇怪。萨克雷早上来看她,要她谈谈他在文学创作上的缺点,于是,夏洛蒂坦率地讲了出来,萨克雷也为自己做了辩解,两人在友好的气氛中结束了谈话。

1850年,夏洛蒂认识了盖斯凯尔夫人,两人结下了深厚的友谊。她们有时会在通信中探讨一些感兴趣的文学作品,有时两人互访。夏洛蒂把她与两个妹妹出版的诗集寄给了盖斯凯尔夫人,并对自己的作品进行了如下评论:"我不喜欢这部作品中我自己的那一部分,也不在乎别人是否读它。……我的那部分主要是少女时代的作品,一个不能平静的心灵的不安而兴奋的产物。在那些日子里,海动不动就汹涌澎湃,杂草、沙泥、木片会在一片混乱中翻腾了上来。这个题目用这个比喻是过于夸张了。"

《谢利》以19世纪初的欧洲拿破仑战争和1812年的英美战争为背景,描述了毛纺业工人和工厂主之间的矛盾,以及路易斯和谢利、罗伯特和卡洛琳之间的爱情故事。**小说塑造了独特的女性形象,揭**

---

① 盖斯凯尔夫人:《夏洛蒂·勃朗特传》,祝庆英、祝文光译,上海:上海译文出版社,1987,第376页。

露了深刻的社会问题,给夏洛蒂带来了很高声誉,进一步巩固了她在文坛的地位,也震动了当时的英国文坛。夏洛蒂在写给文学界一位朋友的信中这样评论这部小说:"和《简·爱》相比,《谢利》是被贬低了。可是我在《谢利》这本书上下了很大的功夫。我并没有匆忙地写,我是尽力而为了,而且我自己觉得,它并不比前一部作品差。的确,我在这本书上花了更多的时间、思考和焦虑。但是它的大部分是在正在逼近的灾难的阴影下写的。"①也许是由于《谢利》的写作过程贯穿于她亲人去世的痛苦经历之中,或者说她将这本书作为一种逃避怀念亲人的手段,她才对这本书倾注了更多的感情,更加深切地感受到了它在她生活中的重要性。

夏洛蒂在又一次的伦敦之行中聆听了萨克雷的演讲。萨克雷在众多听众中很快就认出她来,并把她介绍给自己的母亲。关于这次演讲,她认为这是萨克雷做得最好的一次,萨克雷发表的有关文学界人士的社会责任和个人责任的意见很正确,充满了道德的和精神的力量。

夏洛蒂现在已经习惯于作为名人被别人指指点点了,她不再留意别人的关注。但当她和同伴准备离开演讲大厅时,惊愕地看到许多听众在她们的必经之路边排成两行,脸上充满了崇拜的神情,夏洛蒂的手还是抖动得厉害。她的心情一定十分激动,也许是由于兴奋,也许是由于骄傲,或许更大的可能性是她不习惯在这么多陌生人之间,被这么多人观看。

在伦敦期间,夏洛蒂看到过劳伦斯画的萨克雷先生的画像。在又一次的伦敦之行时,史密斯先生送给了她一张。回到家,她给史密斯先生写了这样一封感谢信:"昨天黄昏很晚的时候,我有幸在哈沃斯牧师住宅接待了一位贵客,不是别人,而是威·梅·萨克雷先生。

---

① 盖斯凯尔夫人:《夏洛蒂·勃朗特传》,祝庆英、祝文光译,上海:上海译文出版社,1987,第414页。

想到应尽地主之谊,今天早上我恭恭敬敬地把他挂了起来。他在他那美丽而雅致的金色框架里,看上去好极了。"①夏洛蒂就是这样以幽默风趣的口吻,表达她对仰慕的文学大师的崇敬之情的。

夏洛蒂长期遭受病痛的折磨,而她又是一个极其敏感的人,尤其在意自己的身体变化,所以常常情绪欠佳。她的健康状况使她在严寒中无法出门,只要稍微暴露在寒冷的空气中,她就会喉咙痛,胸口发闷,呼吸困难。夏洛蒂的病越来越严重。出版商又要求她写出一本新书,于是她开始创作《维莱特》。她试图通过写作忘却沉重的回忆。但写作难以顺利进行,她又病倒了,是肝脏出了问题。然而凭着一股毅力,她最终完成了这本书的写作。

即使已经成为有名的作家,夏洛蒂在小说出版之初还是担心别人对《维莱特》的评价,这种疑虑折磨着她。她祷告说:"写得是好是坏,我不知道。如果上帝愿意,我现在将努力安静地等着结果。我想,这本书不会被看作是一本故作惊人的书;也不是能引起敌意的那种书。"②好在这本书又获得了读者热烈的好评。夏洛蒂以感恩的心回应又一次成功,她写道:"所有的评论都使我充满了向上帝感恩的心情。受苦、工作、动机,上帝都注意到了。爸爸也很高兴。至于一般的朋友,我相信,不指望他们大大地分享这种欢欣,我也能爱他们。"③

夏洛蒂还是保持着谦逊的作风,坦然对待一些负面的评论意见。在一些评论家开始批评《维莱特》时,她给出版商写信,提出了她以前的请求:

---

① 简·奥尼尔:《勃朗特姐妹的世界》,叶婉华译,海口:海南出版社、三环出版社,2004,第496页。
② 盖斯凯尔夫人:《夏洛蒂·勃朗特传》,祝庆英、祝文光译,上海:上海译文出版社,1987,第484页。
③ 同上书,第492页。

如果出现一篇怀着三倍敌意的评论,请别瞒着我。我喜欢看令人高兴的书评——特别是我喜欢把它们拿给我父亲看。但是,令人不快的、怀有敌意的(评论),我也得看;这些评论对我自己特别有启发——正是在这些评论中,我才最充分地理解公众的感情和意见。躲开危险的和不愉快的事物,不去仔细看看,我认为这是胆小的行为。我总是希望看看究竟是怎么回事,只有蒙在鼓里时我才会感到不安。①

然而,夏洛蒂似乎比以前更在意别人的批评意见了。与她关系一向很好的马蒂诺小姐的意见大大地伤了她的心,没有根据的批评让她感到不公正。两个朋友之间产生了短暂的误会。尽管如此,她们之间崇高、忠实的友谊依然延续着。

做名人真的挺难。一个人一旦成功之后,接踵而来的问题就是如何保持自己的芳华。夏洛蒂也遇到了同样的问题,好在她以自己的勤勉和谦逊对待这个难题,才不至于在以后的生活中产生失落感。

姐妹情深

夏洛蒂是几个姐妹中最幸运却又最不幸的人。她的幸运之处在于她体会到了成功的喜悦,她的不幸在于几个兄弟姐妹都先她而去,使她尝尽了孤独、凄凉的苦头。

夏洛蒂失去的不仅是她的兄弟姐妹,还是与她在生活和写作中一同经受风雨的同仁。她在给朋友的信中写道:"醒着的时候我想他们——睡觉时梦见他们。"

夏洛蒂非常清楚该如何医治她永远难以治愈的心灵伤痛:"良药

---

① 盖斯凯尔夫人:《夏洛蒂·勃朗特传》,祝庆英、祝文光译,上海:上海译文出版社,1987,第500页。

第三章 荒原上盛开的石楠花

肯定是工作,而不是同情——劳作能从根本上治愈根深蒂固的悲伤。"她全身心地投入到《谢利》的创作中去。她说,"写这部小说使我受益匪浅——它把我从黑暗的、孤寂的现实带到一个虚幻但更为快乐的地方去。"①

在两个妹妹去世之后,写作成为夏洛蒂驱赶孤独的主要力量和安慰。 写作既是她宣泄痛苦的手段,还占去了她的时间,使她进入伦敦的文学界,扩大了交往范围,在家庭之外寻找友谊和感情的支柱。

1850年9月,在两个妹妹去世一两年之后,夏洛蒂决定重新出版她们的小说,以告慰她们的在天之灵。于是,她开始着手编辑她们创作的两本书。夏洛蒂希望能为《呼啸山庄》写出评语,作为书的前言。她忙于修订、抄写、评论等工作,把这件痛苦的工作看作神圣的责任。可是,睹物思人,读文稿如见其人,这又勾起了她的回忆,于是她又一次经历失去亲人的悲痛,情绪低沉。

夏洛蒂这一时期的主要工作就是修订两个妹妹的作品,书写关于她们的回忆录,但她的精神还是非常压抑,情绪低落。一位到夏洛蒂家做客的邻居这样描述她:"勃朗特小姐使我想起了她自己的简·爱。她看上去比以前更矮小,轻轻地走来走去,不发出一点声音,就像一只小鸟,正如罗切斯特称呼她的。只有一点不同,那就是小鸟是欢乐的,而这所房子自从建造以来,欢乐还从来没有到里面去过。"②

夏洛蒂与人谈论《谢利》时总是兴致勃勃,原因在于谢利这个人物是以她的妹妹艾米莉为原型的,她和朋友谈论起艾米莉从来不会感到厌倦。由于在家时总是难以抑制对逝去亲人的回忆,她常常非常忧伤,这对她的健康也造成了很大损害。为了驱赶这种情绪,她有

---

① 简·奥尼尔:《勃朗特姐妹的世界》,叶婉华译,海口:海南出版社、三环出版社,2004,第76页。
② 盖斯凯尔夫人:《夏洛蒂·勃朗特传》,祝庆英、祝文光译,上海:上海译文出版社,1987,第420页。

时到朋友家小住。

在安妮去世两年之后,夏洛蒂还惦记着妹妹的墓碑上刻的字是否按照她的嘱托保存完好,她决定亲自去斯卡巴勒老教堂的墓地看看。到了那里,她发现墓碑上面有5个错字需要重新刻。只有这样做她才感到安心,认为自己尽到了做姐姐的责任。

因为爱情

勃朗特姐妹没有一个在爱情道路上是一帆风顺的。除了夏洛蒂之外,甚至没有人享受过爱情的滋润。

艾米莉享受过浪漫的爱情吗?答案应该是否定的。许多人揣测:《呼啸山庄》里震撼人心的爱情那么令人难忘,作者肯定有过类似的经历。非也,艾米莉是一个想象力极为丰富的人,据说她的天赋超过了夏洛蒂,而且她是读浪漫主义作品长大的,这更拓展了她的想象空间,促使她写下永恒的爱情故事。

安妮很有可能爱上了她父亲的副牧师威廉·维特曼。维特曼英俊、体贴、有趣,勃朗特姐妹们都喜欢他,这在安妮的诗歌里有所体现。而夏洛蒂在给艾伦的信里也描述过他们二人:"在教堂里,他坐在安妮的对面,偷偷地斜睨着她,轻轻地叹息来吸引她的注意,可是安妮安静地坐着,两眼向下看,他们真是一幅图画。"[1]至于他们为什么没有走到一起,人们不得而知。

相对而言,夏洛蒂就比两个妹妹幸运多了。有人认为,夏洛蒂既然在小说中以非凡的力量表现了爱的激情,那么她自己肯定也很容易坠入情网,可事实并非如此。她做姑娘时并不相信爱情,生活充满了孤寂、病痛。但是在有了自己的小家庭之后,她享受到了甜蜜的爱

---

[1] 简·奥尼尔:《勃朗特姐妹的世界》,叶婉华译,海口:海南出版社、三环出版社,2004,第71页。

第三章　荒原上盛开的石楠花

情,生活充满了温馨和阳光。

1839年,夏洛蒂在23岁时拒绝了一位牧师的求婚。她在给艾伦的信里讲述了这位从都柏林大学毕业的副牧师对她一见钟情的经过。他在离开她家几天以后给她写来一封表示爱慕的求婚信,但她在大笑之余写道:"我当时是命里注定要当老姑娘的。没关系。我从12岁起,就打定主意接受这个命运了。"①

1851年,在夏洛蒂35岁时,她拒绝了又一个求婚者——詹姆斯·泰勒,史密斯出版公司的编辑。他受公司派遣,要到印度开展业务。临行前,他到哈沃斯拜访夏洛蒂,希望能明确两人的关系,但遭到拒绝。夏洛蒂说:"我对他的感情足以让我嫁给他吗?友谊、感激、敬重,这些感情我是有的。可是,每当他走近我,看到他的眼睛盯着我,我的血管就冰凉了。"虽然两人未能步入婚姻的殿堂,但是泰勒作为她的朋友,始终关心着她,这令人赞叹。

可是夏洛蒂在28岁时确实曾疯狂地爱上了一个人,她把热烈浪漫的爱情献给了她在布鲁塞尔学习时遇到的老师埃热先生。

在那里学习期间,埃热不仅教授夏洛蒂文学知识,引导她向作家发展,还在感情上支持她。夏洛蒂和艾米莉因姨母病逝回家之后,艾米莉留在了家里,而她则又返回布鲁塞尔,在埃热夫妇的学校里担任比在英国薪水更低的教师职位。夏洛蒂感觉到了埃热夫人对她明显的冷淡和疏远,这极有可能是因为埃热夫人察觉到夏洛蒂爱上了她的丈夫。夏洛蒂在给朋友的信里也不时流露出她的孤立与寂寞,她的爱情从未得到过回报。这也许是因为埃热的家庭生活很幸福,她的感情令他感到困扰,所以他采取了躲避她的策略。

夏洛蒂在回到家后写给埃热的信里,流露出了离开他的痛苦心境:

---

① 盖斯凯尔夫人:《夏洛蒂·勃朗特传》,祝庆英、祝文光译,上海:上海译文出版社,1987,第159页。

> 我坦白地告诉你,我现在尽力忘掉你,因为怀念一个你非常敬仰但又认为不复得见的人,是太令人伤神了。当一个人受到这种焦虑的煎熬达一两年之后,他会愿意做任何事情重获心灵的宁静。我什么办法都试过了;我曾试图找事做;我克制自己,完全抛弃从谈论你中得到的乐趣——哪怕是对艾米莉也不谈及你……

她把自己描述成一个"奴隶,被一个摆脱不了的念头所统治,这个念头已经成了统治她头脑的暴君"。[①]

夏洛蒂对埃热的爱情导致她后来拒绝泰勒的求婚,最后迟迟嫁给了亚瑟·贝尔·尼科尔斯,在生命的最后几个月才享受到短暂的甜蜜爱情。

尼科尔斯在1845年5月来到哈沃斯,做勃朗特先生的副牧师。他是个严肃、谨慎的人,有强烈的宗教责任感。在之后的几年里,他几乎每天都看见夏洛蒂,观察到她是个孝顺女儿、好客的主人和真诚的朋友。虽然他并没有被她在文学方面赢得的声誉吸引,但他默默地爱慕她已有好久。他最终下定决心要向她表白。

一个晚上,尼科尔斯来用茶点。之后夏洛蒂像往常一样从书房回到自己的房间,留下父亲和尼科尔斯在一起。不久,她听到书房的门开了,她的门外响起了轻轻的叩门声,接着发生了下面的一幕:

> 像闪电一样,我一下子想到将发生什么事。他进来了,站在我面前。他说些什么话,你可以想象得到。他的举止你几乎无法理解,我也不可能忘掉。他使我第一次感觉到,一个男人不知道对方会有什么反应时就宣布爱情,那要他作多大的努力。我

[①] 简·奥尼尔:《勃朗特姐妹的世界》,叶婉华译,海口:海南出版社、三环出版社,2004,第72页。

第三章 荒原上盛开的石楠花

> 看到一个平时像一座雕像一样的人这样发抖,这样激动,这样被感情压倒,我感到一种奇怪的震惊。当时我只能请求他离开,答应明天给他回答。我问,他是否同爸爸谈过。他说他不敢。我想我是半送客半驱逐地把他赶出了房间。[①]

夏洛蒂没有料到,尼科尔斯竟然对她产生了如此深厚、狂热、持久的爱情!他离开后,她立刻到父亲房间,告诉了父亲一切。父亲一向反对婚姻,经常发表反对婚姻的言论,这次也不例外。父亲也许是担忧,38岁的夏洛蒂体弱多病,如果怀孕会很危险。他一方面怕失去最后一个孩子,另一方面也许觉得尼科尔斯配不上他的女儿。于是,孝顺的女儿答应他,第二天一定拒绝尼科尔斯。她为父亲着想,害怕父亲会因此太激动而影响身体健康,根本没有考虑自己的内心感受。

这一事件引起的第一个后果是,尼科尔斯递交了辞职书,离开了哈沃斯;第二个后果是,父亲在谈论尼科尔斯时言辞激烈,显得十分悲痛,而夏洛蒂的内心则痛苦万分。在这种情况下,她更乐于离开家。于是,她接受史密斯太太的邀请,到伦敦去了。

幸运的是,半年多之后,父亲逐渐想通了女儿的婚事,他会为一切与女儿婚礼有关的事情感到高兴。而尼科尔斯也希望在勃朗特先生日益衰老的时候,给他以安慰和支持,愿意同孝顺的夏洛蒂一起尽心照料他。这使夏洛蒂的心头如释重负。

1853年6月,38岁的夏洛蒂终于嫁给了尼科尔斯。她在写给盖斯凯尔夫人的信中提到了他们的婚礼:

> 尼科尔斯先生心地仁慈,很能体谅别人。尽管他有一些男

[①] 盖斯凯尔夫人:《夏洛蒂·勃朗特传》,祝庆英、祝文光译,上海:上海译文出版社,1987,第488页。

人的缺点,但是和我有共同的愿望,要悄悄地办这件事,这在某种程度上使我感激他。只要没有人干扰和破坏他的安排,他就会安排得使哈沃斯没有一个人注意到这一天。他还关心"女士们"——这是指你和伍勒小姐。还在我同他商量如何为你们动身之类的事情作安排以前,他就考虑到了。①

在结婚当天,出现在婚礼仪式上的人只有主持仪式的教士、新郎和新娘、女傧相以及伍勒小姐。这一小群人还没有离开教堂,夏洛蒂举行婚礼的消息就泄露了出去。许多村里的人赶来了,他们看到她"像一朵雪花",穿着白色薄纱绣花长衣,披着蕾丝纱披巾,戴着镶着绿叶的白帽,使人想起冬天洁白的花朵。

紧接着,新郎和新娘到爱尔兰去拜访新郎家的亲友。夏洛蒂幸福地说:"我喜欢我这些新亲戚。我亲爱的丈夫在他自己的故乡以一种新的姿态出现。我不止一次很高兴地听到各方面对他的赞扬。他家的(有些)老仆人和侍从对我说,我真幸运,嫁了一位最好的绅士。……我确实感谢上帝,让我做了看来是正确的选择。我向上帝祈祷,让我能给这个真诚可敬的人的坚贞的爱情以应有的报偿。"②

为了答谢教区的居民,夏洛蒂与丈夫在村里举行了一场招待会,请来学校师生、教堂的打钟人、唱诗班等共 500 人,到教室吃茶点和晚餐。一位村民提议为尼科尔斯先生干杯,赞扬他是一个"言行一致的基督徒和心地仁慈的绅士"。夏洛蒂感到这种赞誉比获得财富、名声或权力更好。

婚后的幸福生活改变了夏洛蒂。她已经很久没有像以前那样犯

---

① 盖斯凯尔夫人:《夏洛蒂·勃朗特传》,祝庆英、祝文光译,上海:上海译文出版社,1987,第 522—523 页。
② 同上书,第 524 页。

头痛病了。她感谢上帝,使"我有了一个善良、仁慈的爱我的丈夫;我自己也一天比一天更加爱他"。①

然而,夏洛蒂虚弱的身体又开始出问题。在一次散步中,她淋了雨,患上严重的感冒和喉咙痛。病拖了很长时间,她也消瘦了许多。1885年初,她在湿地散步时间过长,而她的鞋子过于单薄,这使她长久未愈的感冒加剧。回家以后,她又感到无休止的恶心、头晕,医生认为这是正常现象,让她忍耐一阵。

素来善于忍耐的夏洛蒂继续忍耐下去。后来她一见到食物就呕吐,进食很有限。她在临终前写的最后两封信中,还在赞美她的丈夫是"女人有过的最温柔的护士,最亲切的支持,最好的尘世间的安慰"。

3月份,夏洛蒂的病情进一步恶化。在弥留之际,她看到丈夫悲伤憔悴的脸庞,听到他在喃喃地祈求上帝让她活下去,她用微弱的声音说:"我不会死,对吗?我们这样幸福,他不会把我们分开的。"②

根据现代的医学观点,夏洛蒂的死可能是妊娠初期的恶心导致的精疲力竭。盖斯凯尔夫人表达了她失去挚友的哀伤:"我在世上再也见不到我最最亲爱的朋友了!我甚至不知道她病了……不认识的人也许会因为她的鼎盛声名了解她,但我们爱她是因为她的仁慈、真挚和亲切,以及她已经一并带去的其他高尚谦和的品德。"③

个性十足

由于从小过着几乎与世隔绝的生活,勃朗特姐妹都不善于与人

---

① 盖斯凯尔夫人:《夏洛蒂·勃朗特传》,祝庆英、祝文光译,上海:上海译文出版社,1987,第526页。
② 同上书,第529页。
③ 简·奥尼尔:《勃朗特姐妹的世界》,叶婉华译,海口:海南出版社、三环出版社,2004,第35页。

交往。这造就了她们怪异的性情,但她们又有着许多有目共睹的优良品质。

夏洛蒂总是特别在意自己的身体状况。事实上,她对于自己的健康状况过分敏感,甚至感冒等小病也会对她的心理产生一定影响,使她的情绪低落。她在给艾伦的信里,几乎每次都提到她身体的变化。这大概与勃朗特家族的人身体素质普遍较差有直接关系,她身边有多位亲人体弱多病,而且一个个离她而去。其实,正是由于她过分注重身体状况,这反而会影响到她的健康及心理,导致她的身体更糟糕,可谓是恶性循环!

夏洛蒂有时见到一张陌生面孔,会因羞怯十分紧张。即使在她因《简·爱》出名以后,她仍然保留着这种特点。到伦敦旅行期间,她会向主人(主要是出版商史密斯的太太)提出要求,避免会见很多人,尤其是陌生人。

盖斯凯尔夫人观察到,有好几次她因见到陌生人而身体发抖,这种紧张是她的体质固有的,她在竭力克服这种情况时忍受着剧烈的痛苦。夫人讲述了在她家里发生的一件事。席间有一对姐妹唱苏格兰民谣很在行,在她们唱歌之前,夏洛蒂一直默默拘谨地坐着。当迷人的歌声响起时,她的眼睛放射出美丽清澈的光芒,嘴唇激动地发抖。她忘却了自我,径直走到房间另一端钢琴边上,恳请她们再唱一曲。两姐妹邀请她第二天早上到她们家做客,到时她们愿意为她长时间唱歌,夏洛蒂也兴奋地答应了,并连声称谢。第二天,盖斯凯尔夫人陪着她到两姐妹家时,夏洛蒂却失去了跨进门的勇气,两人只好在街上徘徊。她宁可回味那悦耳的余音,后悔自己太莽撞,不该来。夫人生怕这样会引起她的头痛,便一个人进去了,为夏洛蒂没有来这件事向姐妹俩道歉。

盖斯凯尔夫人认为,夏洛蒂这种害怕看到陌生人的心理源于她自卑的性格。她从小认为自己外貌丑陋,并加以夸大,但是事实并非如此。她这次访问夫人期间,有两位绅士看到她。他们并不认识她,但被她可爱的容貌、甜美的嗓音和文静的气质吸引住了,其中一位绅士的表现尤其强烈,甚至因此消除了他以前对她作品的反感。一起吃饭时,两位绅士主动与她搭腔,她胆怯而缄默地退缩,只是尽可能简短地回答别人的问题。可是,当两位绅士为萨克雷的演讲争辩时,她竟然忍不住加入了辩论。可见如果碰到她感兴趣的话题,她的羞怯本性会被兴趣打败,她也会像变了个人似的。

夏洛蒂特别爱干净,喜欢把家里收拾得有条不紊、干干净净,一切物品都安排得整整齐齐。如果一张椅子放的不是地方,她就无法继续谈话。在与盖斯凯尔夫人探讨人的生活道路时,夏洛蒂说,她相信一些人命中注定要经受忧患和失望,所以需要具有忍耐和顺从的品德。因此她训练自己不要指望欢乐,而是老老实实地做到勇敢而驯顺,以宗教的虔诚来面对生活。

最小的妹妹安妮仅有 20 个月大时,母亲就去世了。她可爱、文静,是姨母的宠儿。安妮患有哮喘病,体质虚弱,留在家中受教育。受姨母宗教狂热的影响,她有严重的周期性宗教忧郁症,担心自己不配得到上帝的拯救。她在家中最为亲密的伙伴是艾米莉。两人意气相投,她创作的诗歌也像艾米莉的诗歌一样,充满了荒野的意象。

与她的姐姐和妹妹相比,艾米莉的性情最为古怪。在外人面前,她沉默寡言,显得头脑简单,缺乏教养,似乎反应迟钝,不懂礼貌。她衣着怪异,还穿着早已过时的带有羊角形袖子的衣服。面对同学的取笑,她的回答是:"我希望就像上帝造我时那样。"这足以表露出她的独立思想和勇气,如她在诗中所表达的:"**我的灵魂从不懦弱,从不在这狂风暴雨肆虐的地球中颤抖。**"

确实,如一位学者所言,艾米莉"应当是一名男子——一个伟大的领航员……**她坚强的、专断的意志绝不曾因反抗或困难而退却;她**

从不屈服,除了死亡之外。"[①]盖斯凯尔夫人讲过这样一件事:艾米莉曾经照料过一只野狗,这条狗把她咬伤了。她意识到自己可能有得狂犬病的危险,于是马上到厨房,忍住钻心的疼痛,拿起烧红的烙铁把伤口烫焦了。这种勇气不是一般的女子所具有的,这也是艾米莉能够创作出惊天动地的爱情故事的原因吧。

勃朗特三姐妹都喜欢动物,猫和狗是她们一家人的伙伴,这体现在她们的素描、油画、信件和小说中。盖斯凯尔夫人记载过夏洛蒂的动物情结:"夏洛蒂对待所有不会说话的生物并不仅仅是一般的温柔……她不仅动作轻柔,而且她对动物的话语和语调都很柔和关切。"

她们在荒野里救过一只鹰,当艾米莉从布鲁塞尔回来后发现它失踪了,她十分伤心。艾米莉有爱狗的情结。有人评价她说:"她从来不向任何人表示关心,她全部的爱都保留给动物。"因为动物生性凶猛狂野,难以管束,艾米莉才喜欢它们。夏洛蒂说,她在《谢利》中塑造的主人公的性格就来自艾米莉:她喜欢坐在毯子上看书时用胳膊搂着她那毛茸茸的哈巴狗的脖子;看到陌生的狗垂着头伸着舌头经过,她都会叫住它,给它水喝。

艾米莉有一只名叫基伯的狗。它喜欢偷偷溜上楼,伸开四肢舒舒服服地躺在床上。可是艾米莉把家收拾的一尘不染,基伯的这一习惯实在令她难以忍受,她宣布,只要再看到它闯进屋,就要好好地揍它一顿。一个秋天的傍晚,泰比告诉艾米莉,基伯正躺在楼上最好的床上酣睡。艾米莉的脸色顿时发白,她咬紧牙关上了楼。等她下来时,她手中托着赖着不走的基伯。艾米莉让它站在楼梯的一个阴暗角落,猛地用拳击打它那双凶狠的眼睛,以示惩罚。凶猛的基伯被吓呆了。这时,艾米莉又充满柔情地打来热水,热敷它红肿的脑袋,

---

[①] 简·奥尼尔:《勃朗特姐妹的世界》,叶婉华译,海口:海南出版社、三环出版社,2004,第40页。

第三章 荒原上盛开的石楠花

细心地照料它。这条狂野的狗宽宏大量,并没有记艾米莉的仇。日后,它出现在主人的葬礼上。夏洛蒂曾这样总结艾米莉:"她比男子更坚强,比小孩更单纯,她的性格是独一无二的。"①

勃朗特一家待人友好,慷慨大方。夏洛蒂的好友艾伦无论何时来访都会受到她们热烈的欢迎。他们家60多岁的老佣人泰比摔倒受伤了,姐妹几个专心照料她,连假日也无法休息。老人脱离危险后,父亲考虑到女儿们的身体,准备把泰比送到她妹妹家,三个姐妹一致抗议。她们从小由泰比照料长大,与她结下了深厚友谊。于是,她们以"罢吃"相要挟,经过一天的"斗争",终于让父亲把泰比留了下来。此后,病人泰比完全依靠她们生活。

在勃朗特这个禁欲主义占上风的家庭里,三姐妹的生活方式循规蹈矩。安妮最温顺,她总是耐心、听话、忍受一切,而夏洛蒂和艾米莉则相反,对于不公平的事情会明确表达反对。虽然姨母不是勃朗特姐妹的知心人,但她和她们相处得还算融洽。虽然她们有时会被她的专横惹恼,但在她的教育下,她们养成了做事井井有条的好习惯。

盖斯凯尔夫人曾应邀到夏洛蒂家里拜访,她详尽地描述了当时她到夏洛蒂家的路程。乘火车到了一个正在发展的毛纺工业城市基思利,再乘汽车到4英里以外的哈沃斯。这4英里是陡峭的山路,山峦组成的地平线波浪起伏,道路就在这些山峦间弯弯曲曲地向前伸展,旁边是石头建造的工厂。在贫瘠的田地上,到处是石砌的围墙。哈沃斯是一座长形的村庄,有零零落落房屋,村中有一条陡峭狭窄的街道。沿着这条道上山,到了教堂,然后拐进一条小巷,经过副牧师的宿舍和校舍,就到了勃朗特家的住宅。四周全是荒原,拥挤的墓地围绕着住宅和晾衣服用的一小块草地。

初到哈沃斯的人都惊异于通向村庄石径的陡峭,它的海拔偏低而

---

① 简·奥尼尔:《勃朗特姐妹的世界》,叶婉华译,海口:海南出版社、三环出版社,2004,第41页。

且封闭,天气也不讨人喜欢,不是大雾弥漫,就是阴雨连绵,冬天更是寒冷漫长。这里花朵蔬菜极少,连中等大小的树木也会被砍掉。①

在得知勃朗特姐妹的家坐落在如此偏远、荒僻的小地方之后,人们也许会更加惊诧于姐妹三人的成功。她们的成功除了与她们天生聪慧及其父亲为她们提供的读书环境有关之外,完全在于她们对文学的执着追求和毅力。这不能不令人更加敬佩!

景物依旧,斯人已逝。哈沃斯这座培养了世界文坛著名的三姐妹的牧师住宅,如今已成为勃朗特纪念馆。人们流连忘返,徜徉其间,追忆那三个美丽依旧的倩影!

---

① 吴少平:《一个真实的夏洛蒂·勃朗特》,北京:东方出版社,2007,第248页。

第四章

"淫荡"的流浪作家

——D. H. 劳伦斯

他心仪的初恋情人帮助他走上了文学创作之路。

可是,他有着严重的恋母情结。

他在母亲与情人之间周旋。

他与有夫之妇私奔。最终有情人终成眷属,他与她走进了婚姻的殿堂。

然而,他们的婚姻生活充满了暴风骤雨。

他惊世骇俗的小说被认为是"淫荡"之作。

劳伦斯

处于战争的旋涡之中,他遭诽谤和迫害。他曾沦为国际流浪汉,被迫流亡海外多年。

在他去世多年之后,这位"淫荡"作家却成为世界公认的大作家。

这就是一生饱经颠沛流离之苦的英国作家 D. H. 劳伦斯。

在他生前，人们评论他时会说："劳伦斯当然是个天才，但是……"的确，**劳伦斯是个天才，他的观察力和记忆力异乎寻常，他是一个超凡脱俗的天才艺术家**，但是——劳伦斯并不是一个正常人。他性格软弱，发起脾气来却像个魔鬼。他反对主流文化，偏激好战，观点极端，几乎总是在与人争吵，言辞尖刻。他浪迹世界，进行哲学思考。他对妻子爱意绵绵，却又恨之入骨，热烈的爱与无言的恨相互交织。他既惹人爱，又惹人恨。女人对他怜惜且疼爱，男人对他嫉妒且仇恨。

少年时代

英国诺丁汉郡和德比郡交界处有一个偏僻的伊斯伍德矿区。19世纪后半期，这里诞生了一位天才作家，他就是 D. H. 劳伦斯（1885—1930）。

劳伦斯的家乡拥有两种对照鲜明的景观：一边是正在发展的工业化世界，另一边则是盛夏树叶茂密、充满大自然芬芳的"昔日的森林和农业的古老的英国"。

劳伦斯的父亲是煤矿的工头，母亲博览群书，傲慢、清高，两人长期不和。他们在一起的日子是那么不协调，丈夫经常由于酗酒而遭到妻子的痛斥。幼年的劳伦斯经常在狂风摇撼的大桉树的呼啸声与父母的吵闹甚至殴打声中，度过一个个令他心惊胆战的夜晚。而这些争吵和黑夜带来的恐惧，对劳伦斯的一生产生了深远影响。长大后的劳伦斯也同父母一样，养成了爱大发脾气的习惯。

对于劳伦斯的母亲，人们对她尊敬有加，但却不会喜欢她，这也许与她那总是高高在上的为人处世的态度有关。在矿工们面前，她有一种优越感，讲一口标准的英语。

孩子们喜欢听父亲讲故事。劳伦斯与父亲一样对野生动物有浓厚的兴趣。有时父亲把奄奄一息的小动物带回家,它们萎靡不振的可怜样会惹出小劳伦斯的汪汪泪水。劳伦斯的父亲也喜欢孩子们,可是孩子们却本能地更加亲近母亲,把他排除在生活圈之外。有几年,幼小的劳伦斯甚至祈愿他的父亲要么早些死掉,要么皈依宗教。

劳伦斯的家看似与其他家庭没有两样,这得益于劳伦斯的母亲。家里经常收拾得干净整洁,却有一种特殊的紧张气氛,这源于他的母亲对父亲永无休止的抱怨。她抱怨家里的贫困、丈夫的粗鲁,将自己愁苦的生活归因于丈夫,对丈夫充满了怨恨,这使劳伦斯从小就在愤怒和耻辱中饱受煎熬。**父母的纠纷使劳伦斯自幼在感情上受到创伤,从而陷入自我矛盾之中。充满冲突、紧张的生长环境,增添了这个敏感孩子的痛苦。**

然而,劳伦斯家的孩子并不总是生活在阴郁沉闷的环境中。劳伦斯虽然不喜欢户外运动,但在室内游戏方面他是个发明家,他想出了许多新鲜法子取乐。他还喜欢与姐妹们一起到附近的田野和树林里闲逛,为家里采摘黑莓。

每周3次礼拜的熏陶,使劳伦斯终生都未能摆脱宗教的影响。可以说,少年时代的劳伦斯所受宗教的影响远远超过了学校教育。

在学校里,劳伦斯是个优等生。一开始他太敏感,不合群,不参与男孩子们在操场上的打闹,他宁愿和女孩子在一起玩耍。

劳伦斯擅长动脑筋玩新鲜花样儿,他敏锐的观察力使他能够从平凡小事中汲取乐趣。他清楚地记得哥哥威廉去伦敦做生意后第一次回家过圣诞节的情景:一家人沉浸在节日的欢乐气氛中,家里的食品柜从来没有存储过那么多的食品,有各种蛋糕、馅饼,还有"切成片的真菠萝,像水晶一样,好看极了",大家都乐得难以自持。

孩提时代,劳伦斯的第一个情人是梅布尔·瑟尔比。可是,他并非一个合格、勇敢的护花使者。每当其他男孩子欺负梅布尔时,他就躲得远远的。但是,在11岁的夏天,他为梅布尔写下一首小诗:

> 我们坐在可爱的草坪上
> 我的恋人和我
> 啊,我们多么快乐
> 周围是鲜花、小鸟和蜜蜂。①

初恋与创作

在劳伦斯 15 至 28 岁的生活中,对他影响最大的人除了他的母亲之外,还有杰茜·钱伯斯。她是《儿子与情人》里密里安和劳伦斯几部早期作品中的女主人公的原型。有趣的是,劳伦斯与杰茜的第一次会面,是在他们母亲的会晤中实现的。

跟在母亲后面的他羞怯、胆小,走过田野、树丛,在一所旧式的农庄,他看到一个漂亮、活泼但也稍显腼腆的女孩。他们很快就在一起散步、交谈,农场的生活令他神往,他与杰茜的友谊也与日俱增。

16 岁的劳伦斯在假期里打工,做了办公室的听差。可是 3 个月后,哥哥威廉因患肺炎去世,劳伦斯也染上了可怕的肺病,这几乎夺去了他的生命。幸得母亲的精心照料,他转危为安。这也使得他与母亲之间的感情更为亲密。

劳伦斯因病休学半年在家。正是在这期间,他的创作激情在与杰茜一家的亲密来往中滋生出来。痊愈后,他频繁光顾杰茜家的农庄,受到杰茜一家人的热烈欢迎,甚至引起了母亲的嫉妒。她讥讽他说,他最好收拾衣服搬到农场去住吧。

在杰茜家里,劳伦斯帮助这家人做了许多事情。他会帮他们整理壁炉、倒水等,杰茜的母亲对他赞不绝口,认为**他是个"难得的好孩子,乐于助人,周到体贴"**。而对于这个刚刚从死神手中逃脱、正处于

---

① 基思·萨格:《劳伦斯的生活》,高万隆、王建琦译,济南:山东友谊书社,1989,第 13 页。

第四章 "淫荡"的流浪作家

初恋中的少年而言,见到杰茜是他最大的幸福和满足。

劳伦斯喜欢与杰茜一起在花园观察自然界的奇妙事物,一草一木在他们的眼中都充满了温情。杰茜被他超逸的天才气质及敏感和激情打动,这对少男少女开始了田园般的恋爱生活。他爱杰茜一家人,喜欢做一些力所能及的农活儿。他学会了挤牛奶,并对此特别兴奋。在复活节,他约杰茜及姐姐一起去附近的庄园旅行。尽管一路上他在不停地说话,但超常的观察力使他总是"第一个发现小白兔、野公鸡和早开的报春花。……他迈着轻快的步子,一路连蹦带跳,同时,不知疲倦地观察周围的景物,贪婪地将一切尽收眼底。"①

劳伦斯性情古怪,情绪中有"阴暗"的一面。他有时会粗鲁莽撞;有时会盛气凌人,冲撞别人,令人无法忍受;有时还会无缘无故地忧郁。唯一能够对付他乖戾脾性的人是他的母亲。他情绪不好时,会在别人面前恶言恶语地发泄一通,但在母亲面前,他从来不敢。

但劳伦斯在心情好的时候,也会令周围的人快活。**他善于创造融洽和谐的气氛,与他在一起的人都会受到他的感染**。挤牛奶时,他运用首调唱法教大家唱歌;晚上他组织大家在炉火旁阅读讨论莫泊桑、托尔斯泰、易卜生等人的作品。杰茜的父亲夸赞劳伦斯说:"只要伯特②在场,干活就像玩儿一样。不用费事,他们准会一个劲儿干下去。"而她母亲则说,即使在天堂里,她也希望挨着劳伦斯坐。③

绘画是劳伦斯一生的所爱。15岁时,他就开始对绘画着迷,学会了装饰画屏、描绘花卉、临摹图画等。他少年时的理想是当画家,而不是作家。到他20多岁时,这位自学成才的年轻人的绘画技艺大有长进,他以画笔作为表达自己情感的工具。后来他在紧张的写作

---

① 理查德·奥尔丁顿:《D. H. 劳伦斯传:一个天才的画像,但是……》,冰宾、东辉译,天津:天津人民出版社,1989,第35页。
② 伯特(Bert)是赫伯特(Herbert)的昵称,这是劳伦斯名字的一部分。
③ 理查德·奥尔丁顿:《D. H. 劳伦斯传:一个天才的画像,但是……》,冰宾、东辉译,天津:天津人民出版社,1989,第32页。

之余,临摹了许多艺术家的名画。

还有令他更为倾心的事情,那就是与杰茜一起读书。**他如饥似渴地阅读各类书籍,"几乎完全忘怀了外面的世界"。**

可是,劳伦斯逍遥自在的日子结束了,父母没有能力再养活他。17岁的他只好和妹妹阿达以半工半读的形式到伊斯伍德的英语学校学习。一年之后他转到伊克斯顿工读教师中心,在那里做了三年教师,好在能够与杰茜在一起。

虽然做小学教师的日子单调而又辛苦,他"教矿工们的野孩子",没有什么薪水,但在劳伦斯看来,这份工作比他干的其他杂活儿更好一些,他在这里意识到了自己的才能。他成绩优秀,校长经常当众宣读他的作文,这反而助长了劳伦斯傲慢、自负的情绪。他的自我意识和校长的夸奖,使他产生了一种天真而又自负的想法,觉得像自己这样智商高的人有责任去帮助其他人。于是,**他下决心要帮助别人。**

他首先帮助的是杰茜。当初,是他劝说她的父母,让她走出厨房和牛奶场,回到学校参加教师培训。如今,他帮助杰茜补习法语、代数等课程。虽然学生全心全意地学,但无奈老师却没有足够的耐心,经常会出现劳伦斯怒气冲冲地大声责骂杰茜的情景,甚至杰茜的母亲都跑来替女儿说情。

姑娘的心思真是很奇特。劳伦斯越是对杰茜大喊大叫,她反而越迷恋他。她默默地忍受着他的怒气,表现得温文尔雅,这反倒使劳伦斯愧疚,他又回到了杰茜的身边。杰茜在劳伦斯的心中激起了剧烈的情感,逐渐开始代替他母亲的位置,对他的内心活动发挥作用。

20岁出头的劳伦斯很有女人缘。许多姑娘和少妇迷上了他,他总是像兄长一样对待她们,她们感到同他在一起有安全感。所有姑娘都愿意与他跳舞,常常以各种借口出入他的住所,而他的心里只有

第四章 "淫荡"的流浪作家

杰茜一人。但他的母亲极力反对他与杰茜交往,在母亲和杰茜之间开始了未曾公开宣战的暗斗,这使他备受折磨。

劳伦斯喜欢音乐,常向姐姐阿达求教。他学会唱许多英国和德国民歌,但是他的自我意识过强,唯恐别人对他的唱功说三道四,所以他从来不敢在众人面前演唱。

劳伦斯在少年时代就沿袭母亲酷爱读书的习惯,萌发了读书的热情,博览群书,并开始尝试写作。读大学前,他对文学作品怀有浓厚的兴趣,广为涉猎19世纪欧洲作家的作品。他与杰茜一起阅读华兹华斯、雪莱、彭斯、惠特曼、勃朗宁等诗人以及几十位欧洲小说家的作品,他尤为精通小品文作家罗斯金的作品。他还涉猎了一些具有唯物主义思想的著作,如达尔文和T. H. 赫胥黎的书籍。这些书催生了这位清教徒式青年的怀疑论,令他苦恼了多时。

可是,年轻的劳伦斯是一个多变的人。他的性情和行为常常自相矛盾,反复无常,令人难以理解。他的内心深藏疑虑,却表现得专断自负。他给杰茜一家人带来了青春的活力,但是他又会突然毫无理由地以令人难以容忍的侮辱伤害他们的心灵,把自己长期以来建立的与他们的情谊毁于一旦。他的这种感情突变的特点,到他40岁时仍旧如此。

20岁的劳伦斯以优异的成绩被诺丁汉大学录取了。由于无力支付学费,他不得不再任教一年,以攒足学费。

进入大学后,劳伦斯开始了文学创作。保存至今的他的最早诗篇是《优胜者》,诗中表达了人在欲望受挫后的痛苦。劳伦斯最初的创作是秘密进行的,父亲讨厌他读书、学习,母亲虽然赞同学习,却认为创作只是在浪费时间,她送儿子上大学是为了让他取得好成绩。因此,劳伦斯只能把作品给杰茜看。

1905年,一次和杰茜散步时,劳伦斯突然问她是否希望进行写作,她反问他:"那么你呢?"他的回答是:"是的,我也在想。那么让我们干起来吧。**我敢肯定只要我们一起努力,一定能干些成绩出来。我们俩人谈论过许多事情,你说的那些话都可以写到书里去的。"**[①]如果说是杰茜将劳伦斯塑造成作家的,那未免有点夸大其词。但是,杰茜确实对于他的早期创作起到了很大促进作用,他所有的早期作品都显示出她的人格影响。

凭着杰茜的鼓励,劳伦斯对创作充满信心。但不久,他又感到,杰茜不加批评的鼓励没有真正的价值。初出茅庐的劳伦斯有些不自量力,他夸口说:"我肯定我写的作品比目前市场上出版的半数以上的书籍要好得多。"可是,在杰茜表示要与他合作写诗时他又胆怯起来,担心被人耻笑,说:"可人家会怎么说呢?说我是个傻瓜!煤黑子的儿子还想当诗人!"[②]他对自己低下的社会地位过于敏感,即使杰茜极力劝慰他,他还是沮丧地摇头。

到第一学年结束的时候,这位矿工的儿子完成了《利蒂西亚》的初稿。他自成一体的印象派诗作如实记述了自己的人生经历,风格独树一帜,出人意料。

劳伦斯母亲为了补偿自己失败的婚姻,将全部的痛苦压在了儿子身上,她用自己的感情紧紧束缚着他,令他窒息。但就在劳伦斯快要从这令人窒息的家庭氛围中挣脱出来之际,母亲意识到儿子将要从她身边溜走的危险,决心与之抗争。她开始讨厌杰茜一家人,杰茜成为她的眼中钉。而杰茜也为劳伦斯的母亲对她的敌视、冷漠的态度感到十分苦恼,她尤其难以忍受劳伦斯母子之间过于亲密的关系以及母亲对于儿子的控制。

劳伦斯母亲对杰茜的敌视在他们友谊开始之初就产生了。一次,杰茜带他去看一丛绽放的玫瑰花后回家晚了,母亲厉声责骂他,

[①] 理查德·奥尔丁顿:《D. H. 劳伦斯传:一个天才的画像,但是……》,冰宾、东辉译,天津:天津人民出版社,1989,第 67 页。

[②] 同上。

第四章 "淫荡"的流浪作家

讥讽杰茜让他"销魂荡魄",并认为年龄不大的毛孩子就谈恋爱,真叫人"恶心"。她的话充分暴露出她的嫉妒心理和她对儿子的占有欲。可儿子没有为自己辩护,只是觉得"自己不能硬起心肠把母亲丢在一边",解释说他们只是在一起说说话。虽然处于痛苦忧虑的情绪中,劳伦斯在就寝前还是吻了一下母亲的前额,手在她的肩头摩挲。她胜利了,儿子的情人战败了。

可是,劳伦斯又控制不住自己对杰茜的感情。虽然他对杰茜的爱不像杰茜爱他那么深,可他又无法离开她。他需要从她身上汲取灵感,从她的鼓励中获取动力。

母亲与情人之间的争斗就这样进行着,劳伦斯夹在中间态度暧昧。儿子与情人不断会面、散步使母亲耿耿于怀,她大吵大闹,骂杰茜把儿子从自己身边抢走了。而杰茜因为劳伦斯家人不尊重她,决定不再到他家里去看他。可是他并不站在她一边,表示除了家之外不会在其他地方见她,于是两人每周二晚上的相会就被无情地取消了。母亲听说此事后嗤之以鼻。

由于母亲经常挑唆,劳伦斯开始对情人采取粗暴、敌视的态度。杰茜想不通,为什么他乖戾反常的时候却偏偏说自己是正常的。他对情人蛮横无理的理由,他心中再清楚不过了,那是因为"她爱他胜于他爱她"。

可是,劳伦斯不但伤害了情人,也刺伤了自己的心。与杰茜吵完架回家的路上,他"紧咬双唇,痛苦得难以自持。几乎到了神态恍惚的地步"。他想不明白为什么母亲不喜欢自己钟爱的姑娘。追问母亲原委时,他得到的回答是:"不知道。我的确尽力想喜欢她,我一次又一次地作过努力。可我就是没法喜欢她——没办法。"①

劳伦斯对待情人的态度实在不公正。他爱上了母亲讨厌的姑

---

① 理查德・奥尔丁顿:《D. H. 劳伦斯传:一个天才的画像,但是……》,冰宾、东辉译,天津:天津人民出版社,1989,第 69 页。

娘，又不敢和家人闹翻，左右为难，自己痛苦，也把痛苦带给了情人，这是他们爱情没有结果的根源。

母亲对儿子变态的占有欲致使儿子产生了变态的恋母情结，并对儿子的情感发展造成了恶劣的影响。劳伦斯答应母亲要甩掉情人，对杰茜直言相告说，他们很难成为情人。他冷酷地告诉她说，母亲和姐姐一直在和他吵闹，使他的处境尴尬。事情一经了结，他便为又回到母亲的怀抱感到欣慰。

这对恋人之间不仅横着劳伦斯的母亲，还产生了日渐明显的两性关系的矛盾。杰茜深受母亲清教思想的影响，对情欲深感羞耻，劳伦斯也同样保持着"极端的贞洁"。一提及性，他便不寒而栗。他们对这类事情如此敏感，以至于他们对这个话题都讳莫如深。

劳伦斯认为，是杰茜而不是母亲致使他变态。他在写给杰茜的信里说："看看，你是个修女。我奉献给你的与我奉献给修女的一样。所以，你必须让我同一个我能亲吻拥抱、并能做我孩子母亲的女人结婚。"[①]他认为杰茜的清教主义思想过于严重，他需要摆脱这个自恋又性情古板的女人。

伤害过情人的劳伦斯把所有的感情都倾注到母亲身上。他和母亲像恋人一样去远足。他爱母亲超出了常态，为她买了她认为非常奢侈的午餐，还为她买紫罗兰花。

1908年，22岁的劳伦斯拿到了教师资格证书，他在伦敦的克莱顿学校找到了一份工作。他意识到，自己以后的生活会发生变化，可以暂时摆脱母亲，也要与杰茜分开了。与她告别时，他潸然泪下。杰茜是他少年时代的知心朋友和情人，她属于他的青春，而他难以割舍与杰茜联系的纽带。他需要杰茜作自己的文艺女神，但不需要她作为自己的妻子或者情人。

---

① 基思·萨格：《劳伦斯的生活》，高万隆、王建琦译，济南：山东友谊书社，1989，第24页。

第四章 "淫荡"的流浪作家

初恋的悲剧给劳伦斯的一生打下了深深的烙印。与杰茜的爱情失败后,他悲伤地写道:"初次萌发的爱情像胎儿一样被扼杀在母腹中了。"①

劳伦斯离开家乡到伦敦远郊的戴维森路学校教书时只有23岁。年轻的他渴望离开家乡那片小小的天地。可是,离开了家乡的他却从此开始了忍受痛苦的生活。母亲曾经对他说过:"**拼搏——拼搏——忍受苦痛。我看,这就是你所能做的一切。**"②**这句话真的可以成为他终生的座右铭。在他以后的生活中,他确实在不断地"拼搏"和"忍受"**。

踏入社会一个月之后,这位年轻的教师就遭当头一棒。他在信里称,"教学是最残忍、最丢脸的职业活动。它要努力驯服五六十个满肚子坏心眼的小畜生。我一度绝望过……不准我们惩罚他们……孩子们像恶魔一样粗野无礼。我宁愿去做别的事,也不愿忍受这种没完没了的、微不足道的、低劣贬值的苦斗。"一周后,他用一根带刺的藤条"让那些小东西哼哼直叫"。

劳伦斯做教师时写的最后一首诗《惩罚者》表明,他是个严肃的判官,并非一个受学生欢迎的好老师。孩子们因他的严厉责骂而恐惧,可是这种严厉的责罚并没有取得好的效果,几分钟后他们就会忘掉一切,跑走尽情地玩耍去了。这位伤心的法官诉苦道:"……我的头多么沉重,我的心疲惫不堪,缓缓跳动,多么吃力,我的精神已濒于死亡。"③

几个月后,这份工作开始让劳伦斯感到惬意,他写道:"**学校真是一个非常令人惬意的地方。我驯服了那些小畜生——征服了那些生

---

① 理查德·奥尔丁顿:《D. H. 劳伦斯传:一个天才的画像,但是……》,冰宾、东辉译,天津:天津人民出版社,1989,第56页。
② 同上书,第78页。
③ 同上书,第84页。

性骚动不安的孩子。现在我能够悠闲自在地讲课了。可是我仍然思念故乡,思念我的家人。"① 劳伦斯对于自己的教书工作尽心尽责。他在教法上敢于变革,帮助学生提高写作水平,有些学生的文章发表在了刊物上。他的生活悠闲自得,下棋、绘画、阅读都使他乐在其中。

这一时期,劳伦斯写了许多诗。在杰茜的劝说和帮助下,劳伦斯勉强同意把自己的诗作寄给《英国评论》杂志。友善的编辑休弗接受了他的作品,并为他的《白孔雀》找到了一位出版商。于是,他顺利进入了文学界。劳伦斯后来讲述这段经历时说:"休弗是个大好人。他出版了这首诗,还叫我去见他。就这样,杰茜轻而易举地把我送上了文学之路,就像一位公主一剪彩,就把船送下了水。"②

在休弗的引荐下,劳伦斯结识了 H. G. 威尔斯、庞德和 W. B. 叶芝。**劳伦斯这样评价这几位作家:威尔斯是个滑稽的人,讲话像小喷嘴的喷射,滔滔不绝,而且喷出的东西有点酸味,逗人发笑,他是个普通人,并无特殊的过人之处;庞德敬仰的是美、自我和生活,他是个快活的人,有才气而不矫揉造作。**

这几位作家经常在《大众文库》的编辑欧内斯特·里斯的家里聚会,人称"诗人俱乐部"。劳伦斯在聚会上朗诵他创作的一些爱情诗和方言诗,给庞德留下了深刻印象。庞德提议说,这些诗充满魅力,应该授予"波林纳克奖"。

在这里,劳伦斯把杰茜介绍给他的新女友阿格尼丝·霍尔特。他几乎就要同阿格尼丝结婚了,但是他们的恋爱还是失败了。他对此的解释也适用于解释他与后来的女友海伦·科克和路易·伯罗斯的失败恋爱:

---

① 基思·萨格:《劳伦斯的生活》,高万隆、王建琦译,济南:山东友谊书社,1989,第30页。

② 理查德·奥尔丁顿:《D. H. 劳伦斯传:一个天才的画像,但是……》,冰宾、东辉译,天津:天津人民出版社,1989,第89页。

第四章 "淫荡"的流浪作家

她十足的无知和守旧,尽管她读过大学,在伦敦教过几年书。一个男人或多或少是——或曾经是有趣的创造物;同她在一起,我能到处去玩,讲着聪明或愚笨的话——没有别的了——不是一个动物——我的上帝,不是!——我开导过她,可是现在她还是没有勇气。她仍然用维多利亚中期的道德标准来判断一切,把自己裹在一件布满了病态岁月印记的罗曼司的羊皮大衣之中。……不过她要是真心喜欢我的话,那么她就不会成为那种胆怯的废物了。也就不会说那些事是可怕、可厌、可恨了……①

其实,这种解释也适用于杰茜。无非是劳伦斯嫌这几位女子不够开放,没有满足他的需求罢了。若非如此,他与她们的恋爱也就不会失败。他向杰茜求爱,劝她委身于他,但这让她感到"既别扭又令人厌倦",劳伦斯只好作罢。

此后不久,劳伦斯开始与艾丽丝·戴克斯往来。她已经结婚,这时又爱上了劳伦斯,并委身于他。1910年春天,他们在伦敦度过了一个周末。同时,劳伦斯对杰茜仍难以忘怀,他给杰茜写信说:"你已经为我做了不少事。我只想让你来这里同我待在一起。你不在我身边,我就难以安眠。你这个可爱的人儿,依偎着我,抚摸、拥抱,这可是一种快事啊!"可是他的这些话实在有些自欺欺人,原因在于他此时一直与艾丽丝有瓜葛。

关于艾丽丝,劳伦斯在信中曾说,"她是一只母狗,我恨她。她就像波提法的老婆那样欺骗了我。"然而,他与艾丽丝的私情一直延续到1912年3月。**艾丽丝成为他的《儿子与情人》中一味追求纵欲的克莱拉的原型,而杰茜是米丽安的原型。**

---

① 基思·萨格:《劳伦斯的生活》,高万隆、王建琦译,济南:山东友谊书社,1989,第34—35页。

1910年8月,劳伦斯母亲患上了癌症,他为此慌张失措,痛苦万状。一位熟悉他的朋友说,他当时处于"可怕的悲哀之中,没有人能分担他的悲痛"。

　　据说,他从学校回来后,直奔母亲的房间。母亲竭力装出欢笑迎接他,像往日一样。他"跪在床前,用床单蒙着脸,失声痛哭,连声叫着:'母亲——母亲——母亲!'" 20多年来他与母亲相依为命,没有第二个女人能够代替她。母亲患上绝症,这对于儿子而言绝对是毁灭性的灾难,让他痛不欲生。

　　学校每周一次的假期使劳伦斯能够经常回家看望母亲。他会一整天都待在母亲的房里,机械地临摹别人的画,以从悲伤中解脱出来。出版社给他寄来他的小说样书时,他急切地把书放到意识尚清醒的母亲的手中。然而,她更看重的是他的名气,而不是他的艺术。此时除了对儿子的爱之外,一切对她来说都无关紧要。这份爱让她宁愿苟延残喘,忍受病痛,也不肯抛下这痛苦的现世生活。

　　在给朋友的信中,他写道:"她是我的第一位伟大的爱人。她是一位出色的、罕见的女性……她像太阳一样强烈、坚定、慷慨。她能够像白色鞭子一样迅疾,像温雨一样温柔,像我们脚下不变的大地一样坚实。"

　　长时间拖延的死别,给劳伦斯带来了无穷的悲痛和惶恐。他不愿母亲再忍受无尽的苦痛,希望她能够解脱。然而,当死神终于超度了她时,他并没有得到解脱,母亲仍然是他的《新娘》。他写道:

> 今夜我的爱像少女,
> 但她已衰老。
> 散在枕头边的发辫,
> 不是金黄,
> 却是银丝织就,

> 带着神秘的凉气。
> 她像一位少女,因为她的眉毛
> 是这样平滑、美丽;
> 她的脸颊滑润,双眼紧闭,
> 她睡得这样奇异,
> 却依旧风致嫣然;她睡得这样
> 沉静,这样安谧。①

母亲曾经对劳伦斯的生活产生过十分重要的影响,以至于她的离去让他几乎崩溃,他陷入了难以摆脱的孤独与痛苦。

劳伦斯自始至终深爱着母亲,厌恶父亲,说父亲"像一条蛆虫一样令人恶心、不快和自私。可我还是为他难过:他又老又笨,非常无能和没出息。"②

母亲的去世使他从清教主义的束缚下解脱出来,从此,他开始通过写作来反对传统的宗教观点,并释放出久被压制的原始欲望。

劳伦斯是他那一代文人中最随心所欲的一位。他会信口开河,全然不顾社会禁忌和读者的反应。他生活的年代既伪善又缄默,人们谨小慎微,一本正经,尤其对于两性关系的问题更是讳莫如深,假装对性这一话题处于无知的状态。小说创作领域也是如此,劳伦斯喜欢直抒情怀,这自然使他成为难以被公众接纳的作家。

就在这一两年里,劳伦斯相继向路易·伯罗斯和海伦·科克求婚,可是她们像杰茜一样,拘泥于传统。劳伦斯抱怨路易只"关心她作为女人的贞洁和我的好名声"。订婚后,劳伦斯感到这种生活既缺

---

① 理查德·奥尔丁顿:《D. H. 劳伦斯传:一个天才的画像,但是……》,冰宾、东辉译,天津:天津人民出版社,1989,第110页。
② 基思·萨格:《劳伦斯的生活》,高万隆、王建琦译,济南:山东友谊书社,1989,第41页。

乏激情，也缺少真正的希望，他非常失望。

在母亲去世一周年之际，劳伦斯被查出患上了肺炎，他的身体变得虚弱。他不得不辞掉教师的工作，到波次斯疗养。他取消了与路易的婚约，感到自己一事无成，前途渺茫。他的早期生涯在迷惘中结束了。

1912年1月，《**白孔雀**》一出版就深受读者的欢迎，这标志着劳伦斯作家身份的确立。小说反映了20世纪初英格兰农村青年男女的婚姻，反映了现代人在灵魂与肉体、文明与自然、理想与现实等方面的困惑与挣扎，对传统的价值观和道德观进行了无情地批判。

私奔与婚姻

没有了教书工作的限制，劳伦斯希望能够实现他幼时就渴望的出国旅游。德国是当时人们竞相去游览的国家，劳伦斯也成了到德国旅游的人中的一员。正是这次经历使他遇到了他的终身伴侣。

1912年3月初，劳伦斯同他的大学老师欧内斯特·威克利一同就餐，商量是否能帮他在德国谋得一个教师职位。席间他遇到了威克利的德国夫人弗莉达。她比威克利小15岁，比劳伦斯大6岁，在20岁时嫁给了威克利，生有3个孩子。她对婚姻极度失望，生性放荡的她在德国还有情夫。

当时，劳伦斯急切需要一个能激发他男子汉气概的女人，而弗莉达因对家庭生活失去信心而在精神上濒临崩溃，两个人在命运之神的安排下有缘相见。

弗莉达这样描述他们第一次见面时的场景："他走进屋时，我打量着他。瘦高个，灵活的长腿、轻快而稳健的步子。他看上去是那么平常，可是他却吸引住了我。目光相遇，更觉得意味深长。"

只有像弗莉达这样强壮、自信、有野性的女人，才能忍受像劳伦

第四章 "淫荡"的流浪作家

斯这样乖戾的人。不久,他便写信给她说:"你是全英国最出色的女人""出类拔萃""令人愉快""实在是一个让人终身爱恋的女人"。

最初,弗莉达只希望与劳伦斯维持情人关系,但劳伦斯坚持要带她走。在看到劳伦斯与她的孩子们在水边玩耍,把菊花和纸船放进小溪中时,她猛然发现自己爱上了他。于是,4月的最后一个周末,她把孩子送到祖父家。5月3日,她跟随劳伦斯渡海离开了英国。

两个真正相爱的人,不顾任何法律条文的约束,也不在意她有孩子这一令人难堪的事实,竟然就这样私奔了。在德国的第四天,劳伦斯与弗莉达在一座废弃的古代堡垒上用英语交谈。一名警察偷听到了他们的谈话,误以为劳伦斯是化了装的英国军官,便将他当作间谍抓走了。弗莉达只好请父亲帮忙。劳伦斯获释,但他们私通的事也就泄露了。劳伦斯不得不离开她,逃到亲戚家里避难。

焦急的劳伦斯等待着弗莉达的到来。他不断地给她写信,表达他急迫的心情:"我爱你,太爱了……我开始感到我是世界上的一个男子汉。我想,我是应该的,带着这种邪念等待着我心中的别人的妻子。"他还警告她说:"记住,你就要做我妻子了。"他还说:"我们将永远与生活进行搏斗,所以,我们之间永远不会有斗争,我们永远会互相帮助的。"①

5月底,弗莉达抵抗住家庭的压力,前来与劳伦斯相聚,两人终于享受到蜜月的甜蜜。弗莉达记述了他们在第一周度过的生活,充满田园风味:

> 就在这里,我们开始了共同的生活。多么美好的生活啊!我们吃着劳伦斯喜爱的黑面包、鲜鸡蛋,饮着"细浪"。后来,我们还找到了草莓、木莓和越橘。

---

① 理查德·奥尔丁顿:《D. H. 劳伦斯传:一个天才的画像,但是……》,冰宾、东辉译,天津:天津人民出版社,1989,第142页。

我们失去了平时的那种时空观念。那些花,劳伦斯前所未闻。萤火虫在黑夜里游荡,刚刚落下的山毛榉的树叶若裹在女人头上的纱巾,罩在树上。我的脚掩埋在去年落下的棕褐色的叶丛中。①

是弗莉达让劳伦斯满心欢喜,并有心情观察到这个世界的美好。他为她的美折服。但是就在新婚第一周,他对弗莉达大发脾气,他嫉妒她给予孩子的母爱。

与劳伦斯在一起生活,弗莉达看到了他的另一面,他做家务很在行,这弥补了她不善于此的弱点。经常是劳伦斯为她做早餐,而她到中午才起床。当初,劳伦斯学习打扫卫生、清洗餐具、煎蛋饼是为了帮助母亲。如今他做起这些来则是一种享受,他已经把做家务看作生活的一部分。

弗莉达渐渐认识到她选择的这个男人的伟大。有半个月的时间,他们一起在意大利偏僻的荒野徒步旅行。他们在茅草屋过夜,在山间溪畔用酒精炉煮饭,他们就像亚当和夏娃一样,任凭爱情载着他们投入到每一天的冒险中。这段经历使他们更加亲密无间,让他们感受到爱情的美妙,也成为他们终生难忘的美好回忆。

劳伦斯与弗莉达私奔已经有一年了。他们住在弗莉达弟弟的一幢舒适的小木屋里。小木屋坐落在山坡的一片草地上,那里长满报春花和龙胆,可以看到阿尔卑斯山。劳伦斯兴奋地记载了他们的这段幸福生活:"只有弗莉达和我。这是一幢避暑别墅,在法律上属于她的弟弟。他借给我们住一两个月。孤零零的一幢房子。鹿有时在花丛中的冷僻处吃草。可是,当我们走出屋来,它们便一跃飞奔而去。当我对一只野兔吹口哨时,它便会狂乱地旋转着跳舞。"他感到,

---

① 基思·萨格:《劳伦斯的生活》,高万隆、王建琦译,济南:山东友谊书社,1989,第54页。

住在风景如此优美的地方令他幸福无比。

然而,他们又是生活观念截然不同的两个人。弗莉达缺乏道德观念,生活毫无节制,平时总喜欢叼着烟卷闲逛;而劳伦斯是一个拘谨的人,喜欢有条不紊地做家务,生活比较节约。弗莉达生性随意,热爱自由,与劳伦斯在一起时,她和其他情人仍有来往,并且执拗地认为这并不会影响她与劳伦斯的关系。他们为此争吵过,而且冲突延续了好几年。

劳伦斯的成名作《儿子与情人》

两个人像波希米亚人一样,手头拮据,颇像流浪者。但到处旅行,却让他们成为经验丰富的旅行家。他们在偏僻、原始的乡村生活,享受到了自然界的无限魅力。同时,劳伦斯在进行着《**儿子与情人**》的创作。对他而言,这部小说的写作使他又一次回忆起母亲生病和去世的痛苦。在这部自传体小说中,劳伦斯以自己早年的生活为蓝本,聚焦主人公保罗与母亲及两个情人的复杂关系,描写了19世纪末英国工业社会中下层人民的生活和特定环境下母子间、两性间的复杂、变态的心理。莫雷尔夫妇由于出身不同而性格不合,他们只有肉体的结合,而没有精神的沟通。妻子对丈夫感到绝望,便把希望寄托到儿子保罗身上,意欲从精神上控制儿子,但这种强烈的占有欲使儿子感到痛苦,也阻碍了他成长为一个独立男子汉。保罗的女友米丽安追求精神满足,企图从精神上占有保罗,这让他难以忍受。另一个名叫克拉拉的女子却只有激情,保罗从她身上找不到精神安慰。这三名女子都想拥有保罗,使他几乎窒息。最后,保罗的母亲去世,他摆脱了三种不真实的爱,获得了自由,打算开启新的人生。

劳伦斯采用现实主义和心理分析的写作方法,把人物的心理活动刻画得细致入微,显示出弗洛伊德的心理分析理论尤其是俄狄浦斯情结对他的影响。他对恋母情结得出了以下结论:"古代的恋母的儿子只是俄狄浦斯一人,而我的恋母的儿子却有成千上万。如果这样的人娶了一位妻子,这妻子是不成其为妻子的,她只是他的床席。他的生活会撕裂成两半。这样,失望的妻子就会希望得到儿子,于是她从此得到了自己的情人。"①

在创作的同时,劳伦斯的生活悠闲自得,他感受到了生活的美好。他说:"我在阳光和幸福中生活,我在流亡和贫困中度日。"这是他生活的真实写照。

可是,好景不长,弗莉达思念孩子,但劳伦斯不想离开这里,两人又为此吵起来。一次争吵中,弗莉达顺手拿起一个盘子朝他砸去,好在盘子从他头上飞过,他平安无事。他在给朋友的信中称,他们的日子很难过。弗莉达深爱着她的孩子们,可是她却以那种方式离开了孩子和丈夫,这种矛盾令劳伦斯不解,他试图否定她与孩子们之间的感情。

他们的日子并不好过。他们的生活充满了神经质般的争吵,两个人被恼怒、蛮横操控,劳伦斯甚至为此陷入难言的自我怀疑和变态心理。但除了母亲以外,唯一能控制劳伦斯的女人就是弗莉达,他对她的依赖比她对他的依赖要严重得多。然而,尽管他们之间充满了真刀真枪的吵架打骂,但也有风和日丽、恩恩爱爱的时刻。弗莉达对劳伦斯的影响,在他1912年以后创作的所有作品中都显现出来。

弗莉达也陷入爱情与家庭的矛盾之中。一边是她的孩子们,另一边是爱她的恋人。她又听到风声,如果她同意的话可以离婚,但她

---

① 理查德·奥尔丁顿:《D. H. 劳伦斯传:一个天才的画像,但是……》,冰宾、东辉译,天津:天津人民出版社,1989,第162页。

第四章 "淫荡"的流浪作家

就永远不能去看孩子们了。此时的弗莉达不知所措,她只想抓紧时间回英国。两天之后,他们一起回到了英国。

弗莉达终究没能见到自己的孩子,她与劳伦斯又开始了在欧洲的游荡生活。在两年中,他们先到了德国,然后又到瑞士和意大利。这期间劳伦斯忙于创作,而且越来越依赖于弗莉达的建设性意见和批评。工作之余,他们充分享受各种娱乐活动,如游泳、野餐、拜访朋友。同时,弗莉达的离婚案得到判定,他们决定回英国结婚。

1914年7月13日,一对有情人终于走进了婚姻的殿堂。他们举行了体面而庄重的仪式,由凯瑟琳·曼斯菲尔德夫妇为他们证婚。期间,劳伦斯发表了令人印象深刻的永恒婚姻论。他说:

> 你以为爱情在它得到承认的那一天就算完美了吗?不。要爱,你就得学会理解对方,超过她对自己的理解,同时也要让她理解你。这样做真是困难重重、痛苦万分,但只有这样爱才能持久。你万万不可认为你的欲望或你最根本的需要是干出色的事业,或者是让你的生活充满活动,或者甚至是给你的家庭带来物质财富。不,不是这些。你一生中最重要的需求是全部地、毫无保留地、从肉体到精神都赤裸裸地爱你的妻子,这样你的内心才会感到平静、感到安宁,不管多少事情出了差错总是这样。这种内心的平静与安宁会让你自由活动,做你自己的工作,让你成为一个真正独立的工作者。①

这就是婚姻给劳伦斯的启示。无疑,他的理解从理论上讲是正确的。可是,他并没有将理论与实际协调好。后来,在他的婚姻中,争吵、谩骂和殴打时有发生,弗莉达甚至多次试图离开劳伦斯。

---

① 理查德·奥尔丁顿:《D. H. 劳伦斯传:一个天才的画像,但是……》,冰宾、东辉译,天津:天津人民出版社,1989,第195—196页。

战争旋涡

1914年,劳伦斯压抑住了周游世界的冒险念头,回到了英国。接着,第一次世界大战的风暴席卷欧洲,劳伦斯没能像原来设想的那样在英国只住两三个月,而是整整住了五年半。这期间,他遭受诽谤和迫害,忍受着难以名状的痛苦,沦为流浪汉。在精神遭受极度摧残之后,他最终自我放逐,流亡国外。

劳伦斯在英国的收获是认识了凯瑟琳·曼斯菲尔德及其丈夫默里,并在凯瑟琳主编的杂志《韵律》上发表评论文章。**他表明了自己的艺术主张:**"物质生活是一种混乱的腐败堕落。要反对它,他只能利用一种武器:他的良好的美感,他对美的感受,对完善的感受,对某种能宽慰他的合理性的感受;不管生活的原料多么污秽,这种感受能给他一种内在的快感。即使他的创作在文体上节奏匀称,他的作品也缺少活的事物的那种节奏。"**这就是为什么劳伦斯在作品中过多地描述人的感官享受的原因,他认为这种美的感受能够抵制工业社会的物欲横流。**

劳伦斯夫妇的朋友圈在迅速扩大。他们见到了艾米·洛厄尔①、理查德·奥尔丁顿②及夫人希尔达·杜利特尔③,这些朋友都对劳伦斯"宝石般的蓝色眼睛"大加赞赏。接着,他与"布卢姆斯伯里团体"④的一些成员也成为朋友,像弗吉尼亚·伍尔夫、E. M. 福斯特以及哲学家伯特兰·罗素等。

1914年8月,战争开始之初,劳伦斯对战争漠不关心,他曾轻蔑

---

① 洛厄尔(1874—1925),美国女诗人和批评家。
② 奥尔丁顿(1892—1962),英国诗人和小说家。
③ 杜利特尔(1886—1961),美国女诗人和翻译家。
④ 布卢姆斯伯里团体:1907年至1930年间,英国一些作家、艺术家和其他知名人士经常在弗吉尼亚·沃尔夫位于伦敦布卢姆斯伯里地区的家中聚会,逐渐形成了一个团体。

地拒绝为杂志写战争诗。但几个月后,他逐渐开始关注战争,并提出:"这场战争是可怕的。艺术家的任务是探索每一个参战者的心灵。"①

在感到焦虑的同时,他梦想建立一个理想世界,和几个朋友逃到这个地方去,大家一起生活。他提出了三层结构:"第一层,挑选唯一的管理机构和当地政府的工人;第二层,一批经过挑选的贵族;第三层,一个彻底的独裁者和一个与其相当的女独裁者,因为女人要在每个阶段和男人一起同样进行管理,对有关私生活的事情负有责任。"②**他提出了空想社会主义思想,希望发动伟大的革命,建立他设想的新国家。**

劳伦斯对于服兵役十分反感。工业机器让他感到十分恐惧,这种恐惧转移到了军事器械上,他害怕被某种人为的机器控制,这简直比死亡更可怕。

劳伦斯到剑桥大学进行演讲,但惨遭失败。他难以忍受高年级教室里人们浅薄、不负责任的交谈,尤其对布卢姆斯伯里——剑桥大学的那些人中普遍存在的同性恋讨厌之至。他终身厌恶同性恋,认为男人间的兄弟或朋友关系的建立不是靠本能,而是靠一种对共同事业的信仰。

1915年,劳伦斯感到无处可逃。在他的眼中,大自然存在着美的事物,他开始在自然界中为他的痛苦和困惑寻找象征物。他曾在沼泽地见到过的一条蛇,成为他心中某种难言的恶念的象征。

这一年劳伦斯完成了《虹》的创作。小说讲述了诺丁汉农场主布兰温一家三代人的婚姻故事。布兰温是第一代,他与妻子莉迪亚的

---

① 理查德·奥尔丁顿:《D. H. 劳伦斯传:一个天才的画像,但是……》,冰宾、东辉译,天津:天津人民出版社,1989,第201页。
② 基思·萨格:《劳伦斯的生活》,高万隆、王建琦译,济南:山东友谊书社,1989,第93页。

婚姻还算幸福,他们有个女儿安娜。安娜长大后嫁给了继父的侄子威尔,一位木刻师。安娜嫉妒威尔的宗教和创造精神,把他从一个有独创性的艺术家变成了一个纯粹的工匠,他们的婚姻并不幸福。安娜把整个心思放到了养育6个孩子身上。大女儿厄秀拉成长为现代独立女性,但她与军队工程师安东的恋爱以失败告终,她也失去了大学学位。在大病一场后,她望着天边的彩虹——彩虹象征着男女之间的"圆满关系"。

劳伦斯在《虹》中通过三代人的命运说明自己的信仰:婚姻是男人和女人生活中至善至美的事情。可是,1915年9月,《虹》一出版便遭到评论者猛烈地攻击,认为小说过多涉及性,是"十足的黄色"图书,出版社的编辑也因此被告上法庭。在法庭上,被告承认对书的出版很遗憾。于是,这些书被销毁,而出版商甚至没有将打官司的事情通知劳伦斯。

被贴上了"黄色作家"标签的劳伦斯如今声名狼藉。他不但三年的辛苦付之东流,还欠了出版社一笔钱。在后来的很长时间里,出版商和杂志社都拒绝刊登他的作品。他为牛津大学出版社写了一本关于欧洲历史的书籍,结果出版社却用了假名出版。

赤贫的劳伦斯无比愤恨,《虹》是他花费了三年的心血写就的作品,而一个一心只想写一部猥亵书籍的人,是不可能花费这么多时间和心血进行创作的。但他一无所有,无力承担昂贵的诉讼费,只好放弃了为自己辩护。失意的劳伦斯打算离开这个堕落的国家到美国去,可是由于缺少旅费,加上他有服兵役的义务在身,这个计划只好放弃了。

1916年,劳伦斯夫妇到了康沃尔。他喜欢这里,"喜欢汹涌翻腾的海涛,这个光秃秃的乡村、亚瑟王的乡村、隐约闪现着基督教以前凯尔特人文明的乡村"。他热情地邀请朋友来与他一同享受大自然,可是朋友来了,他又会与他们争吵,从此朋友变敌人。这是他一贯的怪癖。赫塞尔廷就有这样的遭遇,离开劳伦斯后,赫塞尔廷就给人写信议论劳伦斯:"劳伦斯是一位优秀的艺术家,一位严格但是可怕地扭曲了的思想家。要跟他建立私人关系是不可能的——他的希望是一剂微妙、置人于死地的毒药。"①

在劳伦斯为数不多的男性朋友中,默里是与他关系最近的一个,但是后来劳伦斯却对默里恨之入骨。他曾想与默里结为"血谊兄弟",可是当默里拒绝了他那种歃血为盟的做法时,他们闹翻了。劳伦斯痛骂默里,默里夫妇只好离开了他。

劳伦斯夫妇又开始了孤独的生活。劳伦斯想不明白,弗莉达与他生活了4年,怎么还会思念自己的孩子。他认为自己比她的孩子更重要。劳伦斯对此深怀妒忌,他们之间又发生了激烈的争斗,他咆哮、拍打桌子,似乎精神错乱,失去了自制力,被严重的暴躁所主宰。最终,他病倒了。

劳伦斯觉得没有弗莉达就活不下去,原因之一在于,弗莉达是除了他母亲之外唯一敢顶撞他的人。她与他对打、对骂,但对他从来没有恶意。相反,她一直爱着他。除了母亲之外,只有弗莉达能这样对待他。他们之间的战争以弗莉达的胜利宣告结束——她离开劳伦斯,去看望孩子。

随着春天的来临,他的身体好转,开始着手创作《恋爱中的女人》。这是《虹》的续篇,讲述厄秀拉和古德朗两姐妹的情感纠葛。女教师厄秀拉和督学伯基冲破重重阻隔喜结连理,而妹妹古德朗和矿主杰拉德则因观念上的巨大差异而关系破裂,最终她在深谷里结束了自己的生命。

《恋爱中的女人》的写作很顺利。年底他就把手稿寄给了出版社,可是出版的希望渺茫。然而祸不单行,1916年年底,劳伦斯被英

---

① 基思·萨格:《劳伦斯的生活》,高万隆、王建琦译,济南:山东友谊书社,1989,第229页。

国和德国同时怀疑是敌方的间谍,他在康沃尔的平静生活被打破了。

圣诞节前后,一名警官登门查问他们,他的家受到监视。一次,在大街上,警察让他打开他们买菜用的篮子,说里面有照相机。气愤的劳伦斯公开发表反战言论,嘲讽报界的宣传,还挑衅地唱德国民歌。这段日子,贫困、失败和怀疑包围着他们,似乎战争的苦难永无尽头。

劳伦斯感到绝望。留在英国已经毫无意义,他新完成的书难以出版,而已出版的书又没有销路。他认识到,他再为英国写作已无益处。"英国需要的是那种抚慰人心的消遣之作,而不需要任何具有文学价值的东西。"在他看来,仅有的希望还是去美国,"唯一的出路就是去遥远的蛮荒之地。那个地方将变成一所学校、一座修道院、一个伊甸园和一个金苹果园——一个新天地的萌芽"。①

可是,英国政府拒绝为他签发护照,无奈的他只好放弃自己的计划。他气恼地说要放弃写作,去当农夫,不过他仍然在继续写作。花了4个月的功夫,他完成了一本论述美国小说的论文集,涉及富兰克林、库柏、爱伦·坡、霍桑、梅尔维尔和惠特曼的作品。这本书在两年后以"美国古典文学研究"为题目出版了。

在平静的写作及耕作的日子里,劳伦斯夫妇与毗邻的农场主一家成为好友。他在四季变换中寻找着快乐,他尽心种植的蔬菜大获丰收,他度过了人生中的又一段美好时光。

可是好景不长,劳伦斯夫妇受到警察更为严密的监视。他们不能把毛巾挂在窗外,他们的背包常常受到搜查,因为警察怀疑里面有照相机。当局知道劳伦斯是名危险的反战作家,他接待了许多陌生的外国客人,他的妻子是个德国人,而且他妻子的表兄就是德国著名的"红色男爵"号飞机的王牌驾驶员,表兄妹常有信件往

---

① 基思·萨格:《劳伦斯的生活》,高万隆、王建琦译,济南:山东友谊书社,1989,第113页。

第四章 "淫荡"的流浪作家

来。这些"证据"足以令当局怀疑他们正在进行间谍活动。1917年10月,劳伦斯的家遭到搜查,他的手稿和书信被搜走了,接着他被限定三天之内离开康沃尔。劳伦斯难以掩饰他对战争的义愤,他大骂他们"像吃死人肉的豺一样。我恨不得杀死他们,毁灭他们,成千上万地杀死他们"①。

处于战争的旋涡之中,一贫如洗的劳伦斯不得不在英国流浪,他经受了生活的磨难。1917年12月,劳伦斯搬到了伯克郡纽伯里附近的"教堂农舍",房子阴冷潮湿,很不舒服。可是他们的经济状况极差,他只能求助于出版商。一些作家要资助他。高尔斯华绥并不喜欢《虹》,称劳伦斯是"土气的"天才。阿诺德·本涅特对劳伦斯很尊敬,他说如果高尔斯华绥和乔治·威尔斯没给劳伦斯3镑,他会这么做。劳伦斯很生气,感到这是一种侮辱,便拒绝了。可是本涅特还是私下借给劳伦斯25镑,萧伯纳给他40镑。劳伦斯对于一个"百万富翁"只掏这么点钱打发他感到恼火,便向他眼中"卑鄙"的皇家文学基金会求助,只得到可怜的50镑。可见,劳伦斯为了生活而忍辱负重。

春天的到来给劳伦斯夫妇的生活带来了生机。在弗莉达的记忆中,那是一段惬意幸福的日子:

> 上午,劳伦斯写作,我在房子四周忙活。午饭后,我们去田野散步很久,采摘蘑菇,如果有的话。春天,漫步在丛林中,我们会发现一块空地。那里有硕大的樱草花和风铃草水塘。春天,我们带回满满一篮子蒲公英,酿造蒲公英酒……下午,我们采集后,便带着战利品,饥肠辘辘地赶回家来,用沾满泥土的树根编成拖鞋,把水壶放在炉子上烧茶喝。②

---

① 基思·萨格:《劳伦斯的生活》,高万隆、王建琦译,济南:山东友谊书社,1989,第259页。
② 同上书,第121页。

大文豪　小故事

5月初,劳伦斯夫妇到距伊斯特伍德20英里外的米德兰斯居住,由妹妹提供房租。客人络绎不绝的来访使他们的日子十分快活。

1918年9月11日是劳伦斯33岁生日,可是他情绪异常低落,他写信给埃米·洛厄尔说:

> 弗莉达和我都在这里坚韧着。我慢腾腾地写着另一本小说,尽管我觉得它的价值不大。我想,没有出版商愿意为我的最后一本书冒险,没有人愿为此承担风险。在当今的世界中,我无所适从——只是憋闷得喘不过气来——我不知道我们将怎样度过下一个冬天——我们怎样看到未来。写作这种状况的人类和现在这种状况的我,我们相互之间似乎是不可能相容的。大地在我脚下缩小——往后会发生什么?天知道。[①]

11月11日,第一次世界大战停战。晚上,他和弗莉达兴奋地唱起了德国民歌,弗莉达甚至激动得哭了。他们感到这些年似乎是生活在陷阱中,现在总算逃脱了。大家都沉浸在兴奋中,他却郁郁寡欢地说:

> 战争不会结束。仇恨和罪恶只会比以往有过之而无不及。很快,战争还要爆发,使你茫然不知所措。因此,我不愿看到你们像寒冬到来前最后一缕阳光中的蝴蝶那样欢快。外面的人以为德国被永远摧垮了,但是,德国不久就会东山再起。欧洲就要完蛋了,英国和大多数国家就要完蛋了。这场战争不会结束。即便战斗停止了,灾难也将会更加深重,因为人人心里诅骂仇恨,而仇恨又会以各种形式宣泄出来。这比战争还要糟。不管

[①] 基思·萨格:《劳伦斯的生活》,高万隆、王建琦译,济南:山东友谊书社,1989,第123页。

第四章 "淫荡"的流浪作家

发生什么,在这个世界上绝不可能有和平。①

虽然劳伦斯的言论有些武断、主观,可是谁又能否认他的预见性呢?只不过这一预言是在20多年之后实现的。

不过,劳伦斯也不总是郁郁寡欢的。他去伦敦看望病中的凯瑟琳·曼斯菲尔德时,又恢复了过去的快乐。他畅怀大笑,侃侃而谈,充满了热情和欢乐。他给病中的她带去了勃勃生机,也透露出他与弗莉达之间的感情危机。

劳伦斯的情绪极不稳定。患病期间,他被送到妹妹家里,得到了悉心照顾。可是他从弗莉达那里没得到温暖和安慰,直到他病愈,才得到弗莉达一点点观照。他生气地抱怨说:"她简直是个魔鬼——我仿佛觉得我要同她永远分手了——让她独自一人去德国吧,而我要走另一条路。因为,说实话,我受她的气够久了。要是我现在真地离开她,我会无动于衷的。"②劳伦斯似乎从来没有得到过弗莉达全身心的爱。

默里担任了《雅典娜神典》杂志的主编,向劳伦斯约稿。劳伦斯既高兴,又极其不信任他,感觉默里会让他失望。果不其然,他发给默里许多短篇小说,结果只有一篇《鸟啼》得以发表,而且还用的劳伦斯的笔名,理由是劳伦斯"不能考虑读者的需要而为任何杂志写合乎要求的文章。……可是纸是包不住火的。他正积聚着对英国的仇恨。他的信念表白是挑衅性的。"③这话粗看有些道理,可是劳伦斯的其他作品并不像默里指责的那样有政治倾向,比如劳伦斯寄给他的《阿道夫》,文章叙述的是他童年养的一只可爱的小兔的故事,毫无恶

---

① 基思·萨格:《劳伦斯的生活》,高万隆、王建琦译,济南:山东友谊书社,1989,第126页。
② 同上书,第129页。
③ 同上书,第125页。

意。可见，默里对劳伦斯有一定的成见。

当默里又寄还给他一些稿件时，劳伦斯气愤地回信称，默里是个肮脏的小爬虫。而默里回复说，下次他们见面时他会奖励劳伦斯几记耳光。从此，两人的联盟宣告破裂。

劳伦斯又创作出一些作品，可是还是老问题，没地方发表，他得到的稿酬甚少。

这一年年底，他终于拿到了护照。他得以离开英国，走出囚笼。他要移居到国外。

世界逐客

劳伦斯离开了他苦恋的祖国，像一具棺材一样没入了地平线。从此，他成为世界的逐客，开始了漂泊的生活。

1919年年底，劳伦斯在意大利登陆时，口袋里只有9英镑。佛罗伦萨、西西里岛的"真正古老文化传统"深深地吸引着他，他一边漂泊，一边写作。

1920年是劳伦斯的幸运年。峰回路转，劳伦斯突然成为风靡文坛的人物，出版商开始竞相出版他的小说。《虹》和《恋爱中的女人》在美国出版，还有两个出版商在竞争它们在英国的版权。从此，劳伦斯开始获得丰厚的回报，再也不用低三下四地四处乞求施舍了。

劳伦斯的第一笔文学奖金（100英镑）是凭借《迷途的姑娘》获得的"詹姆斯·泰特·布莱克奖"。对于他的作品，作家们的看法各异。本涅特认为："劳伦斯是英国青年小说家中的佼佼者，毫无疑问是个天才。我非常钦佩他的作品。我非常赞赏《迷途的姑娘》。我认为，这部小说极其优美，别具一格，描写得栩栩如生。"可是，与他一向交好的凯瑟琳·曼斯菲尔德却否定劳伦斯的成就，认为"劳伦斯否定人类。他否定想象力。他否定生活——我是指人类的生活。他的男女主人公都是非人类的。他们是踱来踱去的动物。他们没有感觉。他们几乎一语不发。他们只是顺从肉体的反应。因为其他都是隐蔽——盲目——不露面——愚钝的。"①她如此贬低劳伦斯的创作,与她本人试图展现生活真实的一面的艺术主张不无关系,她的评价反映了她的主观观点。

1921年秋天,劳伦斯一人待在佛罗伦萨的一幢破旧房子里,创作了许多有关鸟兽花卉的诗歌,其中包括那首最优美的《龟》。5月,他的《恋爱中的女人》在英国出版,却备受人们的唾弃。一些期刊谩骂这部小说是"一本应当由警察局查禁的书",是"对性堕落的令人作呕的研究,会导致青年走向不可言喻的灾难"。甚至有人扬言要以诽谤罪起诉他。劳伦斯对同胞的痛恨程度达到了顶点,他不肯承认自己有任何需要指责的地方,他变得忧郁、哀伤。

他再也不想跟任何英国人建立亲密关系,而他想要环游世界的愿望愈来愈强烈。他给自己的美国出版商托马斯·塞尔策写信说:"我真希望能找到一只船,载着我环行世界,在西方的某地登陆——在新墨西哥和加利福尼亚——在落基山脉的某地,我能有自己的一幢小房子和两只山羊。"②美国成为他尤其向往的自由理想世界。

当劳伦斯还是个孩子的时候,他就从费尼莫尔·库柏的作品中认识了美国,渴望前往美国,可是他又难以接受美国的原始与落后。在谈到麦尔维尔时他也说道:"我们不能返归到野蛮人群落里去;哪怕是一步。我们可以同情他们。我们可以绕开他们走。但是不能扭转生活流程向后走,回到他们脆弱危险的洪荒时代和未被开发的泥

---

① 基思·萨格:《劳伦斯的生活》,高万隆、王建琦译,济南:山东友谊书社,1989,第140页。
② 同上书,第148页。

浊之中。一刻也不能。"①

　　这时，一个名叫梅布尔的白人女巫邀请他去新墨西哥的陶斯，并给他寄来一个邮包，里面装有信、符咒和几片叶子。她告诉了他有关陶斯和印第安人的事情，这勾起了他强烈的好奇心，他决定前往。

　　可是，当劳伦斯订船票时，他又犹豫不决了。最终，他坚持了自己的想法，要跨过太平洋，抵达美国。于是，1922年春天他启程前往美国。他一路途经锡兰、澳大利亚，并在那里停留、游览。

　　锡兰炎热的气候、狭小的佛寺让劳伦斯难以忍受，反而使他怀念起英国的诸多好处来。在澳大利亚，他热爱那里的原始灌木丛，可是无法忍受那里的人。抵达南海群岛，他发觉它"看上去那么美"，但是"群岛附近弥漫着某种阴沉暗淡的气氛，椰子油和棕榈树的味道，还有令人恶心的爬行动物……这里是人间乐园：这些南海群岛。你能够拥有它们……对我来说，旅行似乎是幻灭中的一个极好的教训。"②一路上，劳伦斯兴致勃勃，精神焕发，劳伦斯夫妇终于到达了他心目中的理想国。到达陶斯后，梅布尔及其丈夫托尼来迎接他们。

　　梅布尔断定劳伦斯要与弗莉达断绝关系，而认为她自己是劳伦斯需要的女人，她的心头升起想要得到他的念头。但劳伦斯的朋友们都看得出来，弗莉达才是最适合他的女人，他们的理由是：

> 正因为晓得弗莉达是自己的妻子，劳伦斯常为了些小事向她大发雷霆。那些极力诽谤弗莉达，以自己的野心和虚荣心取代她的友情、欢娱、同情和少有的耐心，来吸引劳伦斯的神经质的女人，现在发现，一只客厅或闺房里的狮子，要比单个的山猫驯服得多，她们对此产生的兴趣，最终成了一个令人困惑而又不

---

　　① 基思·萨格：《劳伦斯的生活》，高万隆、王建琦译，济南：山东友谊书社，1989，第128页。
　　② 同上书，第158页。

第四章 "淫荡"的流浪作家

自禁的好奇心。①

劳伦斯与朋友一起踏上高原的沙漠,穿过里约科罗多大峡谷,向位于洛基山脉的陶斯高原进发。那里辉煌的朝霞令他难以忘怀:

> 那景象就永远留在我的灵魂里了。我开始与之交融在一起了。在这高原的白昼里,有着某种不凡的辉煌,雄鹰般的庄严,与澳大利亚那种纯净、质朴、皎洁的清晨是太不一样了,它太柔和,又太单调,只是偶尔飞翔的鹦鹉才打破了这宁静。澳大利亚皎洁的清晨使人走入梦中,而那充满热烈辉煌的新墨西哥早晨却能使人猛醒,闭塞的心灵突然顿开,一个新的世界出现了。②

这时,劳伦斯整整37岁。

可是,到印第安营地之后,劳伦斯却感觉像是被抛弃到月球上似的,他面对印第安人的古老习俗感到茫然不知所措。他难以理解他们,对此予以批判。

梅布尔希望劳伦斯能写一部伟大的美国小说,它将是一部关于她生平经历的小说。两人从印第安营地旅行归来的次日,便在她的卧室开始工作。劳伦斯对于他俩在一起很敏感,他说"我不知道弗莉达对这会怎样看",他希望还是到他的房间去。于是出现了有趣的一幕:弗莉达在房间不停地打扫、走动、哼着歌,梅布尔难以进入那"完美相近的精神结合,在光鲜灿烂的现实中彼此相依的境界"。每当弗莉达发现劳伦斯走神,就会嘴上叼着香烟,说着脏话,故意激怒他,劳伦斯大为恼火。可是她又的确成功吸引住了他的注意力,没过一会

---

① 基思·萨格:《劳伦斯的生活》,高万隆、王建琦译,济南:山东友谊书社,1989,第160页。
② 同上。

儿两人便亲密无间了。这样梅布尔的打算落空了。

梅布尔请劳伦斯给即将结婚的儿子提一些忠告。后来,她从儿子那里得知了劳伦斯的讲话内容:与妻子经常分开一点,不要让妻子知道自己的想法打算,当妻子对你温顺时,你也要温存;妻子反对你时,你则应教训她。这大概也是劳伦斯的实际生活经验吧,弗莉达身上的伤疤应该是他的战果。

尽管劳伦斯声称要离开陶斯这个艺术家聚居之地,但他还是结识了几个朋友。塞尔策是劳伦斯的崇拜者,他不允许妻子没洗手就去碰劳伦斯的信件。他还清晰地记得他与劳伦斯一起度过的圣诞节和新年:

> 当你随他去厨房做饭,看他洗熨自己的衣物,替弗莉达做家务,与他漫步田野聊天,观察他与他所喜欢的或在某种程度上崇敬的人在一起时,你会看到,他的每时每刻都是那么自然,而又是那么高贵,那么令人满足,这都是因为他是自然质朴的;与他交谈,你会感到兴奋和有趣,这是因为他有一种独到的能力,他能在他与他人中间创造一种起伏跌宕的气氛。[①]

1922年是劳伦斯平生收入最为丰厚的一年,他颇为满意。尽管寒风凛冽,他却心情极佳,感受着生活的美好,工作、骑马、旅行、与朋友谈天都令他愉快。不过,这里难以激发他的创作灵感,他决定换个地方居住。

1923年2月,劳伦斯夫妇到达了墨西哥城。经美国使馆介绍,他们邀请墨西哥的教育部长吃午饭,但部长临时有会,把宴会推到第二天。这惹怒了劳伦斯,他便推脱说身体不适,拒不出席第二天的午

[①] 基思·萨格:《劳伦斯的生活》,高万隆、王建琦译,济南:山东友谊书社,1989,第170页。

第四章 "淫荡"的流浪作家

宴。劳伦斯的暴躁脾气和不得体的举止,给这里的许多人留下了不好的印象。

其实,这一年,劳伦斯的名气在国外远比在英国大。他的作品在国外更为流行,声誉更高。他已经成为享誉世界的作家。仅在美国,他的7部早期作品都得以出版。

墨西哥到处充斥的暴力和流血事件,没给劳伦斯夫妇留下好印象,但是他发现了一个宁静舒适的地方——查帕拉湖。这个精致的湖区使劳伦斯夫妇感觉似乎生活在仙境里。他们租了一艘小船,沿着这个全长90英里的湖泊兜游了好几日。他们上午奋笔疾书,晚上侃侃而谈,享受着这神仙般的田园生活。劳伦斯开始了在墨西哥的小说创作。他通常会坐在一棵柳树下,面对湖面,把笔记本放在膝上迅速地写着,旁边常常有一群小毛驴与他为伴,他可以观赏到整个湖畔的景观。只有在这种场合下,劳伦斯的创作力才能得到充分发挥。

离开墨西哥的日子到了。弗莉达要回去看望母亲,劳伦斯带着极大的遗憾离开了查帕拉湖。他说:"也许我可能再次周游世界,争取去印度和中国写我的小说:写东方的小说。然后去美国,也可能再回到墨西哥。到现在,我认为墨西哥所有的地方我都最喜欢,想去住……要去欧洲真使我犯愁。但就面前来说,我想还是回去的好。"[①]

回到纽约,劳伦斯急于去西部和荒漠地带。但是弗莉达返回英国的时间到了,他无法实现这个计划。送走弗莉达,他向西部进发,到了洛杉矶。但出于对查帕拉湖的留恋,他又回到了那里。可是到了那里,他又觉得缺少些什么。朋友们都知道,他是难以适应缺少弗莉达的日子。

其实,弗莉达离开劳伦斯回英国时,曾下决心不再回到他身边,

[①] 基思·萨格:《劳伦斯的生活》,高万隆、王建琦译,济南:山东友谊书社,1989,第181页。

她受够了他的坏脾气。两人之间的矛盾主要在于他们对统治权的斗争。劳伦斯向她灌输服从和驯服的观念,但她拒绝接受。弗莉达有自己的打算:"我很高兴能独自一人,我不再回到他的身边,不愿再受到他无穷的追逐,那真太卑鄙了。我不会再去忍受他粗暴的脾气,如果永远不再见到他的话——我同样会给他写信——他真该死。我已经受够了——再温顺的人被逼太甚也会反抗的。"①

弗莉达对劳伦斯的敌意一直持续到她回到英国。自那时起,她就引诱受劳伦斯之托、一路照顾她的默里做她的情人。默里虽然受到她的诱惑,但最终保持了对朋友的忠诚,没有做出对不起劳伦斯的事情。

如今,劳伦斯刚回到英国,在车站站台上,他就意识到弗莉达与默里之间超出一般朋友的"友好"关系了,但他还是不动声色。此时,他后悔回到了英国,"我在这里——可厌可憎的伦敦——我恨英国,我觉得自己就好像一个落入圈套的动物。这儿所有的一切都是那么死气沉沉,黑暗和令人窒息。我想回到西部去,——纵然会墨西哥是不可能的,但是比较起来,陶斯也是天堂。重新见到弗莉达是愉快的,但我还是要把她从这肮脏的地方带走"②。

离开英国的决心已定,劳伦斯希望能劝几位朋友与他一起去墨西哥。于是,他宴请了默里、多萝西·布雷特等朋友,向他们发出邀请,但只有布雷特一人响应。

1924年3月,劳伦斯夫妇再次远渡重洋,到了美国,在陶斯享受懒洋洋的悠闲日子。那里宽广的空间、鼠尾草的气味、印第安人的手鼓都令劳伦斯心旷神怡,他陶醉其中。他向塞尔策描绘它的美景:"陶斯看起来很美,满园春色,李花开时就如旷野白雪铺满了山径;翠

---

① 基思·萨格:《劳伦斯的生活》,高万隆、王建琦译,济南:山东友谊书社,1989,第187页。
② 同上。

第四章 "淫荡"的流浪作家

绿的苜蓿,盛开的苹果园,以及我们的寓所,几乎在阳光下被映成了粉红色。这里简直就是田园牧歌般的生活。但是这满园春光下掩盖着的潜在精神,自然就不是那么纯朴自然了。"①这里的原始状态在劳伦斯眼中仍然是那么诱人。

劳伦斯夫妇之间又发生了战争。圣诞节前,他与布雷特连续两天去野外写生作画,把弗莉达撇在一边,这引起了弗莉达的不满。劳伦斯不得不写信给布雷特,告诉她说,由于弗莉达,他不得不与她分开了。于是,布雷特收拾行装回到了农场。

这年年初,就在劳伦斯夫妇决定回英国度过春天之时,劳伦斯病倒了。他的病越来越重,如同死亡就在眼前。他被疾病折磨得很痛苦,艰难挣扎了多日,总算度过了危险期。夫妇俩到了墨西哥城,朋友帮他请来医生,他被告知已患上肺结核三期,最多能再活一到两年。

弗莉达的勇气和坚强一下子坍塌了,她像个疯子一样哭了整整一夜,她反反复复地自言自语道:"他再也好不起来了,他病了,快死了。我所有的爱,所有的力量都不会使他复原了。"那天夜里,劳伦斯似乎觉得他注定要死去了,对弗莉达说:"如果我死了,除了你我没有别的牵挂,什么也没有。"②她的心要碎了。在死亡和永别的威胁下,劳伦斯夫妇间曾经强烈的爱又重新燃烧起来。

对于患病的劳伦斯而言,回英国的航程有百害而无一利。于是,他们不得不取消了原计划,又回到了陶斯的洛比农场。

高原清新的空气、春天的气息和温暖的阳光滋润着劳伦斯的病体,他逐渐恢复了元气,又显现出活力。弗莉达兴奋无比:"一种新的生命力重新注入劳伦斯身上。这是多么令人激动!这是生命的奇迹,展现在人们眼前的奇观。"劳伦斯心中充满了感激之情:"我又可

---

① 基思·萨格:《劳伦斯的生活》,高万隆、王建琦译,济南:山东友谊书社,1989,第191页。
② 同上。

以工作了,我又可以随心所欲地生活了,不再被这致命的疾病击倒了。"①

大病初愈的他热爱农场的一切,那活蹦乱跳的松鼠、争奇斗艳的花朵、高大的树木、轰鸣的松涛、啄食的鸡群、烘烤着的面包和所有的人都令他充满了生活的喜悦。劳伦斯又重新开始通过笔头"耕作"了。他在给妹妹的信中描绘了一幅清新的农场生活图景:

> 这是一个非常干燥的春天——所有的东西都烤干了。我每天早晨去地里,给每块田浇水,那长达十五英亩的天地一片翠绿。但整个牧区却像砂石一样干燥,几乎不长什么了。只有那野草莓开满了花,野鹅莓茎根健壮,簇拥着朵朵花蕊,引得一小群蜂鸟飞向那里。我们现在为四匹马建起了一个新畜栏,到星期一又会有一头黑奶牛。迄今为止我们已有了一群棕色母鸡和一只白公鸡。②

他描述的另一头奶牛更为生动、有趣:"我给这头黑眼睛的苏珊挤奶,弗莉达收集鸡蛋。听上去这是多么美妙,可倒霉的是苏珊逃到山里去了。我们骑马去追捕,用最难听的话咒骂它;老鹰叼走了一只母鸡,臭鼬偷走了鸡蛋;那头半野性的母牛又窜向牧场——那儿干燥得像晒干的胡椒,没有雨,没有雨,还是没有雨。这是一片坚如石头的土地。"③此时的劳伦斯为自然界的生灵所陶醉。作为一个热爱自然的人,他善于发现自然界的美,他从中感受到无穷乐趣。这也是他作为一名生态作家,在21世纪备受评论界青睐的根源。

---

① 基思·萨格:《劳伦斯的生活》,高万隆、王建琦译,济南:山东友谊书社,1989,第191页。
② 同上书,第200页。
③ 同上书,第200—201页。

第四章 "淫荡"的流浪作家

劳伦斯过完 40 岁生日后，与妻子离开了这里，前往南安普敦。两个月后，劳伦斯在意大利的杂志上发表的文章中，还对那里可爱的生灵念念不忘。

劳伦斯在医生宣判他只有一两年的活头之后，仍没有停下笔。他比医生的预测多活了三年。但是他也预感到，自己不能写耗费精力的长篇作品了，所以后来创作的全是短篇。

1925 年，劳伦斯在英国没有待多长时间。冬季来临之时，他又盼望着到意大利南方的西西里岛。弗莉达邀请她的女儿同去，劳伦斯出于报复，也邀请了妹妹埃达和她的朋友。

可是，意大利之旅并不愉快。埃达和弗莉达为谁应当照料劳伦斯争吵起来。埃达爱自己的哥哥，认为应该由自己来照看他，这就把名义上的妻子甩到了一旁。两个女人为此大吵一架后，埃达把劳伦斯的房间锁了起来。弗莉达感到大受伤害，便带着女儿离开了劳伦斯。

对劳伦斯念念不忘的布雷特，鼓励劳伦斯与弗莉达断绝关系。劳伦斯带着她去了拉韦洛，在旅馆租了一个套间。出于对劳伦斯的倾慕、爱恋，布雷特情愿为他献身，但最终他"既友爱、忧虑又沮丧"，两人道别后再也没有见面。

旅途中，劳伦斯接到弗莉达的来信。之后，弗莉达携两个女儿迎候他的到来。女儿们以其人之道还治其人之身，对她也很凶狠，使她陷入窘迫的境地。所以，她不得不改变处事待人的方式。她的劳伦斯高兴地看到，弗莉达变得比以前温柔多了。

劳伦斯对于日益猖獗的意大利法西斯充满了厌恶。当听说有人向墨索里尼开枪，子弹穿过了他的鼻子时，他为之喝彩，称"该给他拴个环"。

4 月，在离佛罗伦萨 7 里远的托斯卡山上，劳伦斯夫妇租住了一套房子。在这里，"阳光射入这宽敞的房间，显得既柔静又暖和。这儿唯一的噪声是户外农民们劳作时的号子和歌声,以及从井里汲水时的声响。另外还有那使人讨厌的从早到晚的夜莺和周而复始报时的钟声。"①这里古朴的好似中古时代的大自然,劳伦斯陶醉于其中。他在这,继续写着他的短篇小说。

1926年,在劳伦斯回英国期间,一位名叫罗尔夫·加德纳的青年慕名来拜访他。他赞同劳伦斯主张的路线:反对工业主义,追求理性的人道主义,追求个性、自由与独立。他希望与劳伦斯合作,创办国际青年运动。

加德纳是劳伦斯所见到过的唯一一位响应他的主张的人,他令劳伦斯很振奋。劳伦斯这样解释他的理想:"我们必须在地球上建立起一些场所,它们将是通向'瑞奈宁'的通道……那儿是任何人都可以去的地方。我准备努力去做,去英国开辟一个区域,在乡间修建一些房屋,所有人都可在那里一展身手。有些地方,如果一个人有足够的钱,可以拥有一小片土地和盛满五谷的粮仓。"②

劳伦斯一直在鼓励加德纳,但又认为领导权应当建立在"相互间的温柔的基础上,而绝非权势的基础上"。**加德纳的乌托邦主义和对公共生活的激情,对劳伦斯产生了一定影响,并体现在他后来创作的《查泰莱夫人的情人》《生活的幻梦》和《诺丁汉郡与矿区》中。**

这次回家乡,劳伦斯开始喜欢英国,在故土他又振奋起来。他感受到英国人民的身上"似乎有一种令人着迷的奇特的潜力。……他们是一种纯洁而又高雅的人民,同时又是一种坚不可摧的人民。"③

劳伦斯夫妇又离开了英国,到意大利他的米兰达山庄去。从此,他再也没有回过故乡。

---

① 基思·萨格:《劳伦斯的生活》,高万隆、王建琦译,济南:山东友谊书社,1989,第213页。
② 同上书,第216页。
③ 同上书,第219页。

终点站意大利

1926年,劳伦斯重返意大利,迎来了他山庄的葡萄大丰收。可是,这也是他人生的终点站。

劳伦斯用一串串珍珠般晶莹透亮的葡萄装饰房子的四周,并铺满了地板,等待从英国来访的客人来踩。朋友赫胥黎夫妇买了一辆新车,劝说劳伦斯买下他们的旧车,可是劳伦斯对此毫无兴趣。他从来不想自找麻烦去学开车,不想与机器打交道,他也没有驾车在乡间飞奔的奢望。作为一个反工业社会、反机械化的人,他更渴望的是走进松树林,席地而坐,一切尽遂心愿。那才是最惬意的事情。

绘画也是令劳伦斯获得精神享受的途径之一。他在青少年时期培养起来的这一爱好,一直延续了一生。虽然他的画技一般,没有统一的风格,但是在这里他自得其乐,完成了多幅成功之作,如宗教画《复活》、模仿之作《农夫》、自然与裸体男性融为一体的《红柳树》等,充满美感。

劳伦斯曾打算这年年底回英国,帮助剧团排练他写的戏剧《大卫》,但计划又被推迟到第二年3月,改为上演他的《霍尔罗伊德夫人丧偶记》。他从朋友的信中得知,这出剧的演出非常成功。英国20世纪最著名的戏剧家萧伯纳曾在劳伦斯去世后盛赞这出剧,称"剧中酣畅淋漓的、既丰富又生动的对话,使我对剧本的技巧深感兴趣。对比之下,我的戏剧语言就相形失色了。"萧伯纳很少称赞其他戏剧家,他能如此赞扬劳伦斯的剧作,可见劳伦斯的作品确实很出色。

劳伦斯享受着这里纯朴的民风。他与山庄周围的农户关系融洽,经常在经济上资助他们。1927年2月,他完成了《查泰莱夫人的情人》的第二稿。**这是劳伦斯的最后一部小说,也是他最有争议的一部,讲述了查泰莱夫人与丈夫庄园的守林人梅勒斯的情爱故事。**劳伦斯写作的

地方是这个山庄附近一座小山上一棵巨大的伞状树冠的松树下:

> 那是一个诱人的地方,尤其是在春天时节,劳伦斯每天便是去那儿写作。他得走一段路,绕过橄榄树丛,才能走到他那棵伞状松树底下。百里香和薄荷沿路簇簇而生,紫色的海葵,野生的唐菖蒲,铺满地的紫罗兰,和那爱神灌木丛。通常他会坐在那里,除了不停地写作几乎一动不动。有时蜥蜴会爬到他身上,鸟儿也会在他身旁驻足。偶尔闯入的猎人也会对这默默的人吃惊不小。①

因担心《大卫》一剧的上演,劳伦斯准备返回英国。但是5月,他又因疟疾病倒了。他在给妹妹的信中叙说了因日渐衰弱的身体而产生的绝望心情:"我希望能更强壮一些。一个人到了40岁时,老病复发犹如雪上加霜。我似乎从来没有得到过真正意义上的自由,于是便有了精神上的幻灭。我想要隐居起来,在我的余生中与任何人断绝往来。"②

这一时期,他的内心充满了对隐居生活的迷恋。但随着身体状况的好转,他逐渐祛除了"隐士"生活的诱惑,并鼓励自己说:"我逃避生活的想法是不好的;我振奋起来了,不再想去过隐士生活了。我的事业是斗争,而且决意一如既往。"③

8月,劳伦斯夫妇去了奥地利。弗莉达的妹妹在那里有一幢别墅。这个绿树成荫的住所宁静无比,劳伦斯在这里休养,享用着野味佳肴,身体日渐好转。他翻译着维尔加的作品,在林中漫步,陶醉于

---

① 基思·萨格:《劳伦斯的生活》,高万隆、王建琦译,济南:山东友谊书社,1989,第229页。
② 同上书,第229—230页。
③ 同上书,第230页。

第四章 "淫荡"的流浪作家

这美妙的大自然之中:

> 树林里长满了各式各样奇怪的蘑菇,有的似篷顶,有时呈圆形,还有奇特的——最鲜红的、乌黑的和海草绿的——我们采了一些小个的橘黄色的蘑菇,炸熟了与黄油一起吃。深蓝色的秋日龙胆已经过了时令,鹿与小獐在小径上飞奔,就如一幅波斯画,它们有时被我那件出奇的白色小夹克衫吸引而驻足观望。那樫鸟却是太厚颜无耻了,它们几乎要从你眼睛里抠走你的眼泪。我真是喜欢这儿……①

身处大自然之中是劳伦斯最惬意的事情。在朋友的陪同下,劳伦斯夫妇去了阿尔卑斯山。但他的身体越来越虚弱,肺结核又轻度复发。他为自己设计好了墓碑,上面写着"告别了生活——他被养育着!"②

6月,劳伦斯收到了《查泰莱夫人的情人》的样书,他立刻兴奋地给出版社的奥利奥尔写信说:"使我们感到兴奋的是,每个人都认为它是一本非常精美的书。我确实认为这是一本相当美观和高雅的书——样式漂亮而又比例适当。我相信我在封面上画上凤凰也是恰到好处的。现在让我们希望它找到自己的路,安全迅速地飞向自己的目的地。"③

这个版本预计出版1 000册。在朋友们的帮助下,这本小说迅速在英国达到了预期的销量。可是,随之而来的是坏消息。英国的《约翰牛》杂志刊登了批判《查泰莱夫人的情人》的文章,题目是"著名小

---

① 基思·萨格:《劳伦斯的生活》,高万隆、王建琦译,济南:山东友谊书社,1989,第232页。
② 同上书,第239页。
③ 同上。

说家的淫秽小说——罪恶的里程碑。文章认为,"这是玷污我们国家文学最最邪恶的发泄。即使阴沟的法国色情文学也无法与这本小说的淫秽相匹敌。"劳伦斯被称作是"蓄着络腮胡子的色情狂"和"一个浸透着情欲的天才",必须把他"这个强烈的诱惑者"关进"疯人院"。之后,警察开始没收流入英格兰的《查泰莱夫人的情人》,但为时已晚,他们并没有找到几本。

这本小说最初难以进入美国市场,但是很快在美国出现了盗版。为此,劳伦斯推出了已经印好的200本普通版,以低价售出,每册一个基尼。3月,劳伦斯到了巴黎,住在朋友阿尔道斯·赫胥黎家。《查泰莱夫人的情人》在那里出版了3 000本。

在6月份伦敦举行的沃伦美术馆画展中,劳伦斯的《画集》也出现在展室内。在展出的25幅作品中,有15幅油画、10幅水彩画。人们认为这些画淫荡、滑稽,有人提出控告,警察突袭了美术馆,有13幅画被查禁。劳伦斯怒了。一些艺术家、作家和议员开始了保卫劳伦斯艺术的行动,他们签署了请愿书,递交给法院。最后劳伦斯提出了一个妥协性建议,如果把画归还他,他将不会在英国再展出这些画,这才结束了这场争端。

与此同时,劳伦斯的咳嗽加重了。他们到了西班牙,尽管这里充满阳光,有大海和繁花,可是他染上了疟疾,他觉得这里不适合工作。一个月后,他们便离开了西班牙。

劳伦斯还是喜欢意大利。此时,他已经到了人生的终点站。过了44岁生日之后,虚弱的他甚至难以走到屋内的墙角。在他回复亲友的信件中,他的语气低沉,抱怨不能随心所欲地活动。当他躺在床上时,他再也不愿拉上窗帘,他想眺望宁静的夜空。每当拂晓时,他都会因生命又延续了一天而深感欣慰。他让弗莉达在太阳升起的时候就到他那儿去。每次她去了,他总是很高兴。

随着他身体的衰竭,**劳伦斯对生命和大自然愈发留恋。他最后**

的诗作大多在歌颂宏伟的自然和生命,透露出欢快、自信的情调。即使他写了一些辛辣尖锐的死亡诗,他仍然以乐观的态度对待死亡,认为死亡是生活的一部分,死亡是人生长久的旅程:

> 如果说人生变幻莫测,
> 那么我就是陷入了人生的痛苦与灾难,
> 我全身心似乎已经崩溃,
> 精力业已耗尽,我的生命
> 也与世隔绝。
> 但,忘却中的回忆更美好,偶尔的新生更奇特,枯木
> 绽开冬日的春花,它是我生命中从未萌发过的奇异
> 的花朵,它就是我——
>
> 然而我必须知道,
> 我仍处在神秘之神的股掌之中,
> 他把我毁灭于永久的忘却里
> 送我去新的黎明,获得再生。①

在他生命的最后一个年头,劳伦斯因肺部感染又患上了急性支气管炎。他无法写作、读书或会见任何人。在搬到另一个疗养院后,病重的劳伦斯还一直在写一篇评论文章。

几个热爱他的人在位于威尼斯的一座公墓里安葬了他,墓地面向劳伦斯生前留恋的地中海。仪式非常简单,他们在他的墓穴里撒满了鲜花,在他的棺木上放置了许多含羞草。

一两年后,劳伦斯的遗骸被迁移至陶斯的农场,这是他希冀的

---

① 基思·萨格:《劳伦斯的生活》,高万隆、王建琦译,济南:山东友谊书社,1989,第261页。

"平静的、被遗忘的地方"。

弗莉达的话是最恰当的**劳伦斯的墓志铭**:"他所目睹、感受和理解的东西,都无私地融注于他的作品中,留给了后人。他一生的丰采,他给予我们愈来愈多的生活的希望,是一份崇高和不可估量的馈赠。"①

劳伦斯去世后的几年,英国出版的有关他的回忆录,超过了自拜伦以后的任何一位英国作家。他赢得的国际声誉远远超过了他在英国国内的声誉!他开拓性的创作,使他成为世界文坛一颗闪亮的恒星!

---

① 基思·萨格:《劳伦斯的生活》,高万隆、王建琦译,济南:山东友谊书社,1989,第265页。

第五章
矛盾之人
——萧伯纳

英国戏剧家萧伯纳青年时期,靠做撰稿人和演讲家度日。经过一番奋斗之后,他才靠撰写剧本获得了成功。

你能想到吗?他那著名的剧本《皮格马利翁》①,其实是在其老年婚外恋的基础上真实演绎的剧本。65岁的萧伯纳与一名24岁的美国女演员莫莉产生了"忘年之恋",她还差点为萧伯纳生下一子。

这位忠诚于妻子的大文豪也曾与情人有过多封书信往来。

他曾对自己的同行——英国戏剧史上的另两位大师出言不逊。

他有许多优点,但也有许多缺点。

萧伯纳

---

① 即《卖花女》,曾被拍成电影。

大文豪 小故事

萧伯纳和社会主义运动有着密切联系。1932年,他访问上海。遗憾的是,他拒绝宋庆龄的请求,未谴责纳粹的暴行,反而支持法西斯。这是他一生中最大的污点。

萧伯纳究竟是一个怎样的人呢?

早年的奋斗

乔治·伯纳·萧(1856—1950)出生于爱尔兰都柏林的一个公务员家庭,父母都是生活的失败者。父亲是个无所事事的酒鬼,无力养家,母亲只好凭借自己的音乐才能,做音乐教师,养育萧伯纳和两个姐姐。父母没有能力为孩子的健康成长创造一个良好的家庭环境,以至于萧伯纳从小就养成了反叛、倔强的性格。

为了躲避不和睦的家庭,远离吵吵嚷嚷的生活氛围,求得一些清静,萧伯纳在能歌善舞的母亲的影响下,将童年和青少年时期的大部分精力花费在音乐、绘画和阅读文学作品上。同时,他因痛恨父亲的无能而仇视社会,也希望借爱好忘掉内心深处弥漫的仇恨情绪。

萧伯纳自认为与众不同,绝顶聪明。作为没落中产阶级贵族家庭的孩子,他熟悉公立学校和大学教育,但是他无法进入这些学校读书,这无疑加剧了他幼年时的悲伤。他是一个敏感的孩子,一点点挫折就能使他热泪盈眶。

在公立学校里,萧伯纳没有学到什么知识。他不愿意读学校的课本。在他看来,学校不过是令人憎恶的监狱,父母把他送来是为了自己清闲。他嘲笑学校老师说:"人类不能得到学校教师或其他什么师傅的拯救;人类只能受到他们的残害和束缚。"[1]

也许是受母亲潜移默化的影响,**萧伯纳嗜好音乐**。他在幼年时

---

[1] 佛兰克·赫里斯:《萧伯纳传》,黄嘉德译,北京:团结出版社,2006,第53页。

就能用口哨吹出许多歌剧的曲子,能用一根指头在钢琴上弹奏《哨兵的华尔兹》,能唱贝多芬、莫扎特等许多音乐家的作品。他对绘画也有强烈的兴趣。15 岁时,他就能够轻而易举地辨认出都柏林美术馆里许多意大利画家和弗莱芒画家的作品。

1870 年,萧伯纳的父亲经商失败,对一向拮据的家庭来说无疑是雪上加霜。中学毕业时,萧伯纳面临失学,他悲伤地哭泣。他和母亲赌气吵闹过,甚至想和父亲大干一场离家出走,但最终 14 岁的他不得不跟着母亲到一家房地产公司做抄写员,从此他再也没有接受过正规教育。按部就班的工作令他感到窒息,5 年之后,他提出辞职,卷起铺盖踏上了去伦敦的路。

萧伯纳的母亲在忍受了无能的丈夫多年之后,下定决心要离开他。她宁肯离开家庭独自去伦敦谋生,也不想再看这个窝囊男人一眼。谈到母亲时,萧伯纳说:"母亲以容忍的态度对待她的孩子们、他们的父亲和贫穷、饮酒以及其他一切,把他们交给仆人和老天爷去管;她对六岁以上的孩子就不管不问了。"[①]

到伦敦之后,虽然萧伯纳横下心来想从事写作,然而迫于生计,他又一次到商界工作,担任爱迪生电话公司的外务股工作。

为了满足旺盛的求知欲,每天工作之余和整个休息日,他会去大英博物馆阅读感兴趣的各类报刊书籍,并开始进行小说创作。在小说里,他畅所欲言,驰骋于想象的王国,成为这个王国的国王。从 1879 年至 1883 年,萧伯纳共写了 5 部小说。但是他把撰写小说当作毫无乐趣的日常事务去做,以至于这些作品遭到美国和伦敦所有出版社的拒绝。这些小说确实价值不高,几乎全部是他个人经历的再现,很不成熟。他自己始终憎恶它们,以至于这些作品在 50 年后才得以出版。

---

① 佛兰克・赫里斯:《萧伯纳传》,黄嘉德译,北京:团结出版社,2006,第 49 页。

1880年，萧伯纳常常参加公共集会，**热衷于练习演说**。萧伯纳从小就怕羞，而且很难克服这个问题。如果有人请他做客，他会在主人家门前徘徊至少20分钟，才能鼓足勇气走进去。为了克服害羞的缺点，给别人留下深刻的印象，他特意留起了讽刺家式的发型，对着镜子练习怎样以潇洒的手势来加强演说效果。不久，他便以爱尔兰式的机智幽默赢得了听众，很快成为一位令人倾倒的演说家，可以随时即兴作一个小时的演说。每周日他把演讲视为必须做的事情，有时早上和晚上都演讲，每两周至少演讲3次。在此后12年的时光里，他靠演讲度日，共做过大约1 000次演讲。

　　萧伯纳在各种公共场所宣讲社会主义思想，同各阶级人士接触。他的演讲方式和列宁一样，是在向公众谈话。一次演讲时，他拿到一个费边社①的宣传册。他找到了可以进行活动的正式场合，成为费边社的执行委员，并在这个组织一直干了27年。费边社社员被无产阶级团体戏称为客厅社会主义者、安乐椅社会主义者、气体和水的社会主义者。萧伯纳总是以最友好的态度和他们相处，演讲时从来不躲避大街上和公园里嘈杂的人群。他以马克思主义的眼光批判自己的资产阶级出身，但他并不认为自己能和无产阶级合作共事。萧伯纳做费边社社员的经历，锻炼了他的演讲口才，影响了他以后的写作风格，他的著作都充满激昂演说式的文字。

　　萧伯纳现在必须得找工作，为工作而奋斗。他的运气不错，他的每一个职位都是别人把他推上去的。他在找工作时显得比较软弱，但是他善于抓住机会，这也许得益于他的工作能力。在朋友的推荐下，他为一家杂志写书评，他开始了做新闻记者的生涯。

　　萧伯纳在伦敦共度过了9年穷困生活。第一年做评论记者时，由于收入有限，他不得不和母亲一次次从租住的房子，搬到更小的房

---

　　① 费边社：一个同情社会主义的组织，代表一种资产阶级改良主义思潮。

子居住。他的姐姐在结婚之后发现丈夫不忠,愤而离婚,几年后得病去世。接着,父亲也突然离世,使萧伯纳母子的收入又锐减。好在他第一年赚取了100多英镑,同时母亲又找到了做合唱队教练的工作,经济困难暂时得到解决。

虽然萧伯纳对参与暴力革命没有什么热情,但是社会不公平现象以及童年时受到的酒鬼父亲的影响,又让他对现实不满。1888年,马克思的小女儿爱琳娜邀请他参加易卜生[①]的"社会问题剧"《玩偶之家》的非商业性演出,他欣然接受。通过参与这种文艺活动,萧伯纳的心灵受到了很大触动,他终于发现了突破长久以来一直困扰他内心思想的表达方式,认识到话剧也可以实现他批判资本主义的愿望。于是,萧伯纳开始认真研究易卜生剧本,并转向戏剧创作。三年后,他发表了对英国戏剧产生深远影响的评论文集《易卜生主义精华》,这部书在欧洲戏剧史上有着重要的地位。

在易卜生的影响下萧伯纳认识到,戏剧作为武器不仅能扫荡英国舞台的污秽,而且能倾诉自己对这个社会黑暗现实的不满。于是,他立志要革新英国的戏剧。

作为一名杂志撰稿人,萧伯纳非常敬业。他总是细心谨慎地工作,及时交稿,多次修改文章校稿。**他的评论文章既简朴、明晰、清楚易懂,又诚恳、直率。**他从来不会矫揉造作、装腔作势,议论合理,讽刺幽默。

经过12年的奋斗,萧伯纳的事业逐渐走向成功。**他是社会公认的戏剧评论家**,《星期六评论》主编佛兰克·赫里斯认为,**萧伯纳作为评论家的水平在当时是一流的**[②]。他在音乐评论方面的成就也同样受到观众的认可。他的戏剧创作也有一定的起色,《魔鬼的门徒》在美国百老汇演出,大受欢迎。他不但赚了钱,还开始在银行存款。

[①] 亨利克·易卜生(1828—1906),挪威著名剧作家,代表作是《玩偶之家》。
[②] 佛兰克·赫里斯:《萧伯纳传》,黄嘉德译,北京:团结出版社,2006,第124页。

萧伯纳的戏剧家生涯与他的社会主义信仰密不可分。他以正当的手段积累财富,在社会普遍贫困的情况下把巨款存入银行;同时,他又发表关于收入应当平等的言论。他还用幽默的歌曲,攻击现有社会制度的种种弊端。

萧伯纳早期的思想极为复杂矛盾。一方面,他赞美列宁;另一方面,他受尼采的超人思想和柏格森[①]生命哲学的影响,同情希特勒、墨索里尼等人。

《武器与人》是萧伯纳在伦敦上演的第一个剧本。他的戏剧作品逐渐在多国受到欢迎,先是在美国,然后在德国,他的声誉日隆。但是,他的剧本在伦敦初演15年之后,英国人才知道本国出了一个现代的莫里哀[②]。法国人对萧伯纳的接受是最晚的。虽然有一些法国评论家称他是"戏剧天才",但他的《圣女贞德》在法国很不容易才得以演出。

萧伯纳的成功绝非偶然。他生性不爱旅行,从都柏林到伦敦的"逃亡"是他唯一的一次出自本意的外出旅行。但在做《星期日评论》撰稿人时,他为了执行评论任务,到比利时和荷兰作了第一次国外旅行,之后又到了法国和意大利。他的妻子热爱流浪生活。所以婚后在假期,他常陪着她开车游山玩水,他们漫游欧洲大陆和法属北非各地,最东边到莫斯科和伊斯坦布尔,最北边到达斯德哥尔摩。

同行相轻

作为一代戏剧大师,萧伯纳对于自己的同行则不无贬抑。

萧伯纳是一个崇奉清教主义的人,他推崇约翰·班扬,轻视莎士比亚。在他看来,班扬将人生视为严肃而高尚的冒险旅程,而莎士比

---

① 亨利·柏格森(1859—1941),法国哲学家,1927年诺贝尔文学奖获得者。
② 莫里哀(1622—1673),法国著名喜剧作家、演员。

亚只是一个潦倒失意的酒色之徒。虽然他声称很喜欢莎士比亚的戏剧，承认莎翁是一位伟大的诗人和幽默家，但又指责莎士比亚对人物性格的刻画和对社会的描绘不充分，单调乏味，他认为自己的作品比莎士比亚的著作优秀许多。他认为，莎翁十四行诗中的深肤色女子是莎士比亚的情妇玛丽·菲顿，是玛丽的出走让莎翁尝到了失恋的痛苦，并促使莎翁由喜剧和历史剧作家转变为悲剧作家。也许是因为萧伯纳与莎士比亚的道德价值观迥异，他不愿承认莎士比亚既温文尔雅又热情奔放。他抨击莎翁"纵欲"，缺乏现代性，认为自己在美德方面更伟大。即使如此，莎翁的30部剧本得以完整搬上舞台，与萧伯纳付出的努力不无关系。

作为萧伯纳和奥斯卡·王尔德①共同的传记作家，佛兰克·赫里斯认为，这两位戏剧家都有自我吹捧的特点。**萧伯纳与奥斯卡·王尔德同为19世纪末英国戏剧大师，但两人关系微妙**。他们相见不超过十次，但彼此了解，在多次交往中比较矜持。王尔德曾说，萧伯纳的朋友没有一个喜欢他。也许是由于"远的香、近的臭"的缘故，王尔德的这句嘲讽很有见地。一次，王尔德听了萧伯纳关于社会主义的演讲后，写了一篇评论文章，这让萧伯纳颇为得意。另一次，两人在一个展览会上相见，相互真诚地交谈，不拘泥于礼节，都十分愉快。在王尔德被捕入狱时，萧伯纳没有随波逐流，像许多同行一样对王尔德避而远之，而是起草了一份请求书，要求司法机关释放他。但是最终由于他和另一位签名的牧师都是声名狼藉的"吹毛求疵"之人，他们的签名不会产生什么效用，所以递交申请书一事只好不了了之。即便如此，此事仍表现出萧伯纳为人正直，为维护朋友不惜挺身而出的品性。

后来，王尔德出狱以后，萧伯纳每出版一部作品，都会送一本签

---

① 奥斯卡·王尔德(1854—1900)，英国戏剧家、童话作家，19世纪末因同性恋而备受争议，并因此入狱两年，代表作有《莎乐美》。

名本给他,王尔德亦如此。他们都被别人当作小丑,是被边缘化的人,两人也都为此愤愤不平,自然有些"同命相怜"之感。另外,两人都将对方看作杰出的重要人物对待。

两人有时在一些事情上会产生共鸣。当芝加哥的无政府主义者被判死刑时,萧伯纳想在文艺界搞请愿运动,请求释放他们,但他只得到了王尔德一人的签名。这件事使得萧伯纳开始敬重王尔德。

萧伯纳说,王尔德"不能做人家的亲密朋友,不过对人有时也能表现一种最感人的和气"[1]。但由于他与王尔德在诸多道德观上相悖,他对王尔德并没有产生真正的同情心。王尔德对朋友的钱财漫不经心,随便挪用,但萧伯纳从来不会做这样的事情。王尔德是个酒鬼,而萧伯纳痛恨酒徒。萧伯纳曾在著作里说,王尔德"以不从事生产的醉汉和骗子终其一生"[2]。

温馨浪漫史

因为贫穷和忙碌,萧伯纳长期单身。他说,口袋里没有钱是不能追求女人的。另外,他参与社会主义运动、写评论以及创作戏剧,因而得不到闲暇。但也正是这些工作铸就了他的成就,使得他越来越成为许多女子仰慕追求的对象。

赫里斯认为,**萧伯纳的婚姻是他一生里最被忽略的事件。**"他的戏剧里的任何一段故事,都不如他关于自己婚姻经历的描述那么幽默。"[3]

从前,萧伯纳与母亲过着各自独立的生活,直到夏绿蒂·潘旦馨出现在他的生活中。出身于都柏林上流社会的潘旦馨是一个叛逆

---

[1] 佛兰克·赫里斯:《萧伯纳传》,黄嘉德译,北京:团结出版社,2006,第268页。
[2] 同上书,第269页。
[3] 同上书,第191页。

第五章 矛盾之人

者,具有社会主义思想。她以写诙谐的打油诗和支持女权运动而闻名。在朋友韦布夫妇家度假时,她认识了萧伯纳。此时萧伯纳已过40岁,有过几次"风流韵事",已经知道如何去博得女士的欢心。最初,萧伯纳并不热衷于结婚,而潘旦馨作为一名女权主义者也不愿意失去自己的自由,看上去,两人似乎不会产生恋情。但是这段时间,萧伯纳要撰写评论稿件,为费边社撰写宣传文章,星期天还要做长篇演讲,再加上创作剧本,他忙得不可开交。由于过度劳累,萧伯纳的身体日益衰弱,脚背生了脓疮,终于病倒了。

于是,潘旦馨作为朋友,不得不到萧伯纳家里探望他。他母亲的漠不关心以及他恶劣的生活条件令她吃惊。她立刻为萧伯纳租了一间房,希望为他提供适当的护理和照顾。出于为她的名誉考虑,萧伯纳拒绝搬去。但潘旦馨更关心的是他的健康状况,最终为了对方的利益考虑,两人采取了折中策略。一星期之内,他们领了结婚证,结为夫妻。

等韦布夫妇旅行回来,他们发现"在家过星期日"已经成为萧伯纳的生活习惯,在公园、码头、公共草地再也看不到他的身影了。赫里斯认为,人们结婚的目的是为了金钱或者爱情,而萧伯纳结婚是"因为彼此都感觉到对方是必不可少的人"[1],这大概是直率的老实话。萧伯纳曾经这样叙述他结婚时的情景:

> 他们两位证婚人为庆祝这个吉日良辰,都穿着他们最好的衣服。登记处处长想不到我就是新郎;他把我看成办完婚礼手续时照例必然会出现的乞丐。华莱士身高六英尺余,登记处处长以为他就是新郎;这位处长就要沉着镇静地把我的未婚妻嫁给他了。正在这个时候,华莱士觉得这种做法似乎有点使他越

---

[1] 佛兰克・赫里斯:《萧伯纳传》,黄嘉德译,北京:团结出版社,2006,第201页。

出证婚人的职权,终于在最后一分钟犹豫一下,把新娘留给我了。①

　　这里萧伯纳以极其幽默的方式展现了他结婚时的一幕。作为一位闻名全球的大作家,萧伯纳从一而终,只有潘旦馨这一位妻子。
　　婚后的萧伯纳是一个较为独立的丈夫。他像尊重他母亲的独立生活方式一样,小心翼翼地尊重着妻子。萧夫人身材适中,肤色白皙,白发向后直梳,是个举止恬静、性格可爱的人。她对萧伯纳有一种"独占"的态度——提到丈夫,她不是说"这位天才",就是说"我的丈夫"。但她并不喜欢在大庭广众之下出风头,而是更愿意在家里安静地过日子。
　　萧伯纳忠于妻子,但有趣的是,有时他又那么渴望博得其他女人的欢心,同时又非常害怕占有她们。作为一位剧作家,他和女演员的关系非常纯洁。他和爱兰·黛丽②的通信是双方纯洁爱情的杰作③。他们两人在互相爱慕中各自组建了家庭,之后仍然保持着密切联系。萧伯纳在给赫里斯的信里讲述了他与黛丽的交往:

　　　　爱兰·黛丽和我在19世纪90年代曾经通过大约250封信。守旧的家庭女教师一定会说,其中有许多是轻佻的情书;然而,我们彼此的寓所虽然距离很近,只要付出1先令的马车费便可以来往,但是我们从来就不曾私下秘密会过面。我唯有一次接触过她,那是在《布勒拉斯庞德上尉的转变》一剧演出的第一夜,我在仪式上吻她的手。……我可以说,从爱兰·黛丽到伊迪

---

① 佛兰克·赫里斯:《萧伯纳传》,黄嘉德译,北京:团结出版社,2006,第202页。
② 爱兰·黛丽(1848—1928),英国著名女演员,以卓越的艺术水平和表演才华在英国剧坛活跃了60年之久。
③ 即《爱兰·黛丽和萧伯纳通信集》,克里斯托弗·圣约翰编。

第五章 矛盾之人

丝·埃文斯,一切和我有过私人接触的著名女演员都曾把她们毫无保留的友谊给予我;但是我只跟一个去世很久、不算伟大的女演员有过赫理斯式的恋爱。由科林·坎贝尔夫人①数起,我认识过许多著名的美人,而且是各有风姿的绝代佳人,但我们彼此的完整品格都不曾脱落一根毫毛。我在过去和现在始终是一个不可救药的好述者,保存了我们这一代的爱尔兰人老式的一点风流姿态;但是你数不出十个能使我完全满意的女人。我比较不重视这些事情,还是其他的事情更有持久的价值。②

应该说,是艺术这条纽带将萧伯纳和爱兰·黛丽联结在了一起。两人在信里确实有大量热烈的爱情表白。例如,他在1913年6月17日写给黛丽这样一封信:

我这个人的铁石心肠对你那次的访问真是含着极其亲密的感激之情,你是我的朋友,也是我的宝贝,我原谅你今天没有到我这里来。乡村感到失望了。野兔和田鼠正在小径上等候你;当它们看见只是我一个人乘着吐着臭气的摩托车经过时,它们便在厌恶中仓皇逃走了。天在震怒:雷霆在轰隆地响着,倾盆大雨向我猛袭而来,在五分钟内,小径变成泽国了。③

这封信充满了凄凉寂寞情调。如果萧伯纳类似的信件发表,必然会引起众人的误解。直到黛丽去世三年之后,萧伯纳才同意出版《爱兰·黛丽和萧伯纳通信集》。

萧伯纳过着讲求品德的常规生活。他曾说过这样一句话:"世界

---

① 即爱兰·黛丽。
② 佛兰克·赫里斯:《萧伯纳传》,黄嘉德译,北京:团结出版社,2006,第217页。
③ 同上书,第219页。

上建立真正事业的人,没有一个有时间和金钱可以从事追求女人这种长期的、浪漫的工作。"从清教徒的角度看,这话不无道理。萧伯纳没有像许多成功男士一样花边新闻缠身,原因大概就在于一来他忙于事务,二来他是个经济学家,他很清楚维持几个家庭的费用有多大。

萧伯纳这样解释他的两性观:"我没有风流韵事。有时候女人对我发生兴趣;我用旧式爱尔兰人的殷勤态度对待她们,这当然含着敬慕她们的意思。但我在这方面却算不了什么一回事……我生活在绘画、音乐、歌剧和虚构小说中,就这样逃避了女人的诱惑勾引,一直到29岁的时候。"[①]他称恋爱为"通奸",希望以此得到清教徒的拥护,这也是他的戏剧全都避开恋爱、充满教科书式的内容的原因吧。

然而,不为人知的是,在和妻子携手度过了银婚之后,65岁的萧伯纳忽然春心荡漾,与一名身为女演员的"美国情人"发生了忘年婚外恋,这名20多岁的年轻美女还差点为他生下一子。

忘年婚外恋

这段"忘年之恋"是萧伯纳生平保守得最严格的秘密。直到21世纪,萧伯纳去世54年后,他"美国情人"的儿子、80多岁的美国前记者彼得·汤普金斯,才向世人首次披露萧伯纳生平这一"绝对隐私"。

萧伯纳是在1921年认识年轻的美国女演员莫莉·汤普金斯和她的雕刻家丈夫劳伦斯·汤普金斯的。莫莉于1960年去世后,记录她与萧伯纳友谊的信件由她的儿子彼得整理出版。然而,为了保护父亲劳伦斯的名声,彼得当年出版这些信件时做了大量删节,去除了许多"敏感内容",外人看到的只是萧伯纳和莫莉之间一段珍贵的友

[①] 佛兰克·赫里斯:《萧伯纳传》,黄嘉德译,北京:团结出版社,2006,第221页。

谊。父亲故去以后，彼得决定向世人透露他母亲与萧伯纳的真实关系——她是他晚年的一名秘密情人，并差点为他诞下一子。彼得说，他母亲曾告诉他许多她和萧伯纳之间的故事，他曾要求母亲将这些故事写下来，她也这样做了，但后来她却将笔记本付之一炬。

莫莉和丈夫劳伦斯都是萧伯纳的崇拜者，两人希望将来在美国建立一座萧伯纳崇拜者剧院。1921年，他们和萧伯纳认识后，两家就成了很要好的朋友。莫莉惊艳的美貌让60多岁的萧伯纳十分迷恋，他爱上了这位年轻活泼的女子。一次意大利度假之后，两人的关系发生了变化。当时萧伯纳和妻子在意大利马焦雷湖边一座旅馆中度假，而莫莉和丈夫也正好在马焦雷湖的一个岛上买了栋房子，两家人经常一起去野餐。就是在马焦雷湖的一个岛上，她与萧伯纳第一次发生了关系。当时他俩说是开车去看风景，但事实上却是去幽会。

萧伯纳的这次感情出轨，既不是简单地受到了莫莉小姐的勾引，也不是一时心血来潮、走火入魔，而是身不由己地堕入了情网。否则他也不会在以后的日子里一而再、再而三地背着妻子，专程跑到罗马和莫莉小姐幽会，甚至偷偷摸摸地将自己称作是莫莉的"星期天丈夫"。

彼得称，她母亲曾向他谈起她跟萧伯纳秘密幽会的所有细节，包括最后发现自己怀上了萧伯纳的孩子。尽管萧伯纳当时已经65岁，但为了显示他的生命力，他非常想与莫莉生一个孩子。当他得知莫莉怀上了自己的孩子时，顿时被老来得子的喜悦冲昏了头脑，不厌其烦地鼓动如簧之舌，竭力说服莫莉生下这个孩子。然而，莫莉权衡再三，主动选择了流产。当闻知胎儿流产的消息后，萧伯纳陷入了巨大的痛苦中，他像是从天堂掉进了地狱，脸色发灰，手臂上的皮肤开始出现皱纹。萧伯纳的神情让主动选择流产的莫莉感到，自己好像对胎儿犯了"谋杀罪"。

大文豪 小故事

《窈窕淑女》剧照

莫莉后来和丈夫分居并离婚,但这并不是因为萧伯纳。后来,劳伦斯仍和萧伯纳经常相聚。而且1944年12月,88岁的萧伯纳还在写给莫莉的一封信中称,他永远不希望劳伦斯怀疑自己背叛了他。

彼得认为,关于他母亲与萧伯纳的私情,萧伯纳的妻子应该一清二楚,而且她非常嫉妒莫莉的年轻、美丽。莫莉回忆说,有一次她和萧伯纳在马焦雷湖上坐船游览回来时,发现在潘旦馨的房间阳台上放着一个双筒望远镜,她认为潘旦馨在监视她跟萧伯纳的行踪。

萧伯纳曾写过著名的剧本**《皮格马利翁》**(后来改编为电影《窈窕淑女》)[①],讲的是一位学识渊博的语言学教授,如何训练一位贫穷而土气的伦敦卖花姑娘学习纯正的英语口音,把她培养成一位优雅的上流社会淑女,并最终成功被上流社会所认可的故事。萧伯纳以此抨击当时英国腐朽保守的等级意识。其实,萧伯纳与莫莉的"忘年之恋"显然像是在生活中真实地演绎自己的剧本。萧伯纳经常教导莫莉在社交场合中应该怎样措辞、怎样打扮自己和表现最优雅的一面。可以说,萧伯纳在生活中扮演了"皮格马利翁",而莫莉则是他的"卖花女"。尽管两人的情人关系在20世纪30年代就结束了,但萧伯纳直到1950年去世,都一直深爱着这个小他40多岁的秘密情人。

---

① 最为有名的版本是1963年乔治·库克导演、奥黛丽·赫本主演的《窈窕淑女》。

第五章 矛盾之人

法西斯立场与中国之行

遗憾的是，20世纪初，这位大戏剧家逐渐与他信奉了将近30年的费边主义思想疏远，开始推崇墨索里尼的法西斯主义，以实现他痛击资本主义与建立空想社会主义的乌托邦梦想。

萧伯纳认为，墨索里尼大规模排斥、流放和迫害成百上千知识分子与民主人士的行为是必要的。1927年，他再次向独裁政权的领袖致以崇高的敬意，并表示，"墨索里尼的所作所为是一位负责任统治者的应有之义"。萧伯纳利用自己伦敦市参议员的身份和社会影响力，策划成立了一个反动的"大不列颠法西斯联盟"。这个政治组织的最终目标就是要在英伦三岛废除资产阶级民主政体，实行类似墨索里尼奉行的法西斯极权统治，将英国建成和意大利一样的法西斯主义专制国家。

1932年2月17日，鲁迅先生极为尊崇、仰慕的"现在世界文豪"萧伯纳，乘坐"不列颠皇后号"游轮周游世界，抵达上海。宋庆龄、蔡元培、史沫特莱以及鲁迅闻讯后，立刻前往船上拜访他。宋庆龄邀请他到自己家做客，殷切地期待他能够对中国民权保障同盟和正在筹划的上海反法西斯战争会议表示支持，然而，萧伯纳明确地告诉她，他宁愿信任国际联盟的知识合作国际局（史沫特莱记录），也不相信什么反纳粹同盟。在他的心目中，和黑索里尼联系紧密的"知识合作国际局"与希特勒的独裁政权不但地位相同，而且对于实现他踢烂资本主义屁股的梦想大有帮助。要他公开声明反对法西斯主义，自然是不可能的。

为了岔开这个令人难堪的话题，萧伯纳故意在这些中国进步人士面前喋喋不休地批评英国，并大肆吹捧苏联的自由。他用含糊其词、言不及义的东拉西扯，逃避了宋庆龄等人"希望他会对社会问题持更积极态度",谴责纳粹主义的正义请求。但是,萧伯纳在上海时撰写了一封热情洋溢的《致中国人民的一封公开信》,在信中,他满怀信心、不无恭维之意地指出:"一旦中国人民团结起来的时候,还有谁能够抵挡她?"

背离了民主社会主义立场的萧伯纳此时不但抛弃了以往那种光说不练的"口头革命家"身份,还主动退出了费边社。为了迅速实现他来自尼采、贝拉米的虚幻乌托邦的天国理想,他已经到了心智发昏的程度,甚至曾在媒体上公开支持希特勒。他是一个赞同大规模屠杀的人,只不过是希望是按类别而非种族来屠杀。

萧伯纳极力赞扬、推崇墨索里尼法西斯主义政权,赞赏希特勒纳粹政权战胜了经济萧条和通货膨胀,取得了举世瞩目的社会经济成就,给德意志民族注入了坚定信心和崭新希望。他由衷地认为,墨索里尼、希特勒这些自我标榜为社会主义的独裁者,仍然是古往今来最有效率、最有秩序的社会统治力量的代表与象征。萧伯纳发自内心地为希特勒的法西斯主义暴行辩解,认为对资本主义与资产阶级社会的罪过,采取任何反人道主义的残暴手段,都是可以原谅的。

萧伯纳积极地向纳粹主义靠拢,并拒绝谴责纳粹主义。这种态度很快换来了希特勒政权的报答。1933年1月,希特勒执掌了柏林政府的总理大权后不久,工人被逮捕,德国所有进步的学术与文化被摧残。5月10日,成千上万名受到纳粹主义蛊惑的狂热学生举着火把,将许多具有世界影响力的著名人士的作品,如托马斯·曼、斯蒂芬·茨威格、埃里希·玛丽亚·雷马克、艾伯特·爱因斯坦、杰克·伦敦、海伦·凯勒、弗洛伊德、纪德[①]、左拉等人的著作,全部扔进了烈火中焚烧。也就是从这一天起,希特勒的恐怖政权勒令必须铲除一

---

① 安德烈·纪德(1869—1951),法国作家,保护同性恋权益代表。

切与纳粹精神不相符合的文艺作品。而萧伯纳的一系列戏剧作品,却被恩准在德国的各家剧院照常上演。

应该说,萧伯纳具有左倾思想,但在本质上他反对纳粹主义。希特勒歪曲马克思主义,使其面目全非,这使萧伯纳产生了错觉,成为一个亲法西斯主义者。这是他一生最大的污点。

萧伯纳面面观

作为一代戏剧大师,萧伯纳有着无限魅力。然而,他又有许多常人未曾料到的特点。

萧伯纳比较挑剔,爱吹毛求疵,在落魄的时候也是如此,他对服装的态度就显示出这一特点。就像他的母亲只租得起公寓却要租一座房子一样,萧伯纳会到当时最时髦的帽子店买回一顶昂贵的大礼帽。他没有钱再买新帽子,只好一直戴着那顶帽子,帽檐前部变软,他也还是戴着,不过他不得不把帽子翻过来戴。他的一件衣服从深蓝色褪成了茶绿色,他用母亲的剪刀修整了磨损的袖口后,继续穿着。在衣着上,他不慕华丽,不趋时尚,喜棉毛织物,讲求的是舒适、大方和整洁。

萧伯纳是一位素食主义者,早、晚餐多半是可可茶、黑面包、通心粉、小扁豆、鸡蛋和一些生菜。成名后的萧伯纳虽然获得了潮水般涌来的金钱、地位和声誉,如愿以偿地混进了被他终生诟病、极度鄙夷的英国上流社会,却一直牢记酒鬼父亲失败的人生教训,终身烟酒不沾,并且热心参与各类禁酒的社会活动。对每一位力劝他喝上一杯的人,萧伯纳总是用福勒的名言予以拒绝:"淹死在酒杯中的人比溺死在大海中的人还要多。"甚至在宴会上他也滴酒不沾,以矿泉水代酒。这种合理的饮食方式促进了他健康长寿。

萧伯纳对运动非常重视,经常从事体育锻炼,是个酷爱户外运动的人。他在少年时代就享有拳击家的称号。他的体育锻炼方式多种多样,游泳、划船、爬山、打网球、骑单车、跑步、骑马、日光浴、冷水浴、体操,甚至拳击,都是他的爱好,其中游泳和日光浴是他酷爱的项目。每当写作疲累时,他就下海游泳。他喜欢做日光浴,特别是到了晚年,简直成了太阳的"崇拜者"。为了更多地得到阳光,他在故乡的庭院里建造了一间茅屋。茅屋的房基安装了轴承,可随阳光的移动而转动。这样,萧翁在这间茅屋里写作,整天可接受阳光的照射。他常骑摩托车在哈福德郡的单向行车道上风驰电掣般疾驶,他还爱好开汽车和大踏步地散步。多种体育锻炼方式使得他身体强壮,消化能力强。即使在用过一顿素食之后再添上一杯冰冷的法国矿泉水,他也没有问题。

萧伯纳生性乐观,胸襟宽广、性情豁达,充满幽默感与机智,被称为"英国文学史上最诙谐作家"。他的作品常以幽默的形式表现出机智与风趣,同时,这也是他待人接物、处世交际的方式。在家庭生活中,他对妻子相敬如宾;与朋友交往,他体贴入微;面对误解攻击的论敌,他从不发火,能保持超脱和镇静的态度或以机智、幽默的语言化解;对穷困不幸的人,他会给予同情与爱心。这应当是他健康长寿的秘诀之一吧。

作为一个幽默感强烈的人,萧伯纳对笑话有超常的敏锐鉴别力。他常常难以克制制造笑话的冲动,这一点在他的演讲中可以体现出来。在他每周发表的音乐评论文章中,他经常讽刺、针砭社会上存在的浮夸、虚伪现象。1911年,他首次由牛津大学教授、诗人莫雷伊推荐,成为1911年度诺文奖候选人。当时,诺贝尔文学奖的常任秘书威尔逊博士对萧伯纳没有好感,以所谓的"太会诡辩、无情、不文雅"为由排斥他。当1925年的诺贝尔文学奖降临在他头上时,他非常幽默地说了一句话:"干嘛要在一个老头子的脖子上系上一只金铃?"

萧伯纳的另一则幽默故事也流传很广。据英国《泰晤士报》报道,美国现代舞创始人邓肯曾向萧伯纳写信求爱,希望与萧伯纳生下一子,他会同时拥有邓肯的美貌和萧伯纳的智慧。没想到萧伯纳回信称:"如果孩子的容貌如我,大脑像你怎么办?"

萧伯纳毕生创造幽默,临终也不忘幽默一把。他的墓志铭虽然只有一句话,但恰巧体现了他幽默的风格:"我早就知道无论我活多久,这种事情迟早总会发生的。"

萧伯纳的幽默感应该是从他的父亲那里遗传来的,父亲常常使用双关语。而他的母亲一生从来没有说过一个笑话,没有唱过一首滑稽的歌曲。

赫里斯认为,萧伯纳的"体贴入微"是在干涉别人的私事。一次,一位女主人说,萧伯纳是一个非常危险的人物,她解释说:

> 你请他到你的家里,一位你以为他会用他那才华横溢的谈话来增加你的宾客的乐趣;但当你还摸不着头脑时,他已经在替你的儿子选择学校,代你做出遗嘱,规定你的饮食,摄取你的家庭律师、女管家、牧师、医生、女裁缝、理发师、房地产掮客的一切特权。当他同所有其他人谈完话的时候,他就煽动孩子们造反。到他始终找不到什么事情好做时,他便溜之大吉,把你忘得一干二净。①

萧伯纳既不善于也不热衷社交活动,他在这方面的努力都以失败告终。除非要办什么事情,他很少出门,很少进行社交拜访,后来他偶尔也会破例拜访社会名流,如网球冠军、极地飞行家等。实际上,他能长时间地进行谈话。在说话时,他会突然插入一声短笑,然后又操着他微弱的爱尔兰方言继续谈论下去,给人一种他十分活泼

---

① 佛兰克·赫里斯:《萧伯纳传》,黄嘉德译,北京:团结出版社,2006,第280页。

快乐的印象。

萧伯纳对他人保持着谦虚温顺的态度,可以很慷慨地为人们做出牺牲。当人们把他当作偶像来崇拜时,无论别人怎么谄媚、奉承他,都不会助长他的傲慢态度,反而会增加他的谦恭与和气。他知道,过高的荣誉对一个人没有好处。所以说他是一个经得起显赫声名考验的人。从这个角度看,萧伯纳是一位品格高尚的人。但是,他的缺点是喜欢夸耀自己的才能,有时让人感觉到了被愚弄的地步。如果有人当面夸赞他的作品,这人就会被萧自己的赞美之语压倒,这些赞誉甚至会胜过他作品中一切吹捧的话语。

赫里斯认为,**萧伯纳最大的美德是:他在发表文艺方面的意见时,会无所顾忌地讲出讽刺和机智的话语。**他不是心胸狭窄之人,对于蛮横无理地批评他的人,他从来不会怀恨在心,反而保持着超脱、**镇静的态度,用冷静、机智的语言回应对方**。

无论在战争还是和平年代,萧伯纳始终信奉社会主义,他的奋斗目标是消灭一切国家的疆界。他的战斗口号是"全世界无产者联合起来!"萧伯纳是个"无论在战争中或者在屠夫的后院里都憎恨战争"的人。他的小册子《关于这次战争的尝试》曾被德国人拿去做宣传材料,以此证明英国人促成了世界大战的爆发。

萧伯纳在十多岁时就成为了一个无神论者,但是他一生都是一个有宗教思想的人。而且,**除了社会主义之外,他在文章中写得最多的题目就是宗教**。他认为,社会主义使人获得了道德和身体上的勇气。他抱着改造世界的信念,怀疑耶稣的存在。

萧伯纳从未去过美国,但他知道美国人的一切优点和缺点。他把美国骂得狗血喷头,说:"一百个美国人当中,九十九个是傻瓜。"但是,是美国人首先发现了他的文学创造力,首先出版了他的剧作,使他在20世纪初就过上了富裕生活。30年来,他不断接到美国发来的访问邀请,他一个月至少得拒绝几起。他没有访问美国的打算,他已经得到他需要的金钱了。

萧伯纳总是采取各种手段尽力维护他在公众心中的完美形象。如果有人把一篇访问寄给他看,无论这篇文章写得有多么准确,他都会将稿子改得伤痕累累,这种改动是为了确保他在公众项目中的完美形象。

萧伯纳早年常通过演讲扩大自己的影响。摄影开始流行时,他就开始热衷于让人给他拍照。他的无数照片见诸报端,但独有一张照片不曾发表过。这是他在巴黎请罗丹为他塑像时发生的事情。当时,一位摄影记者在他刚要走出浴室时碰到他,便想给他拍张照。萧伯纳想装出罗丹的《思想者》的姿势,不料不小心摔倒了,鼻头撞到了地板上。后来他坐了起来,拍下了这张照片。他发现自己的表情古怪,没有一丝沉思的影子。于是,这张照片就被他封存了起来。

萧伯纳的自我宣传才能并不局限于印刷品方面。他还常用不接受奖金的方式来取得宣传效果,他在1925年拒绝接受8 000英镑诺贝尔奖奖金就是一例。有声电影出现以后,他又利用这一手段达到扩大自己影响的目的。他模仿过墨索里尼,也模仿过自己本人,从而步入伟大演员的行列。当看到自己日益衰老的形象之后,他便转向利用无线电把自己的声音远播全球。如果有人问他,为什么他的名字总是在报刊的显眼位置,他会反问提问者:"为什么天上的太阳总是那么引人注目呢?"[1]

老年的萧伯纳名利双收。他不但得到无数荣誉,也积累了无限财富,名列富有的作家之列。他没有子女,与妻子过着舒适的生活。比起劳伦斯的2 000英镑遗产和阿诺德·贝内特的4万英镑遗产,他的财产数目巨大。他在给赫里斯的信中说,他一年可得5 000到1万英镑的收入。但他厌恶施舍和乐善好施的行为,谴责施舍和一切有

---

[1] 佛兰克·赫里斯:《萧伯纳传》,黄嘉德译,北京:团结出版社,2006,第377页。

组织的慈善事业,称打算办慈善机构的人是个该死的傻瓜。因为他认为,穷人唯一的难处就是贫穷。

萧伯反对慈善事业,也从来不希望自己因行善而声名远播。他担心如果人人都知道他是个善良之人,那他每次度假时大家都伸手向他要钱怎么办？这也是他拒绝资助医院,甚至不向他穷困的亲戚提供经济帮助的原因。他对慈善事业的这种态度,让人们将他看作是一个铁石心肠之人。

萧伯纳是一个充满矛盾之人。他既是一个无神论者,也是一个按时到教堂做礼拜的人；他既是一个支持战争的社会主义者,也是一个爱好和平的费边主义者；他既赞扬墨索里尼,又鼓吹思想和行动的自由。但是,**他始终是一位乐观主义者,希望一切事物在将来会更好。**

第六章

集温情、脆弱于一身

——美国文坛巨匠马克·吐温

他幽默、滑稽、诙谐,在世界文坛举足轻重。

他是美国"文学史上的林肯",人称19世纪的"美国文坛巨子"。

他的求婚之路曲折迂回。然而,他却拥有伊甸乐园的美好时光。

他对子女充满父爱,堪称关爱儿女的好父亲。却惨遭丧亲之痛,令他风烛残年时倍加感伤。

他有诸多常人难以置信的缺陷,但这使得他更加真实、可敬。

专心创作的马克·吐温

他毕生追求发财梦,却命运多舛,58岁时还在背负重债,不得不进行环球巡回演讲。

这就是19世纪美国无人可与其比肩的大文豪马克·吐温。

这究竟怎么回事?

大文豪 小故事

作为19世纪后期美国现实主义文学的杰出代表,马克·吐温是世界顶尖幽默大师、小说家,也是著名的演说家。

2010年,由加州伯克利大学图书馆保管了一百年的《马克·吐温自传》出版,披露了这位大文豪鲜为人知的温情与脆弱的一面。这是当今美国文坛的一大盛事,也由此引起了又一轮马克·吐温热。

曲折迂回求婚路

海伦·凯勒曾经说:"我喜欢马克·吐温——谁会不喜欢他呢?即使是上帝,亦会钟爱他,赋予其智慧,并于其心灵里绘画出一道爱与信仰的彩虹。"1870年2月,马克·吐温与24岁的莉薇——一位富有的纽约煤炭经销商的女儿——结了婚。在婚后不久写给一位友人的信中,他流露出一种幸福感:"我拥有了唯一爱过的心上人……她是女性中最完美的珍宝……"[1]这对夫妻在布法罗定居下来,并先后生了4个孩子。

马克·吐温原名塞姆·朗赫恩·克勒门斯,马克·吐温(Mark Twain)是他的笔名,源自其早年在密西西比河上做轮船领航员的生涯。22岁时,吐温得到了领航员执照。他在下密西西比河到纽奥良的旅途中做领航员,这一职业在当时全美国薪资排名中排第三,每月250美元(相当于现在的73 089美元)。"马克·吐温"意为"两个标记",指船航行到安全水域时水的深度有两浔(1浔约1.8米),水流平稳,这是轮船航行的必要条件。

大文豪的妻子名叫奥利维娅·勒·兰登。1867年夏天,年轻的马克·吐温到欧洲旅游,他在"贵格城号"轮船上认识了小伙子查理。查理向他力荐姐姐莉薇。从看到莉薇照片的那一刻起,马克·吐温

---

[1] 洁丽·艾伦:《马克·吐温传奇》,张友松、陈玮译,北京:中国青年出版社,1983,第163页。

第六章 集温情、脆弱于一身

就爱上了这位姑娘。然而,他的求婚之路却坎坷不平。

圣诞节大文豪走在纽约的大街上,他要去见心上人莉薇。她的一切与他所想象的完全一样——天生丽质,聪明文雅,言谈举止也落落大方,很有教养。然而她身体羸弱,6年前因在冰上摔跤,曾半身瘫痪两年。如今她虽然又可以走动,仍然不太强健。家里人十分怜爱她,她过着深居简出的生活。

大文豪也和莉薇的父母见了面。杰维斯·兰顿是个白手起家的实业家,凭借实干、努力成为煤矿主。他诚实、直率,心地宽厚而和善,对儿女尤其慈爱。

大文豪很快就迷上了这位具有维多利亚时代一切优雅气质的姑娘。5天之后,他不失礼节地又去拜见了她。元旦是莉薇接待宾客的日子,大文豪抓住这个时机,在她家整整待了13个小时。他本来计划要到三四处去拜年,结果只拜访了莉薇。

大文豪多年之后写的一部短篇小说**《百万英镑》,就有那天他与莉薇一起度过元旦这件事的影子**。小说讲述了一个穷困潦倒的美国小伙子亨利·亚当斯在伦敦的一次奇遇。伦敦的两位富翁兄弟打赌,把一张无法兑现的百万大钞借给了亨利,看他在一个月内有何举动。期限到了,亨利并未饿死或被捕,反而成为富翁,并且赢得了一位漂亮小姐的欢心。**小说揭露了20世纪初英国社会的拜金主义思想**。小说中的波蒂娅以莉薇为原型,亨利以吐温自己为原型,描绘了他们在贝里夫人的招待会上相见的情景。亨利见到波蒂娅的反应——"我们俩玩得多么痛快呀;波蒂娅小姐和我确实是够快活的"——就是大文豪对那天与莉薇

青年时代的马克·吐温

欢度元旦的美好回忆。亨利和波蒂娅一见钟情的描述,也是他见到莉薇时情景的真实再现。大文豪在虚构故事中,将亨利置于走投无路的境地,正如他向莉薇求婚时所处的窘境一样。亨利最后成为一名幸运儿,不但成家立业,还得到了一份财产,并娶回了他心仪的佳人。而大文豪没有百万英镑的帮助,只好走艰苦奋斗之路。他的求爱之路十分漫长。

大文豪自以为很有把握,便向莉薇求婚。虽然他的活力和坦率的风度博得了莉薇的芳心,但是她的家庭是一个典型的清教徒家庭,她受到传统道德观念和行为准则的束缚,犹豫不决,很谨慎地拒绝了他。大文豪追求爱情的决心十分坚决,他想出另一种接近莉薇的方式。他要求莉薇帮助他改造性格,这样莉薇作为"妹妹"可以给他写信。在结束对兰顿家的造访之后,他写信给莉薇:

> 我并不因为爱上了你而懊悔;现在我仍然爱你,而且永远爱你。我处于目前这种境地,虽然很难受,但是我心甘情愿,毫无怨言……我宁肯爱上了你,又失去了你,也比我过去在生命中永远是一片空白强一些……让我在你那高洁的心灵中稍占一点点地位吧——只占你答应过的那么一点点——假使我辜负了你的情谊,我情愿永远像现在这样,做一个无家可归的流浪汉!……请你随时给我写几句话吧——如果你想不起有什么别的话要讲,就抄几段《新约圣经》的经文也行……什么都行。[①]

出乎大文豪的意料,他离开后不久就接到了他"妹妹"的一封信,信里还附有她原先拒绝给他的照片。想到分别时莉薇曾经说过以后还愿意与他见面,他的热情随之高涨起来,马上又到莉薇家造访。

[①] 洁丽·艾伦:《马克·吐温传奇》,张友松、陈玮译,北京:中国青年出版社,1983,第168页。

第六章 集温情、脆弱于一身

莉薇的父亲兰顿先生对于大文豪的殷勤十分厌烦。当大文豪又提出求婚时,再次被拒绝了。他乘坐马车将要离开莉薇家时,马一惊,猛地将他从车上颠下来。他脑袋朝前摔到了一条沟里,便佯装昏迷。兰顿一家人赶出来,将他抬回家。大文豪装作有医生查不出的伤痛,如愿以偿地在莉薇家多住了三天,得到她满怀同情的护理。大文豪又熬过了好几个星期,他的求婚却没有什么进展。两个多月里,他给莉薇寄了许多"热血沸腾、无所顾忌"的求爱信,却未能突破兄妹关系的防线。气馁的他向朋友诉苦,他这样表达对莉薇的爱意:"我能给予她任何男人所能给的最纯洁、最美好的爱情。我能使她快乐。"

大文豪利用到纽约演讲的机会,又向莉薇发动了爱情攻势。当取得一定成效后,他欣喜若狂:"我实在太快活了,恨不得把一个什么人的头皮剥下来。"[1]他在给姐姐帕梅拉的信里表达了他对莉薇的爱:"除非地球停止转动,太阳不再东升西落,我绝不会放弃这桩婚事。"[2]

在这段时光里,他继续到处演讲,每天都给莉薇写激情四射的情书,总能收到她8页长的回信。

虽然大文豪博得了心上人的爱情,却还得征得她父母的同意。由于兰顿先生对大文豪的为人不了解,没有立刻答应他的请求,而是要他拿出材料证明自己是个品行端正的人。

大文豪并未找与他关系亲近的人,而是找到6位平时对他不屑一顾的人,请每人写出一份证明材料。很自然,这6份证明材料里充满了嘲讽、批评,甚至表达出对这桩婚事的不认同,话里话外说的都

---

[1] 按照印第安人的风俗,为显示自己的胜利会剥下对手的头皮。此处,马克·吐温表达了他的得意之情。

[2] 洁丽·艾伦:《马克·吐温传奇》,张友松、陈玮译,北京:中国青年出版社,1983,第173—174页。

是"此人不配令女"的意思。

巧伪不如拙诚。大文豪深知那些证明材料对自己求婚不利,可还是将材料毫无保留地亲手交给了莉薇的父亲。

兰登先生仔细看完了6份证明材料,陷入了沉思。过了好一会儿,他才打破沉默,凝视着大文豪问道:"他们都是些什么人?难道在这个世界上你连一个好朋友都没有吗?"

大文豪心想,大概是没戏了,便回答说:"从这些材料来看,是这样的。"

出乎意料的是,兰顿先生反而因为那些人对未来女婿缺乏客观的评价而难过。他把那些信件推开,做出了最终决定:"我喜欢你的真诚,决定同意你和我的女儿结婚。"

事隔多年,有一次,岳父提及当年的求婚之事,问大文豪为什么要那样做。他微微一笑说:"你知道了我的弱点,就不会对我期望过高;你从不高的期望中发现我的优点,就会为没有选错我而高兴和自豪。我是在用真诚求爱。"

在订婚后的一年中,大文豪满怀激情地给未婚妻写信,用最优美的语言表达他的爱恋:"我确实是爱你,莉薇——就像露水爱花、鸟儿爱阳光语言;就像母亲爱初生的孩子、人们爱看长期怀念的老朋友的面孔一样;就像深情的潮水爱月亮、天使爱心地纯洁的好人一样。"[①]而这只是马克·吐温给莉薇写的许多狂热情书中的一封而已。

马克·吐温为了博得未来岳父、岳母的欢心,改掉了一些不良生活习惯,像喝酒、骂人等。但他并未戒烟,只是控制了吸烟量,每天只抽一支雪茄。

在确定了婚期之后,他欣喜若狂地给莉薇写下了这样的话:"我真像国王一样快活啊!我是满怀感激之情的,我们的前景是光明而

[①] 洁丽·艾伦:《马克·吐温传奇》,张友松、陈玮译,北京:中国青年出版社,1983,第177页。

第六章 集温情、脆弱于一身

幸福的。"

结婚前两个星期,大文豪给他的未婚妻写了最后一封求爱信,表达他在得到这份幸福时的快乐:

> 最亲爱的莉薇,这封信是我们之间延续了17个月的通信的最后一封——这是我参加过的通信中最愉快的一部分。因为在这段时间里,我们有两个月隔一天就写一封信。在那以后的12个月里,我俩不在一起,就天天都通信。谁也没有我这样的幸福,能有你这么一个亲爱的、忠实的小宝贝和我通信啊,心爱的人儿。——在这漫长的岁月里,你的信天天都给我带来一线阳光;产生一种令人心醉神迷的快感,即使有时在别的地方有什么苦闷,你的信也会使我快乐。这是我俩毕生的一度长期通信,今后就要结束了,我的莉薇——从今天起,在我俩的日常生活中,这桩事情就不会再占据那个光荣的地位,而是成为甜蜜的回忆了……①

这是大文豪给莉薇写的第184封求爱信。他们历经三年的恋爱马拉松终于结束了。订婚不久,大文豪的《傻子国外旅行记》的校样便陆续寄到了。奥莉维娅同他一起校对,并对校样加以编辑。从那时起,她成为大文豪忠实、贤明、不辞劳苦的无偿编辑,一直持续到她去世前三四个月为止。

虽然马克·吐温历经千辛万苦才实现了与心上人结为连理的愿望,但这些在他们美满幸福的婚姻生活里根本不值一提。他与心上人莉薇在他们共同的伊甸乐园,度过了许多美好时光。

---

① 洁丽·艾伦:《马克·吐温传奇》,张友松、陈玮译,北京:中国青年出版社,1983,第184页。

伊甸乐园美好时光

如同马克·吐温订婚时的预言,34年的婚姻生活给他夫妇二人带来的是无限的幸福和满足。

虽然大文豪赢得了莉薇的芳心,但是大婚在即,他却因捉襟见肘而不得不推迟婚期。他不但需要有足够的钱满足兰顿夫妇的要求,还得靠他的收入供养母亲和哥哥奥利安。奥利安没有稳定的收入,便求助于弟弟,他一生都依靠弟弟的援助度日。

后来,《傻子国外旅行记》成为畅销书,解决了大文豪面临的经济问题,也为他的结婚生活准备了充裕的物质条件。**《傻子国外旅行记》嘲笑了束缚人心灵的传统思想,在全国引起了很大轰动,使大文豪在文坛初露头角。**

1970年2月2日是大文豪举行婚礼的吉日,兰顿家为他们举办了隆重的婚礼。

但马克·吐温仍然是一名文坛新人,只有做报馆编辑的微薄薪水。当他们开始布法罗蜜月之旅时,大文豪决定量入为出,将妻子安顿在布法罗的一家公寓旅馆里。于是,他委托一位朋友帮忙找住处。

他们到达布法罗之后,马车带着他们满城乱转,最后停到了一座豪华的房子前。大文豪立刻火冒三丈,责备朋友不该找这么奢华的公寓,害他破费。其实这是他妻子一家人事先安排好的,是兰顿先生送给他们的住所。当兰顿先生从一只漂亮的盒子里拿出一张房契递给大文豪看时,他才转怒为喜,这出戏也以皆大欢喜收场。

莉薇性格温和,天真纯朴,待人诚恳。大文豪常常喜欢逗弄她,并以此为乐。而莉薇总是像一个小姑娘似的开怀大笑,毫不掩饰她的柔情。她体弱多病,但却无所畏惧。大文豪为了生计不得不到各个城市做巡回演讲,他对这种在外漂泊的生活感到恼火。而她曾试

第六章 集温情、脆弱于一身

马克·吐温故居

图哄着丈夫放弃为可恨的讲演四处奔走,享用她的钱财,甚至编出一些家庭财产的数字来,以说服丈夫好好在家过日子,安心写作,摆脱讲演的劳累。然而,尽管他同样渴望享受小家庭的温馨,在家写作,大文豪却决心要划自己的独木舟。对于他而言,每晚给人讲幽默故事实在不算是称心的工作。即使他自己情绪低落,却鼓励莉薇打起精神来:"讲演是讨厌的事,可是终究会结束的。然后我就要和亲爱的相见了,我多么爱你、爱你、爱你啊!"[①]

兰顿夫妇曾经试图纠正他们这个倔强女婿的生活习惯——抽烟、喝酒、讲粗话、不到教堂做礼拜,结果没过多久就失败了。大文豪始终保持着每天至少吸一根烟的习惯。至于喝酒,他家里现在每顿饭都离不开酒,他每天要喝三大杯苏格兰威士忌酒。大文豪在给姐姐的信里自豪地宣称:"我终于教会了莉薇每天晚上喝一瓶啤酒。"作为一名彻头彻尾离经叛道的丈夫,他不信仰宗教的结果是,莉薇在结

---

① 洁丽·艾伦:《马克·吐温传奇》,张友松、陈玮译,北京:中国青年出版社,1983,第193页。

婚两年半之后也不再恪守宗教信条了。

大文豪和他的"小宝贝"莉薇的5年婚后生活,不但使他摆脱了求爱时期所受的约束,还把莉薇的一些好习惯也改掉了。

1873年夏天,大文豪趁哈特福德的住宅在建造之时,携带妻子和14个月大的女儿苏西①到欧洲去演讲。由于莉薇思乡心切,她便先期回国,大文豪继续演讲。虽然他们相别只有1个月,他还是写了充满离愁别绪的家信:

> 我的心肝宝贝,我的举世无双的爱妻,我想你简直想得要命啊。你可不知道我多么爱你——你永远也不会知道。因为我俩在一起的时候,老是你迸发出火焰般的热爱,因此我俩就不必同时表达这种感情——一方的炽热把对方的深情压下去了——可是现在你我之间远隔重洋,我就不得不迸发一下了。我对你简直是情深似海啊,亲爱的莉薇。你是我的一切的一切……②

每逢大文豪不在家,莉薇带着孩子们住在哈特福德的家中,总会感到与他离别得太久了。他们结婚15周年纪念日,莉薇给正在外面旅游的丈夫写道:"我俩结婚15年、订婚16年了,直到现在,我还是有点爱你。在我们这两个纪念日,你不在家,我是不怎么高兴的。……再见吧,小伙子,我衷心地爱你啊。"③而当时,大文豪正在芝加哥中央音乐厅给听众们讲他的**成名作《加里维加斯县的跳蛙》**。这个故事取材于美国西部边疆淘金时期赌徒的轶事,后来成为美国家喻户晓的经典笑料。马克·吐温从那里给妻子写道:"亲爱的,今天

---

① 苏珊的昵称。
② 洁丽·艾伦:《马克·吐温传奇》,张友松、陈玮译,北京:中国青年出版社,1983,第204页。
③ 同上书,第219—220页。

第六章 集温情、脆弱于一身

是一个伟大的日子;这是 15 年前你给予我的一个喜庆的日子。当时你是我最心爱的人儿,现在更加亲爱了。当初我俩互相结合,日子过得不错,但是和现在的情况比较起来,那还不算是十分如意,因为现在有孩子们给我们增添了一些乐趣。"

马克·吐温因《加利维加斯县的跳蛙》一举成名

大文豪在哈特福德这所房子居住了 17 年。他在此抚育了儿女,写出了 12 部书,结交了一些朋友。1874 年,他在这里创作出他最重要的著作之一——《汤姆·索亚历险记》。小说取材于美国南北战争前的社会生活,围绕一个调皮捣蛋的孩子汤姆经历的一系列滑稽有趣故事,反映了当时美国的许多现实问题,对美国南方闭塞的社会生活、畸形的教育制度、虚伪可笑的宗教以及贪婪愚蠢的小市民等都进行了无情的讽刺和鞭挞,反映了马克·吐温对因循守旧的社会生活的厌恶和对自由理想世界的向往。在小说的世界里,马克·吐温重温了他无忧无虑、自由自在的童年。同时,他的 3 个女儿也慢慢长大,到了青春年华。

在舒适、温馨的家庭氛围中,马克·吐温的创作灵感奔涌,写作速度飞快,又创作出了自传体游记《密西西比河上》,叙述他当初在河上当领航员的生活。从小生长在密西西比河岸,他曾目睹沿岸发生的罪恶和下层人的痛苦呻吟,看到过种族关系的紧张以及工业化和城市化对河流的侵害。《密西西比河上》表达了马克·吐温对下层人苦难生活的同情及对其命运的关注。

1885 年是大文豪的经济收益达到巅峰的一年。也是在这一年,他出版了优秀代表作《哈克贝利·费恩历险记》,是《汤姆·索亚历险记》的续篇。主人公是《汤姆·索亚历险记》中主人公汤姆的好友哈克贝利·费恩。美国内战前,哈克为了过上不受人约束的自由生活逃到了密西西比河上,在途中遇到了逃跑的黑奴吉姆。两人目睹了一座庄园里两个家族因世仇酿成的流血事件,又遇到两个自称国王与公爵的骗子,并受到他们的压迫,后来吉姆还被骗子卖掉了。正巧哈克遇到了汤姆,两人一起营救吉姆,最后吉姆获救。汤姆也带来了好消息:吉姆的主人华生小姐在去世前,在遗嘱里写明给吉姆自由。最后,汤姆的阿姨要收养哈克,但他拒绝了,他要保持自己的自由。

这部小说从思想到技巧都有创新,不仅赞扬了哈克的机智和善良,谴责了宗教的虚伪和信徒的愚昧,还通过哈克帮助黑奴逃跑的行为,反映了马克·吐温反对种族主义、同情黑奴的民主思想,蕴涵着他对美国社会的深刻批判。同时,小说充满了方言等口语化的语言,这是马克·吐温对美国文学的一大贡献。海明威[①]也因此非常推崇这部小说,他说:"全部现代美国文学作品都来自《哈克贝利·费恩历险记》这本书。"

几十年来,马克·吐温夫妇始终以"小伙子"和"小宝贝"互相称呼。"小伙子"是莉薇对大文豪的爱称。他认为"小伙子"这个昵称有几分温和的讽刺意味,但也是亲热的表示。莉薇觉得他在心理上和生理上的某些特点和习惯应该是属于那些比他年轻许多的人的,而他自己"直到晚年,始终是一个小伙子,具有一个少年的心肠,却有一个贤哲的头脑"。

大文豪与妻子一起度过了 34 年的幸福时光。他自始至终深爱着莉薇,认为她的品行是他遇到的所有人中最完美的,她"绝对的真诚、重视和坦白,对人事的判断是可靠而又正确的。她的直觉从来都没有欺骗过她。对朋友以及陌生人的品性与行为进行判断的时候,

---

[①] 海明威(1899—1961),美国现代作家,1954 年获得诺贝尔文学奖。

她总是留有仁慈之心。"①在他眼里,她总是很开心,并且总是能够将快乐传递给别人。在他们那贫困的 9 年里,她从来没有对他们的处境有一句怨言。而且她总是能够说服他,让他不要绝望,要能够在茫茫迷雾中见到光明的一面,她也的确设法让他见到了光明。

在《夏娃日记》里,大文豪把人类最早的一个妻子和主妇的日记"从原文翻译出来",其中记下了夏娃的祈祷词——那也是莉薇的祈祷词:"但愿我俩能在一起离开人间——这是我的祷告,也是我的愿望——这种愿望永远不要在世上消失,一定要在每个有爱情的妻子心中占一个地位,直到世界末日。"

在亚当给夏娃的墓碑上刻的碑文里,大文豪把莉薇对他的情意全部写进去了:"无论她在哪里,那就是伊甸乐园。"正是莉薇与他共同组建的美好的伊甸乐园,为马克·吐温提供了创作的沃土,催生了他的多部不朽之作。

满腔父爱

马克·吐温 35 岁时才当上父亲。他对 4 名子女倾注了满腔的父爱,是一位充满爱心的好父亲。

1881 年,大文豪变成了一位勤快的父亲。那年,苏西 9 岁,克拉拉 7 岁,吉恩才 1 岁。无论这 3 个孩子谁病了,他都会立刻放下笔,过来照顾她们。

在几个女儿的眼里,父亲非常会讲故事,常给她们讲他家墙上装饰画经历的故事。他们位于哈特福德的书房的壁炉两边都是书架,在书架以及壁炉台上放着些装饰品,还有一个画有猫头的镜框。另

---

① 马克·吐温:《马克·吐温自传:戏谑人生》,石平译,合肥:安徽人民出版社,2012,第 194 页。

一头是一幅画有漂亮少女头像的印象派水彩画。女儿苏西以及克拉拉都是挑剔的听众,她们经常让父亲编造这些人物的罗曼史,要他将所有这些装饰品与画作编进去。一般都是要他即兴创作,不给他一点准备时间。在他所讲的这些故事中,这些装饰品的日子很不太平,它们的生活中只有暴力血腥。随着时光的流逝,这些装饰品以及画作也慢慢变得陈旧,它们在自己浪漫的一生中经历了太多的惊险。

女儿们常常逼迫父亲创新,讲述独创性很强的新鲜故事。她们常常拿给父亲一幅杂志上的画,便要他讲一个关于它的故事。但是她们总是用胖乎乎的小手遮挡住那一页的其他部分,以免父亲从中得到启示。有时,她们只为父亲提供一两个或五六个人物,便让他立刻将故事讲出来。如果她们在哪里听说了某个新的行业,或某种她们不熟悉的动物,她们也会要求父亲在讲下一个罗曼史的时候,编入这些内容。

星期六早晨是女儿们的故事会时间,她们经常听父亲朗诵新近创作的作品,或者把父亲的作品改编成话剧在家里演出。《**王子与贫儿**》是马克·吐温写给苏西的,是女儿们最喜欢的故事,其中的贫儿令她们无比喜爱。这是一篇著名的讽刺小说,以16世纪的英国为背景,用童话的形式描述了穷孩子汤姆与王子爱德华调换了身份,当上了英国国王的故事。汤姆施行仁政,得到了人民的爱戴与拥护。而真正的王子爱德华则目睹了民间疾苦,体会到英国法律的残酷与社会阶层的矛盾。作品流露出马克·吐温对统治者的不满和对受苦人民的同情。

女儿们感到,"爸爸写得实在太好了。爸爸写的东西,简直没有一行不带点儿幽默的。"她们排演这个故事,让父亲扮演书中的迈尔斯·汉顿,苏西扮演穿缎子长袍的王子,克拉拉扮演格雷夫人。莉薇给她们做了戏服,家里的两个仆人也参加了演出。他们对待家庭演出非常认真,有时还把邻居请来观看。演出一场接一场地进行,家里

第六章 集温情、脆弱于一身

总是挤满了前来观看的邻居,有时甚至达80多位。大文豪给女儿们的童年和少女时代带来了无限快乐和欢笑。

女儿们非常乐意做的一件事是帮她们的妈妈编辑父亲的手稿。莉薇总是握着笔,坐在田庄的走廊上,高声朗诵大文豪的文稿。这个时候,孩子们就会带着怀疑的眼神警惕地看着她,以防她划掉她们满意的段落,或者对之加以修改。大文豪为了逗孩子们,创作时常常故意将一些粗俗的字眼掺进故事里,以博得孩子们一笑,然后再亲眼看着她们那支无情的笔对其施展生杀予夺的权力。他总是故意将一项又一项反对修改的理由提出来,并且装成非常认真的样子。她们会很快上当,保留可能会删掉的段落。最后总是大文豪取得胜利,然后他再自己偷偷地删掉那些内容。这样他的目的就达到了,这让一家人都得到很大乐趣,可谓皆大欢喜。其实,删除这些粗制滥造的词句就是他的本意。

大文豪给他的孩子们养了许多爱畜,把他对动物的喜好之情传给了她们。他家里到处都是猫。在他家的夸里农庄,孩子们养了5只猫、2头驴,还有小马和狗;在哈特福德的家中,她们养了3只牧羊犬,还有一些乌龟、鸭子和小牛。

大文豪除了和朋友乔·特威契尔一同出去长途散步之外,唯一的运动就是和孩子们玩耍。一次去加拿大时,他给自己和3个女儿买了一架雪橇。他是滑雪橇的新手,却认为这是一种"非常有趣而又没有危险的"游戏。他带着女儿们到住宅后面的小山上去滑雪,雪橇冲到了一棵橡树上,克拉拉猛地撞折了一条腿。大文豪异常生气,马上把这个危险的玩意儿扔掉了。

父亲还是他的女儿们做功课的好伙伴。为了帮助她们学习历史,记住历史年代,他便在夸里农庄的马车跑道旁插上许多标桩,上面写上英国历代国王的名字和生卒年月。她们在跑道上赛跑经过木桩时,就大喊出历代王朝的名字。经过实践,这个方法很有成效。

大文豪　小故事

　　大女儿苏西是马克·吐温最疼爱的孩子。在父亲的眼中,苏西活泼、快乐,喜欢独立思考问题,最后总能得出正确而又合乎逻辑的结论。她心地善良,体贴家人,自小就对动物非常仁慈,同情它们的不幸。1885年,14岁的苏西突然做出一个重大决定:为父亲写传记。她在开头是这么写的:

　　　　我们的家庭非常幸福,家里有爸爸、妈妈、吉恩、克拉拉以及我。在此我要写的是爸爸。写他并不难,因为他的性格非常突出。

　　　　爸爸的样子已经被别人写过好多次了,但是写得都非常不正确。他有着美丽的灰白头发,那头发长得既不太厚,也不太长,正好合适。他那罗马式的鼻子,将他外形的美大大增加了。他那和善的蓝眼睛,还有他那小胡子,都非常有风度。他的头和侧面都长得非常好看。他的体形也特别好——总而言之他是非常好看的一个男子。他脸上的所有部位都是完美的,只是牙齿不是特别美观。他的肤色特别好看,也没有留大胡子。他人很好,也很有趣。他有脾气,但完美。全家人都有脾气。在我遇见过的或是希望遇见的人中,他是最可爱的——还有,哦,他一直都是那么心不在焉。他特别能讲有趣的故事。克拉拉和我总是坐到他椅子两边的扶手上面,听他讲那墙上图画中的故事。①

　　这充满深情的赞誉之辞,充分显示出苏西对父亲的热爱之情。苏西在传记里还披露了父亲的许多爱好:

　　　　爸爸最喜欢的游戏就是台球。他疲倦的时候,想要休息,就

---

①　马克·吐温:《马克·吐温自传:戏谑人生》,石平译,合肥:安徽人民出版社,2012,第213页。

第六章 集温情、脆弱于一身

通夜不睡,去打台球,这好像是可以让他的脑子得到休息吧。他很爱抽烟,几乎是抽个不停。……爸爸走路的步伐很特别,我们都很喜欢……他在动脑筋的时候,或是在吃饭换菜的社会,总是在屋里走来走去。爸爸很喜欢动物,特别爱猫。我们养过一只小灰猫。他管它叫作"懒骨头",老爱把它扛在肩膀上走来走去,那样子太可笑了……①

苏西经常夜晚在卧室悄悄进行写作,白天将所写的稿子藏起来。莉薇发现后偷偷将稿子取出来给大文豪看,他从心底里洋溢出无与伦比的喜悦和自豪。每当他回忆这段光阴时,那份喜悦与欣慰之情便无以言表:

> 在我心目中,就价值而言,没有任何一次的赞扬能同这一次相比。从那时起,这件事就如同一件珍贵的宝贝那样自始至终都留在我的心底,所有称赞、颂扬、欣赏,不管是从哪个方面而言,都不如这次这么珍贵,自过去到现在始终都是这样。②

当大文豪再次读到女儿为他写的传记时,即使已经事隔多年,那种感觉对他来说仍旧像宣读国王的圣旨那样神圣、庄严而又满怀欢乐,它带给他的惊喜与爱还像当年那样深刻。他感到,他读完这些东西之后的感受"就像一个地位卑微的人,意料之外地看到了一张要将他升成贵族的文告"。

作为伟大的幽默家,马克·吐温给全世界带来了欢笑。作为父

---

① 洁丽·艾伦:《马克·吐温传奇》,张友松、陈玮译,北京:中国青年出版社,1983,第 226 页。

② 马克·吐温:《马克·吐温自传:戏谑人生》,石平译,合肥:安徽人民出版社,2012,第 211 页。

亲,他同样给女儿们带来了欢乐。他对孩子们充满慈爱、关怀,为他们提供了和谐的家庭环境和快乐的生活。这是他送给孩子们的最宝贵财产。

亲人离世倍感伤

马克·吐温的作品和演讲给无数人带来了无穷欢笑,然而,晚年的他却在不断失去亲人的痛苦深渊中挣扎,痛苦不堪。众多他生活中最亲密人先他而去,他在生命最后十年的大部分时光里备受煎熬。在与朋友和亲人在一起的私下场合,他常表露出令人吃惊的麻木。

大文豪的儿子兰登因患白喉在 22 个月大时夭折;他 61 岁时,他最喜爱的女儿苏西患脑膜炎去世,时年 24 岁;8 年之后,他 69 岁时,妻子莉薇在长期患病后离世;最小的女儿吉恩早于他 4 个月而逝,年仅 29 岁。

大文豪认为儿子兰登得病的责任全在于他。一个阴冷的早晨,他用皮衣裹着兰登坐敞篷四轮马车出去透气。但是,他很快沉浸在默想之中,忘记了孩子的存在。皮衣掉了,兰登光着腿,几乎被冻僵了。后来马车夫发现了可怜的兰登,他们急忙回家。可是为时已晚,孩子得了感冒,后来又转成白喉。莉薇痛不欲生,大文豪更是为自己的粗心大意而伤心内疚。他在晚年时曾描述自己那时的心情:"为了那天早上出乎意外的事情,我常常感到羞愧。我只要能够不想起这桩往事,就不去想它。"兰登的离世使马克·吐温抱憾终身,他始终难以摆脱自责的心理阴影。①

1896 年,大文豪携莉薇和女儿克拉拉做环球演讲,8 月到达英国。按照他们的计划,女儿苏西和吉恩将在一周后来英国与他们团

---

① 洁丽·艾伦:《马克·吐温传奇》,张友松、陈玮译,北京:中国青年出版社,1983,第 194 页。

聚。但这时他们接到了一封不祥的信,说苏西得了小病。这引起了他们的不安。第二天,莉薇和克拉拉收拾行装,准备返回美国。三天后,他收到了苏西病逝的电报。

苏西因脑膜炎发作而亡。无人能述说痛苦,他把仆人打发出去,将自己一人关在屋里,默默思念苏西。他在给莉薇的信中表达了内心的痛苦:"这真是个令人震惊的消息。我做梦也想不到。简直叫我感到天旋地转啊。我爱苏西,热烈地爱她;可是我过去并不知道这种爱有多么深厚。"谈到苏西,他只有赞赏和喜爱。他回忆了苏西在5至8岁时的一些事情,苏西的故事在他的《自传》里占了很大篇幅。他安慰妻子说:

> 你会看到她的。啊,我也很想能看到她,抚摸她那张没有知觉的脸,亲吻她那没有反应的嘴唇——可是我不会把她呼唤回来——不,哪怕给我无穷无尽的财宝,我也不干。她已经获得了人世间所能提供的最宝贵的礼物,我决不会剥夺她的幸福。
>
> 想开一些吧,亲爱的——迟早我们也会"获得解脱"嘛。宽心一些吧,你要想到,她少受了多少罪,少操了多少心,少经历了多少悲伤;还要想到,她永远不会因为失去自己的孩子而伤心透顶了。①

苏西去世带给他的痛苦时刻萦绕在他心里,难以抹去。为了排解痛苦,他一直通宵打台球,一直打到累倒为止——为的是求得一丝心境的安宁,免得自己因过度忧伤和悔恨而发疯。

十年之后,大文豪回忆起当初噩梦般的情景,依然记忆犹新。他这样写下了自己的感受:"这是人性的一些奥妙之一:一个人在毫无

---

① 洁丽·艾伦:《马克·吐温传奇》,张友松、陈玮译,北京:中国青年出版社,1983,第344页。

准备的情况下,居然能经得住这样的晴天霹雳,还能活下来。"在接下来十个月的隐居生活中,大文豪拼命地从事写作,写出了《赤道环游记》。他这样苦干,一方面是为尽早偿还他所创办的韦伯斯特公司的债务,另一方面是为了排解苏西的逝去带给他的哀伤。克拉拉后来追述他们当时的隐居生活时写道:"自从苏西去世之后,过了很长的时间,我们家里一直没有人笑过。父亲的暴躁性格表现为雷霆般痛楚的狂吼,渐渐变成刺耳的悲叹。他快步在屋里走来走去,这时候再也没有他那种慢吞吞的语调了。"

三年之后,大文豪的哥哥奥利安也因病去世。

1900年10月,思乡的愁绪萦绕着大文豪,他携家人回到了美国。

在夸里山庄,莉薇度过了她最后21个月的时光。她一向身体羸弱,57岁时患上了严重的机质性心脏病和甲状腺肿病,开始卧床不起。为了陪伴莉薇,大文豪谢绝了纷至沓来的邀请。为了保证她的健康,大夫们限制他每天只能探望两分钟。为了向莉薇表达他的情意,他常常写一些充满深情的便条,签上"小伙子"的名字,从门缝里塞进去。莉薇一次又一次说,她想要有个家。

1904年6月5日,在他们到达意大利7个月之后,他终于找到了一个中意的地方,打算经莉薇同意后买下来。莉薇听到这个消息,十分兴奋,显得精神很好。于是他不顾医生每天两分钟探视时间的限制,在莉薇的房间待了半小时,把他们要买的房子的情况告诉她。他离开莉薇后,到楼上弹奏起自苏西去世以来8年未曾摸过的钢琴,并唱起了苏西爱听的黑人的圣歌。莉薇在楼下听见了"轻轻地跑吧,漂亮的车儿"的歌声,她说了一句"他在给我唱一支祝我安眠的圣歌哩"之后,就闭上了眼睛。

大文豪失去了他生命中最宝贵的部分,这个损失永远也无法挽回。他感到极端孤寂,心里发出了持续不断的呼声:"我多想和莉薇在一起啊。"他乘船回国埋葬莉薇,在笔记本上撰写莉薇回忆录:"在这三十四年中,我们一同出外航行过多次。亲爱的莉薇,现在我们正在做最后一次航行。你在地下,孤零零的;我在人间,和大家在一起,但也是孤零零的。"①他说:"我只知道,她便是我的生命,是我的财富。现在她离去了,我便成了乞丐。"②

大文豪一生经历了太多与亲人的生离死别。在他童年时代,他4岁时曾被抱着看到过棺材里躺着的9岁的姐姐玛格丽特;在他7岁时,他拉着母亲的手跪在床边,看到10岁的哥哥本杰明的尸体;在他11岁时,父亲的去世让他真切地体验到了生命的消逝。这些都使他过早地感受到,人世间生离死别的残酷与痛苦。

仅在1904年这一年的时间里,他的几位亲人相继与他永别:1月是奥利安的妻子茉莉,6月是莉薇,9月他的姐姐帕梅拉去世。马克·吐温默默地沉浸在悲哀之中,在孤寂的日子里写下了《夏娃日记》。

"吉恩之死"是马克·吐温自传的最后一篇文章,他讲述了小女儿吉恩去世的经过。1909年,他在雷丁建造了一所名为斯托姆斐而德山庄的住宅。圣诞节除夕,克拉拉去欧洲新婚旅行,家里只剩下他和吉恩两个人。父女俩聊得非常开心,9点之后,吉恩与父亲道晚安。第二天早上7点半时,大文豪听到女儿去世的消息,在那一刻他几乎体会到了子弹打穿战士心脏时的感觉。吉恩是在洗澡时突发癫痫病引起心力衰竭而亡。前一天,他还曾告诉吉恩说,他们两人也能够组成一个家庭,他们约定要成为亲密的伙伴,要快乐地生活在这个世界上。可是,他们的美梦仅仅持续了4天,吉恩就离父亲而去了。

老年丧女令人非常悲恸,吉恩的离去对大文豪的打击是致命的。

---

① 洁丽·艾伦:《马克·吐温传奇》,张友松、陈玮译,北京:中国青年出版社,1983,第360页。
② 马克·吐温:《马克·吐温自传:戏谑人生》,石平译,合肥:安徽人民出版社,2012,第357页。

在他去世的前一年,离他而去的还有他一生中"最亲切、最知己的朋友"罗杰斯。在自传中,大文豪花了整整一节的篇幅记载罗杰斯对他的无私帮助,表达了他对老朋友深切的感谢和怀念。是罗杰斯在他的公司破产、陷入经济困境时伸出援助之手,阻止他将自己15部书的版权转给债主们;也是他阻止莉薇将自己的房屋产权转交出去。罗杰斯一方面劝大文豪用其他办法偿还债务,另一方面设法安抚那些债权人。大文豪听从了他的意见,最终靠环球演讲赚得的收入偿还了债务。他评价罗杰斯有先见之明,"非常伟大":"为了我的版权的事情,他不屈不挠地斗争,坚决捍卫我们一家的权益。"对于罗杰斯的大力帮助,他始终感激不尽。如今,罗杰斯也离他而去,使他倍感孤苦伶仃,形影相吊。

众多亲人的离去极大地影响到马克·吐温的情绪。晚年,他继续写了相当篇幅的文稿,但大多数都未能收尾。他的记忆很不稳定,时常会勃然大怒,固执己见,并有很长一段时间沉溺于忧郁、沮丧的情绪中。而他试图摆脱这种情绪的方法,就是无休止地打台球、玩牌、抽雪茄以及卧床阅读。

在大文豪出生那年,哈雷彗星划过长空。马克·吐温曾经预言自己将会随着这颗彗星离去。1910年4月19日,彗星再次显现在天际。两天过后,他果然离开了人间。4月21日,马克·吐温在康涅狄格州雷德因的乡村住宅离开了这个世界,他被安葬在纽约州的埃尔米拉。

大文豪把快乐带给了人们。然而,晚年的他独自品尝孤独、痛苦。这实在令人叹息,不禁慨叹他命运的悲催!

可爱的"缺陷"

在苏西的记载中,她从不掩饰父亲的种种弱点,称他"的确有一个作家的头脑,可是有些最简单的事情他却不懂"。在马克·吐温的自传中,他记述道,苏西发现他有许多缺陷,比如,他对于某些难题总是表现得木头木脑的。事实确实如此。这位大文豪承认:"直到如今还是如此,一旦事情稍微有些复杂,我就会恼火,实在是按捺不住。"①

哪怕是最普通、最简单的合同,他也读不下去——例如,"第一方面的当事人""第二方面的当事人"这样的合同语,他还没念多少便失去了耐心。

大文豪家里安装了警报器,可是它从来没有尽到过责任。只有那么一次,它做的认真而又漂亮。可惜的是,他却未使它起到应有的作用。一个凌晨,警报器响了,他知道这次它不是在骗人,有小偷在地下室行窃。可是他随手将它关掉,止住了喧闹声。他的理由是,地下室只放着蔬菜和煤,随便他偷吧。不久,家里一楼的警报器也响起来。他想,小偷现在是想偷陶器和装饰品吧,不用管他。当妻子担心万一小偷到楼上他们的卧室来,他们该怎么办时,他说:"从窗口爬出去。"接着,他们就睡了。一直睡到早上近8点,他急匆匆出门搭火车时,才发现屋后的窗户大开着,自己的新外套、伞、皮鞋不见了。此时,马克·吐温开始着急起来,他马上出门追小偷。一路他看到小偷扔掉了许多他家的旧物件。于是,大文豪胜利地回到家,向妻子证明,小偷确实是失望而回。

从这件事可以看出,大文豪确实有许多与常人不同之处。他对普通事情的看法往往有违常规,这大概是他的头脑能够迸发出文学灵感的原因之一吧。

苏西说父亲说话粗俗,这是事实。马克·吐温将妻子对他的尊重和支持看得非常重,所以在她面前说话特别克制。他感到,在结婚前十年中他克制得特别成功。可是,有一次,他不小心动了粗口,在

---

① 马克·吐温:《马克·吐温自传:戏谑人生》,石平译,合肥:安徽人民出版社,2012,第215页。

妻子面前露出了马脚。一个早上,他在浴室里刮胡子时,没有关紧门,而他并没有意识到这一点。对于刮胡子这桩麻烦事,他嘟囔了一些不雅的话,然后就穿衬衫。衬衫是他自己设计的,开襟在背后,纽扣订在后边。可是这件衬衫的纽扣掉了,他的火气也随之上来,开始气粗,脏话连篇,随手就把衬衫扔出了窗外。他一边吼着,一边将另一件衬衫披在身上,结果发现第二件衬衫也没有纽扣,于是他的嗓音又随之增大,更加恼怒,并将它也仍出窗去。在情绪失控的情况下,他又怒气冲冲地将第三件衬衫披到身上,可是它又没有纽扣。可想而知,这件衬衫也被甩到窗外。此时的大文豪就像市场上的屠夫一样粗鲁,将可恶的纽扣、衬衫和世界全部骂了个够。在即将结束战役之时,他突然发现,浴室的门有一道缝。他猛地惊呆了,担心妻子听到他的污言秽语。

大文豪在浴室里呆住了,他故意拖延,思考着该怎么办。他真希望妻子还没有醒,但是他又明白,这根本不可能。最后,他决定以不变应万变,装作什么事都没有发生的样子,满怀惶恐地逃过卧室里妻子的眼睛。然而,他感觉到,有一双责怪的眼睛正在盯着他:

> 我见到妻子靠在床头,漆黑的头发如绸缎般散落在雪白的枕头上——我看到了那张年轻而又美丽的脸,我看到了她那双和蔼的眼睛里面有些我从未见过的东西,那是愤怒、怨恨而又失望的目光。我感觉自己垮了下来。在她那种目光的注视之下,我感觉自己无地自容。在她那哀怨的怒视之中,我一声不响地站在那里,足有一分钟之久——我应该说,那段时间似乎很长很长。①

---

① 马克·吐温:《马克·吐温自传:戏谑人生》,石平译,合肥:安徽人民出版社,2012,第 223 页。

第六章　集温情、脆弱于一身

妻子将他说过的话丝毫不差地重复了一遍,但是语气却一点都不顺畅,似乎她像一个孩子刚开始学说话似的。大文豪从来没有听过谁能够将那些话说得那么不协调、不入调,就像强有力的语言和软弱无力的音乐配在一起一样。他感到很内疚,强忍着没有笑出声来,但却听到她说:"听,现在你知道那些话有多难听了吧?"这时,他的笑神经再也忍不住了,空中到处都弥漫着他发出的咝咝笑声。他说:"哦!莉薇,如果真的像你说得这么难听的话,但愿上帝能够对我进行宽恕,我再也不会犯同样的错误了。"然后,她也忍不住大笑起来。后来,他们两人都笑个不停,直到最后笑不动了,他们也就自然而然地和解了。在多年之后,这件事情还深深地刻在他的脑海中,异常清晰。

大人物也像平常人一样有七情六欲,在某些时候也会像常人一样采取粗俗的方式发泄自己的愤怒。也许正是由于他们的这些缺陷,才让他们更可爱吧。

坎坷不平经商路

虽然在19世纪的美国文坛无人能与马克·吐温比肩,然而,他毕生追求的发财梦却从未实现过。实际上,他是一名蹩脚的商人。

大文豪自12岁起就独立谋生。他四处漂泊,当过印刷工、领航员、矿工和新闻记者,做着发财梦,可是,27岁时,他却仍然一贫如洗。

60年代初,他也被卷入了淘金热,在内华达山区挖银矿。一次偶然的机会,他和朋友希格贝发现了一条隐矿脉。这种矿脉是一种公共财富,只要他和朋友申请开采,马上就能成为百万富翁。每个开矿者都明白,一个新申请的矿必须在10天之内动工开采,过期无效。所以,他们预定第二天就动手打矿井,以取得保障。

可是第二天，一位朋友告诉他说，约翰·纳伊上尉在 9 英里外的小屋里得了重病，急需抢救。大文豪便给希格贝留了个便条离开了。不料上尉病势严重，他一连护理了 9 天，上尉才见好转。等他回到木屋时，发现希格贝正坐在桌旁瞪着他留下的那张便条发呆——他才刚刚看到它！而此时，他们发现的银矿已经被其他人开采了。大文豪只做了 10 天百万富翁的美梦破灭了，他还因过早地大肆宣扬自己的成功而成为镇上许多人的笑柄。然而，他重情义胜过重金钱的良好品质则让人钦佩无比。

大文豪在 30 岁到 50 岁之间主要靠写作和演讲养家糊口。但是他总是感觉到写作无法保证他年老时的生活，于是他进行了一次次商业投资，希望能够有所回报。然而，结局常常是惨败。他的一个朋友将自己的投资专利，以 15 000 美元的价格转让给了他。实际上这个专利没有任何投资价值，但是他轻信了这位朋友，一年下来，他为之损失了 4 万多美元。类似的事情发生过多次，他感叹道："我发现自己不是干投资的料，也没有发财的命。"于是便决定对投资敬而远之，不再愿意问津了。

然而，大文豪对商业投资恐惧的心理也使他错过了一次绝佳的发财机会。电话的发明者贝尔曾经带着他的机器请大文豪为他投资，买他的股票。但是大文豪由于在商界经历了太多痛苦的教训，便坚决拒绝了这个请求。可是，一年之后他发现，买了贝尔股票的人赚的钞票滚滚而来，按照他的话说，就是"多到必须要用铲子去铲才行"。这令他慨叹无比："啊，这个世界可真是奇怪啊！愚蠢、没有经验的人经常会得到他根本就不配拥有的成功，而那些有知识、有经验的人却经常要迎接失败，这个世界是多么的奇怪啊！"[①]

1884 年，大文豪 49 岁时，完成了《哈克贝利·费恩历险记》的创

[①] 马克·吐温：《马克·吐温自传：戏谑人生》，石平译，合肥：安徽人民出版社，2012，第 246 页。

第六章 集温情、脆弱于一身

作。由于对自己的书比较有信心,也为了让自己的作品"肥水不流外人田",他便出资组建了一家出版公司,由他的外甥女婿查尔斯·韦伯斯特当经纪人。韦伯斯特是一位土木工程师,人很诚实,但毫无出版经验。大文豪却因为他公正无私、干劲十足而信任他。1885年,公司初开张时很有起色,出版了《哈克贝利·费恩历险记》和前总统格兰特①的《回忆录》,给大文豪带来了丰厚利润。他从公司分得4万美元利润,报纸便大肆渲染,说他是一位百万富翁。

但是,大文豪赚得的钱,大量流入发明家佩吉发明的排字机上了。5年前他投资2 000美元时,这部机器"快要完成了";1885年,大文豪已经把1.3万美元投入到这台机器上,它仍然是"快要完成了"。

大文豪本人不善于经商。他经常举棋不定,常给易出差错的韦伯斯特发出自相矛盾的指示。韦伯斯特虽然能埋头苦干,但常常与大文豪的意见相左,彼此都无法容忍。大文豪便将摇摇欲坠的公司交给了一个助手负责,自己只关心《康涅狄格佬奇遇记》的写作。

公司的经营状况每况愈下。而且到1887年,他投资的排字机每月花费他3 000元,始终没有投入生产,无法进入市场。最终,这个最昂贵却又最没用的排字机运转模型,交由哥伦比亚大学博物馆和柯奈尔大学博物馆保存。14年中,他为这部机器投资15万美元。他痛恨佩吉这个花言巧语、善于哄人的发明家,最后不得不承认"自己是个大傻瓜"。

由于经济状况窘迫,1891年,大文豪不得不凄凉地告别心爱的位于哈特福德的家,到消费水平低的欧洲生活。在1893至1894年经济萧条时期,大文豪的书销路极差,他的出版公司也因韦伯斯特经营不善而陷入困顿,在1894年宣告破产,欠下9.4万美元债务。

就这样,大文豪在58岁时破产了。虽然马克·吐温没有偿还这

---

① 尤利斯·辛普森·格兰特(1822—1885),美国第18任总统。美国南北战争的"常胜将军",领导北方军队取得了胜利。

笔债务的责任,但他却决定偿还这笔巨款。负债的羞辱使他心如火焚,身无分文的他要不是受到罗杰斯的劝阻,差点将自己15部书的版权让出去,或将哈特福德的房子卖掉,来偿还债务。

大文豪决定靠写作和演讲来偿还债务,这是他摆脱破产的唯一办法。在莉薇和克拉拉的陪同下,他背负重债开始了全球巡回演讲,先后到澳大利亚、加拿大、印度、南非、英国、瑞士、瑞典、奥地利等国进行演讲。他拼命地工作,债务在不断减少,而他们则过着十分清苦的日子。到1898年1月,不到4年的时间,他终于偿还了韦伯斯特公司最后一位债主的钱。他给朋友写信说:"我终于偿还了这些债务,总算是一件痛快事。"

美国各家报纸都刊登了长篇评论,称赞他顾全名誉、偿还债务的行为,与沃尔特·司各特①的行为一样令人敬佩。大文豪和妻子厌倦了四处漂泊,他们结束了9年海外生活,于1900年10月回到了美国。

总结他这一生的经验和教训,大文豪说道:"我懂得了自己平生最容易上那些小气鬼和冒险家的当。这种人通常会神不知鬼不觉地到我身边来,对我撒谎,将我狠狠地掠夺一把,然后便溜了。"②大文豪的自我评价确实恰如其分,可惜他是当局者迷,当他年老时才明白过来,有些为时已晚。当然,这也许与他为人过于厚道、善良有关,也与他易于轻信别人、缺乏经商头脑有直接的关系。

1903年,马克·吐温的名声达到了顶峰。在英国,有人把作家吉卜林③称为"伟大、超凡的克列门斯",美国人也承认这种说法。可见马克·吐温在英国的知名度之大。耶鲁大学将文科硕士学位和文

---

① 沃尔特·司各特爵士(1771—1832),苏格兰诗人和历史小说家。他因加入一家出版公司受到连累,身负重债,不得不拼命写作。债务还清时,他因劳累过度而亡。
② 马克·吐温:《马克·吐温自传:戏谑人生》,石平译,合肥:安徽人民出版社,2012,第275页。
③ 吉卜林(1865—1936),英国作家、诗人,英国第一位诺贝尔文学奖获得者。

学博士学位授予了马克·吐温,密苏里大学将法学博士学位授予了他,他忍不住欢呼雀跃。1907年6月,英国牛津大学授予小学未毕业而靠自学成为文学大师的马克·吐温文学博士学位,这是全世界对于他对人类文明做出的巨大贡献的肯定。

马克·吐温无愧于这些荣誉!

吉卜林给他的美国出版商写信,表达长期以来欧洲各国对马克·吐温的高度评价:他是大洋彼岸最伟大的人物,远远超过其他人,你们千万不要忘记这一点,他可以和塞万提斯①媲美。

美国20世纪的两位诺贝尔文学奖获得者都盛赞马克·吐温,福克纳②称,他是美国文学史上的林肯。

马克·吐温无愧于这些赞誉!

---

① 塞万提斯(1547—1616),西班牙作家,著有《堂吉诃德》。
② 福克纳(1897—1962),美国现代作家,1949年获得诺贝尔文学奖。

第七章
"邮票大小的土地"王国的"国王"
——威廉·福克纳

福克纳

他是那块"邮票大小的土地"王国的"国王",继承了先祖留给他的"不菲财富"。

20世纪20年代,他在美国出版界初露锋芒。然而,这一时期,他那"大酒鬼"和不善交际的名声也开始传播,并一直伴随着他的后半生。

他一生只娶了一位妻子,但却是个多情种子,追逐过多位情人。他自认婚姻不幸,靠情人给他注入活力。

在好莱坞的编剧生涯中,一边周旋于将近10年的婚外恋,一边为婚姻生活的柴米油盐而苦恼。

他逐渐达到了成功的巅峰:作为美国政府的亲善大使,他多次出访各国;作为正义之士,他反对种族隔离制度;作为一代大文豪,他成就非凡。

第七章 "邮票大小的土地"王国的"国王"

他就是诺贝尔文学奖获得者威廉·福克纳。

先祖的"遗产"

在20世纪的美国作家中,威廉·福克纳(1897—1962)大概是位与地名联系最为紧密的人。他笔下的美国南方约克纳帕塔法县,虽然纯属虚构,却世界闻名。作为那块"邮票大小的土地"王国的"国王",他得感谢他的先辈们留给他的价值不菲的"遗产"。

福克纳出身于美国南方密西西比州新奥尔巴尼县,祖上曾是显赫的名门望族。**他生活在美国内战30年之后**,此时,他位于美国南部的家乡,正处于新旧观念交替的时代。人们的思想处于传统与现代文化的冲突之中,导致一些人心理扭曲,也促使他作品具有历史性和地域性特点。同时,他那地域性故事与家族故事密不可分。

支配这个家族的人是福克纳的曾祖父威廉·克拉科·福克纳老上校,一位种植园主、军人、作家、政治家和经营铁路的企业家,他修建了当地唯一一条铁路。

牛津小镇留下了老上校深深的足迹。他的一生囊括了南方三大传奇:他的家庭出身和个人风采的骑士传奇故事,内战前他的种植园传奇故事,以及他撤掉北方投机政客在议院席位而成为拯救者的传奇故事。人人对老上校的传奇故事津津乐道,州内一个镇也以他的名字来命名。老上校死后,墓地上矗立起一座8英尺高的大理石雕像,一直保留至今。

他还著有几本小说,这种文学传统在家族中传承下来。福克纳作品中的"约翰·萨托里斯上校",就是以他的曾祖父为原型塑造的。

威廉·福克纳把自己看作是曾祖父的孩子,他从儿童时代起就模仿老上校的生活。他拒绝用父亲的名字卡斯伯特,而把家族巨人

215

的名字威廉看成是自己真正的名字。9岁时,他就开始说,"我要像曾祖爷爷那样当个作家。"这句话他一再重复,变成了一句口头禅。

传奇人物般的曾祖父和驰骋商界的祖父,将福克纳的父亲默里的失败衬托得尤为显眼。人们普遍认为默里是不肖子孙,他换了一份又一份的工作,却永远找不到安身立命之地。他的四个儿子回忆起父亲时,一致认为他是个冷酷、冷漠而又小心谨慎的人。

曾祖父的荣耀与父亲的落寞构成了巨大反差,并因此造成家庭分裂。在青年和成年初期,福克纳常常指责父亲。福克纳称呼父亲为"先生",看似是他对父亲的尊重,实则是把父亲看作一个无聊的失败者。他也明知道,父亲认为他懒散、古怪,而他对此报以轻蔑的态度。一天,父亲听说他像曾祖父那样喜欢抽烟斗,就递给他一支雪茄。他接过来,回答说,"谢谢您,先生。"然后伸手从口袋里掏出烟斗,把雪茄一分为二,其中一截装入烟斗,点燃后抽了起来。父亲眼睁睁地看着他,一言不发转身走了。福克纳回忆说:"以后他再也不给我雪茄了。"

也许是因为能够猜测到自己在他书里的形象,默里·福克纳至死也未读过儿子写的作品。在福克纳的第一部取材于家庭轶事的小说《坟墓里的旗帜》中,他不但以家道中落为主题,还把萨托里斯家的父亲描述成碌碌无为的人。这正是父亲把家从里普利搬到牛津之后,他们生活状况的反映。

但是,福克纳很为他的母亲莫德自豪。母亲意志坚定,自尊心强,赢得了他的敬重。莫德善于绘画,嗜书如命,在艰难的生活中坚持读完了大学。她十分珍视教育,在儿子们学龄前,她就教会他们读书识字,阅读童话和各种经典作品。她灌输给福克纳对文学经久不衰的热爱,使他从中得到忘乎所以的喜悦。她对孩子们比沉默寡言的丈夫热情亲切,但是也会严厉得毫不留情。她意志坚定,自尊心强,面对无能的丈夫,她惯于克制、忍耐,并告诫自己"不要抱怨,不要

第七章 "邮票大小的土地"王国的"国王"

辩白"。

母亲在世时(她于 1960 年去世),福克纳始终是个听话孝顺的儿子。他离开家时,从不会忘记给她写信。只要他在牛津,就会常去看望母亲。他结婚后,母亲告诉他说自己不喜欢看到儿媳妇,他就抽出时间一人来陪母亲。

屡屡失败的父亲与自尊坚强的母亲势不两立。母亲经常强迫福克纳在"软弱"和"坚强"中做出选择,让他从小就体验到深深的分裂和痛苦。母亲临终时提

青年福克纳

到父亲时说,"我从来也没有喜欢过他。"他对此只是伴以轻声一笑。

福克纳的小说揭示出他一生试图掩饰的生活,他把自己内心的分裂和痛苦与父母联系在一起,他的小说也暴露出他内心深处对孩子的同情。例如,在《喧哗与骚动》和《押沙龙,押沙龙!》中,孩子们的父亲或早逝,或不称职,孩子们在情感上被父亲遗弃。

加上身体不好,福克纳耽于想象,由一个顺从、沉默、安静的孩子变为上课不专心、经常逃学的问题孩子。他经常编撰一些故事,哄骗其他孩子代替他劳动。

福克纳的日常生活中充斥着许多故事,他的想象力越来越丰富,渐渐从听故事转为讲故事。到他 10 岁开始厌学时,他已经在读莎士比亚、狄更斯、巴尔扎克和康拉德①的作品。他也听祖父讲曾祖父老上校的故事,听完之后,祖父会让他摸摸老上校的手杖、书、表和老上校被害那天从他嘴里掉落在地上摔坏了的烟斗。祖父还送给他一件老上校的背心和表带饰件,这让他感到自己是"世界上生存过的孩子

---

① 约瑟·康拉德(1857—1924),英国小说家,著有《吉姆爷》《黑暗的中心》等作品。

中最得意的一个"。不久,他也开始学着抽烟斗,并养成了终身习惯。福克纳还从家里的黑人女佣考利奶妈那里听到了许多各式各样的故事,涉及奴隶制、南北战争、福克纳家族等。这成为他日后反对种族隔离思想的根源。

福克纳经常逃学,耽于幻想。小学毕业时,他的成绩明显退步,越来越差。但是,13岁时,福克纳开始读诗、写诗,他热爱诗歌,无论是浪漫主义、后期浪漫主义的诗作,还是颓废派的诗作,并开始煞有介事地把自己读过的书讲给朋友们听。福克纳越来越厌烦学校的功课,以至于他重读了几次十一年级也未毕业。他比同龄人的个子矮小,整个童年都希望自己能长得高大些。为了掩饰自己的矮小身材,他让母亲把衣服改得紧裹在身上,走路缓慢,身板笔挺,昂首而立,眼光严厉,希望过路人把他当作人体模型。这种怪异行为使他落下了"怪人"和"伯爵大人"的绰号,他的内心也产生了深深的孤独感。

虽然福克纳的童年没有太多欢乐,然而,他的家族背景及其早期经历为他日后的创作奠定了坚实的基础,成为他创作的灵感和来源之一。

中学肄业之后,福克纳在银行工作过一阵,之后到密西西比大学待了几年。他在那里参加过几项感兴趣的活动,结交了几位志趣相投的朋友。菲尔·斯通是他的文学导师,指导他进行诗歌创作,引导他学习19世纪的诗人作品和象征主义诗歌。

他的个人世界崩溃了,福克纳转而希望在外面的世界求得解脱。正值第一次世界大战,福克纳下决心参战当飞行员。然而,找到征兵站后,他却因身材矮小、体质羸弱被拒绝了。为了实现飞天的梦想,他来到纽黑文,在英国皇家空军军官的帮助下,学习英国口音,编造英国身份。他揣着伪造的文件,报名受训当上了皇家空军飞行员,并踏上了去法国的征途。然而,在经历了5个月的飞行训练之后,战争

第七章 "邮票大小的土地"王国的"国王"

结束了,这令他极度失望。他又复员回到了牛津,没有受伤、受表彰的记录。但当他回家时,一身戎装,身着英国军官服,披着装饰有飞行胸章的大氅,威风凛凛。他手拄拐杖,走路显得稍"瘸",据他讲是训练时飞机失事受了伤。

回家后的福克纳哀怨自己命运不济,无法驾驶飞机飞上天空。尽管他每次讲的内容都不一样,却爱向别人炫耀自己的飞行和受伤经历。据他弟弟后来写道:"凡是作家,多半时间生活在想象中……很容易变成另一个人,不再是他自己。比尔(威廉)是我见过的人中最拿手的一个。"①

战争过去后,福克纳要面临如何生活下去的问题。失去了青梅竹马的小情人埃斯特尔,又未如愿参战,他开始变得消沉,只好重新依赖父母生活。他偶尔打打工,去朋友家聊天、打猎、玩高尔夫球,或去市中心广场听故事,杂七杂八地读些书,有时躲在房间看书写作。

福克纳的这种生活模式持续了若干年,给牛津人留下了"诗人"和"酒鬼"的印象,人们常看到他一副醉酒的样子。但是**写作使他从病态和恐惧中解脱出来,他用诗歌表现出对自我和人生的关注。**1924年出版的《大理石牧神》是他的第一部著作,这部书显示出福克纳陷入无望的初恋时不能自拔的状况。凑巧的是,他作诗的第一阶段正好同埃斯特尔回牛津的时间相同。埃斯特尔第二次回牛津时,福克纳写了另一本《春日憧憬》,便在她散步时朗诵给她听,在与她分手时又赠予她。

福克纳的生活无着落,斯通便帮他谋得了大学邮政所长一职。但是,他对此没有兴趣,自然没有卖力做好,常造成信件无故延误或丢失,惹来许多不满,甚至有人起诉他。于是他主动辞去了邮政所长一职。福克纳的反应是:"感谢上帝,从今以后我可再也不用听从任

---

① 戴维·明特:《福克纳传》,顾连理译,上海:东方出版中心,1994,第40—41页。

何一个有两分钱买邮票的龟孙子的使唤了。"①

也许是因为与邮票打过近三年的交道,福克纳在1956年谈到他的创作时还用邮票来比喻他创建的虚构王国。另一件与邮票有关的故事,会令九泉之下的福克纳啼笑皆非。1987年正值他诞辰90周年之际,美国邮政总署决定发行5 000万张22美分的福克纳肖像邮票。发行前夕,密西西比州邮局局长詹姆士·哈蒙斯说,"虽然福克纳作为邮局职员的经历不很出色,但他自己仍然为他的老乡能上邮票而感到骄傲。也许当时他的心思用在别的地方。他后来找到了更为合适的职业。"②这实在是一件令人捧腹的滑稽事。

如今,埃斯特尔和几位朋友成为了福克纳的听众,作诗成为了福克纳表达自己内心的手段。然而,他却对牛津越来越无留恋之意,于是决定离开这里。从此,福克纳开始了新的人生。

虽然福克纳家族失去了以往的辉煌,他也并未从先祖那里继承许多物质财富。然而,**他熟悉这里的一切,这里的历史、文化、居民都那么令他难忘,使他以后在多部作品中"缔造"了约克纳帕塔法县,成为这个"邮票大小的土地"王国的"国王"**,很好地继承并光大了先祖留给他的无价财富。

初露锋芒

20年代,福克纳开始在美国文坛崭露头角,显示出他天才的文学想象力及创作实力,博得出版界的认可。这是他的初步胜利。

作家舍伍德·安德森③是福克纳写作初期的领路人。1925年,福克纳在新奥尔良结识了当时赫赫有名的安德森,两人一见如故。

---

① 李文俊:《福克纳传》,北京:新世界出版社,2003,第11页。
② 同上。
③ 舍伍德·安德森(1876—1941),美国小说家。

第七章 "邮票大小的土地"王国的"国王"

安德森名气大,年纪也比他大一倍,自然成为他的导师。他与安德森经常见面,福克纳回忆道:"我们一起散步,他说我听。"晚上,"我们一起喝着酒,坐到一二点,依旧是他说我听。"①两人都喜欢画画、写字以及吹牛。一年多下来,在安德森的鼓励下,福克纳对自己的写作天才越来越充满信心。他后来回忆说:

> 我从他那里学到的是,作为一个作家,你必须做你本色的人。做你生下来就是那样的人,也就是说,做一个美国人和一个作家,你无须去口是心非地歌颂任何一种传统的美国形象……你只需记住你原来是怎么样的一个人。"你必须要有一个地方作为开始的起点;然后你就可以开始学着写",他告诉我,"是什么地方关系不大,只要你能记住它也不为这个地方感到害羞就行了。因为有一个地方作为起点是极端重要的。你是一个乡下小伙子;你所知道的一切也就是你开始你的事业的密西西比州的那一小块地方。不过这也可以了。它也是美国;把它抽出来,虽然它那么小,那么不为人知,你可以牵一发而动全身,就像拿掉一块砖整面墙会坍塌一样。"②

福克纳顺利进入了这里的作家圈及艺术家圈。在这里,他找到了才思涌动的动力,每天不停地写作,几个月下来,他就在杂志《两面派》上发表了几万字。

在安德森的建议下,福克纳的第一部小说《士兵的军饷》得以出版。从此,福克纳走上了小说创作道路。然而,不久之后,他却在无意间伤害了他的精神导师。1926年,福克纳和威廉·斯普拉林合写《舍伍德·安德森及其他克里奥尔名人》时,拿安德森的风格开玩笑,

---

① 戴维·明特:《福克纳传》,顾连理译,上海:东方出版中心,1994,第60页。
② 李文俊:《福克纳传》,北京:新世界出版社,2003,第12—13页。

虽无恶意,却伤害了这位一向与他为善的朋友和导师,两人的关系日趋紧张。安德森和福克纳都是敏感好胜之人,前者走在痛苦的下坡路上,后者却在起步上升,师徒关系自然无法继续。此后,安德森一直不理睬福克纳,两人就此闹崩。

多年后,福克纳回首往事时,感谢安德森把自己领入了文学创作之门,特别是安德森引导他去写他所熟悉的环境,并由此发散开来。他说,"(安德森是)我这一代美国作家的生父,代表了美国文学的传统,……他始终没有得到他应有的评价。"他的这番评价强调了安德森对美国现代派文学的巨大影响力。从他创作第一部小说《士兵的军饷》开始,福克纳明确了他的雄心壮志:既追求名利,又要忠于艺术。他开始马马虎虎写杂文,认认真真写小说,往往写到深夜。

《喧哗与骚动》出版之后,受到了人们的关注,但是销量不高。这是福克纳的优秀代表作,描绘了南方没落贵族康普生一家三代人的生活变迁。小说的中心人物是女儿凯蒂,她曾受骗怀孕,又被人遗弃,后来沦为妓女。她的堕落象征着这个家族的败落,影射整个南方种植园制度的解体和这一制度下的传统道德法规的崩溃。小说分为四部分,分别由康普生的三个儿子和女仆迪尔西叙述。凯蒂从未直接出现,但却是小说的四个叙述者的话语中心。这部意识流小说展现了福克纳高超的写作技巧。

《我弥留之际》讲述了美国南方一户普通农民的辛酸生活和"苦难历程"。艾迪在度过艰辛的一生后去世,农民本德伦为遵守对妻子的承诺,率全家将妻子的遗体运回家乡安葬。小说是作者运用多视角叙述方法及意识流的又一杰作,但也像《喧哗与骚动》一样销量不高。福克纳大失所望,但是他并没有失去信心。幸运的是,在英国,理查·休斯开始力捧福克纳,他说服查托温德出版公司买下福克纳作品在英国的出版权。与之相呼应,福克纳也开始"推销"自己的作品,他开始向多家杂志社投寄以前积压下来的多篇短篇小说。虽然

第七章 "邮票大小的土地"王国的"国王"

他不断收到退稿,但还是取得了成功。

首先得到杂志社认可的是短篇小说**《献给爱米丽的一朵玫瑰》**,刊登在《论坛》1930 年 4 月期,引起极大反响。小说描述的是美国南北战争以后,生活在南方小镇的一位老处女爱米丽的故事。爱米丽的父亲为了维护所谓的贵族等级和尊严,赶走了所有向爱米丽求爱的男子。父亲去世后,爱米丽爱上了来镇上修建铁路的工头北方人赫默。当她发现赫默无意与她成婚时,便毒死了他,并将其尸体藏在家里 40 年。从此,她过着与世隔绝的生活,直至去世。小镇居民在她的葬礼上才发现了这个秘密。这是自从《两面派》发表以来,福克纳第一次在重要杂志上发表短篇小说。《星期六晚邮报》《美国信使》等又相继刊登他的短篇。他大获成功,在《星期六晚邮报》上发表的第一篇作品《节俭》就得到 750 美元稿费,比他以往任何一部长篇小说得到的报酬还要多。

随着福克纳的名声大增,他开始购置住宅。他购买了一座精美典雅、富丽堂皇的庄园,福克纳将它命名为"山楸别业"。因为弗雷泽在《金枝》一书中称山楸树为和平与安全的象征,是苏格兰特产,而福克纳一直把苏格兰视为自己远祖的故乡。

福克纳的《圣殿》出版后,引起了评论家的关注和争论,有许多耸人听闻的评论。这部书的销量超过了他以前出版的所有小说总和,随之有人提出要购买他之前的长篇小说。但同时,小说却引起了牛津人的公愤。原因在于小说描绘了一幅被败坏了的南方社会的场景,堪称福克纳揭露和抨击美国南方丑恶现实的力作。福克纳在小说中羞辱了他周围熟悉的人,牛津人感到深受侮辱,便开始骂这本书十恶不赦,甚至谩骂福克纳,视他为仇敌。他的父亲默里在孙女的坟头祈祷,而母亲莫德不提自己是否读过这本书,反而设法袒护儿子,说儿子是不得已而为之。据他的一个弟弟讲,牛津人直到他发了财以后才认可了他的成就。

在又出版了几部短篇故事集之后,福克纳的名气大增。弗吉尼亚大学要召开南方作家会议,邀请他参加。在这次会议上,他嗜酒的名声广为传播。舍伍德·安德森回忆说,福克纳"不时露面,一下子就喝醉酒,随即又不见影踪。他逢人就讨酒喝,没人请他喝就自己买。"面对众多文人的闲谈,他因觉得自己学识浅薄而深感自惭形秽,一听别人提到他是个"自学成材的诗人",他便像普鲁斯特①笔下的青年画家一样,觉得"自己没有资格从事文学生涯"②。因而,和其他作家在一起时,他自我感觉就像一条乡下猎狗,主人走进杂货铺去买东西,它就蜷缩在大车底下。于是,福克纳只有借酒浇愁,以此打消对生活和事业的顾虑。对于他而言,酒精是解脱、逃避现实的一种方式。他喝得多,吃得少,身体变得虚弱,有时会当众呕吐,丑态百出。

不过,在会议上,福克纳成为了最受关注的南方作家。众人读了他的《喧哗与骚动》和《我弥留之际》之后,都瞠目结舌。如果他不出席会议或者招待会,大家就会感到少了点什么。他受到记者和编辑的追捧,有些飘飘然。他在给妻子的信里说:"我惊奇地得知,我现在成了美国文坛上最重要的人物了。连辛克莱·刘易斯和德莱塞③也要见我,门肯④星期三要从巴尔的摩大老远赶来见我。我很高兴我头脑很清醒,没有太自命不凡。"⑤福克纳在知识界独领风骚,出尽了风头。

即使如此,在目光敏锐的人眼中,福克纳更像一个怯生生的脆弱之人,并不像一头雄狮。听别人讲话是他很乐意做的事情,谈话一离开书本,他就有了优势,喜欢边听边谈。他愉快地同纳撒尼尔·韦斯

---

① 马塞尔·普鲁斯特(1871—1922),法国作家,代表作为《追忆逝水年华》。
② 戴维·明特:《福克纳传》,顾连理译,上海:东方出版中心,1994,第150页。
③ 西奥多·德莱塞(1871—1945),美国现代小说的先驱和代表作家。
④ H. L. 门肯(1880—1956),20世纪20年代期间美国知识生活的中心人物,散文家。
⑤ 李文俊:《福克纳传》,北京:新世界出版社,2003,第53页。

第七章 "邮票大小的土地"王国的"国王"

特①交流打猎,他与丽莲·海尔曼②谈得也很投机。福克纳讨厌谈论文艺话题,即使是与他愿意见的人在一起,他仍然局促不安。他告诉一位记者,"我不喜欢文人。我从来不与其他作家交往,也不知为什么,我就是不善于交际。我受不了'文人圈子'。"③他疲于应付,便拼命喝酒,常常陷入酒精的迷雾中。他拒绝随意签名题词,得罪了许多客人。

福克纳的压力来自作家、出版商和编辑。出版商竞相与他联系,要出版他的作品。他在写给妻子的信中说,"好像我是什么稀奇珍贵的怪兽似的。"④妻子来到纽约之后,他再也不觉得应酬无聊了,原因在于埃斯特尔擅长这类酬酢,而且他知道他即将回家过圣诞节了。

这一时期,福克纳初露锋芒。毫无疑问,他的文学创造力赢得了挑剔的出版商的青睐,他们预见到了一位伟大作家的诞生。然而,他的性格缺陷也开始显露出来,酗酒和不善交际一直伴随他到后半生,前者甚至导致了他的丧命,而后者使他的社交生活不甚顺利、愉快。

多情种子

作为一位想象力丰富的大文豪,福克纳的情感世界也非常丰富。青年时期,他除了有一位青梅竹马的"小情人"埃斯特尔(后来成为他的妻子)之外,在结婚之前他还有另外一位心上人海伦·贝尔德。30年代在好莱坞时,他与梅塔·卡本特相恋,这段婚外恋一直持续到二战结束。⑤ 年届五十之时,他又迷上了两名芳龄二八的年轻女孩,一

---

① 纳撒尼尔·韦斯特(1903—1940),美国小说家。
② 丽莲·海尔曼(1905—1984),美国女剧作家。
③ 戴维·明特:《福克纳传》,顾连理译,上海:东方出版中心,1994,第152页。
④ 同上书,第153页。
⑤ 见下文"好莱坞之恋"部分。

位是比他的女儿大不了几岁的琼·威廉斯,另一位是更为年轻的珍·斯坦。

年轻的福克纳有两位情人。埃斯特尔出身于显赫门第,活泼可爱,福克纳与她常在一起谈心、跳舞。她的舞姿轻盈,而福克纳由于身材矮小,极少下池跳舞。埃斯特尔性格开朗,一次次同其他男子山盟海誓,又一次次分手。她提议同福克纳私奔,而福克纳坚持要征得双方父母的祝福。可是他既无工作,又无前途,结果以失败告终。埃斯特尔与他人订婚,福克纳痛苦得难以忍受。福克纳自认为他与埃斯特尔的关系是一种浪漫、伟大而不幸的爱情。

在新奥尔良,福克纳结识了雕塑家海伦·贝尔德。他和海伦双双漫步海滩,他背诵诗歌给她听,但是海伦嫌他个子矮小,心神恍惚。海伦的母亲讨厌他的流浪汉装束和邋遢的卫生习惯,觉得他玩世不恭,便带海伦远赴巴黎。福克纳也随之追到了欧洲。他前往意大利的热那亚,旅行了四个星期后,又到巴黎。福克纳一路寻幽探秀,瞻仰了鲁昂的大教堂,寻访高卢罗马时代的废墟;在英国寻访了马洛[①]、狄更斯等作家去过的咖啡馆,穿越了同康拉德有关的肯特郡乡间;在巴黎,他拜谒了王尔德的坟墓,去了据说是乔伊斯[②]常去的咖啡馆,观看当地人的娱乐。这次旅行增强了他对文学创作的执着和信心,是宝贵的精神财富。

5个月后,福克纳回到了新奥尔良,仍旧希望赢回海伦的好感。海伦年轻、活泼,他便读诗、讲故事给她听。两人一起划船、游泳、散步、谈心,甚为和谐。他这一时期写了《五朔节》和《海伦:求爱》两本书,都是为海伦而作。他献给海伦的一首诗,可以让人领略他所承袭的浪漫派诗歌的风范:

---

① 克里斯托弗·马洛(1564—1593),文艺复兴时期英国诗人、戏剧家。
② 詹姆斯·乔伊斯(1882—1941),20世纪英国现代派文学泰斗,代表作是《尤利西斯》。

第七章 "邮票大小的土地"王国的"国王"

> 不要让"别了"形成于
> 两副嘴唇之间,有一天它们能合在一起,
> 词语无法割断联系,生命曾经青绿——
> 等到变得灰暗时,再说"别了"也还不迟。①

随着他对海伦的感情日渐升温,海伦已经取代埃斯特尔成为福克纳的心上人。然而,海伦却反应冷淡,一半是因为她同意母亲的价值观,另一半则是因为福克纳的身材和相貌令她想起"一只毛茸茸的小动物",她为此深感苦恼。而且,她也不欣赏他的文学才能。海伦的冷淡与福克纳的热情形成鲜明对比,这反而促使他更加执着地等待机会。

福克纳回到牛津的一年里,经常与回娘家的埃斯特尔会面。埃斯特尔的丈夫在外拈花惹草,她又与婆婆家的人难以相处下去,便选择离婚。她将希望寄托到了福克纳身上,指望他能够娶她,福克纳也经常去看望她。镇上的人都在议论他们两人的好事,然而,他觉得自己爱的人可能不是埃斯特尔。福克纳在给姑姑的信里提到一名女子,但是只字未提她的名字,"她像一只美丽的花瓶……但她使我的日子好过些。幸而没有钱,不然我会同她结婚。"②福克纳的这只美丽的花瓶始终无名,没有人知道她到底是谁。

1929年6月,福克纳完成了与埃斯特尔结婚的人生大事。他与埃斯特尔的恋爱颇多曲折:11年前,他信心十足地想娶埃斯特尔;如今,埃斯特尔离婚后却想嫁给他。她的妹妹多萝西请他不要再拖延,但是埃斯特尔的父亲仍然坚决地拒绝。福克纳的家人也持同样的观点,他们认为他已到而立之年,还没有多大出息,他应当先工作赚钱,然后再结婚。母亲也不同意他和一个离过婚的女人结婚。然而,福

---

① 李文俊:《福克纳传》,北京:新世界出版社,2003,第14页。
② 戴维·明特:《福克纳传》,顾连理译,上海:东方出版中心,1994,第106页。

克纳对埃斯特尔仍然死心塌地、一心一意,对旁人的反对置之不理,他相信自己有能力养家糊口。于是,两人到法院领了结婚证。第二天,他独自去看望了自己的父母和埃斯特尔的父亲。

福克纳的婚事遭到了许多人的反对。他的母亲至死也未改变立场,其他家人最后勉强同意了这桩婚事。在反对福克纳结婚的人中间,他的终身朋友菲尔·斯通是非常坚决的一位。他认为,福克纳结婚会有损他的事业,减少他成功的机会。

果不其然,婚后,福克纳因为家庭负担和埃斯特尔的挥霍,不得不考虑赚钱养家糊口的问题。他与埃斯特尔虽然认识已有25年之久,但在蜜月期间,两人就开始吵吵闹闹,初恋时的美好感觉早已消失无踪。当时,福克纳满心思考的是他创作的《喧哗与骚动》中康普生一家人,这个虚构的王国是他的第一生命,这使埃斯特尔感觉受到了冷落。她过惯了南方白人的特权生活,怀念以前阔绰的生活,难以忍受这一落千丈的变化,便常和福克纳一起喝酒喝过头。一天,她在喝了几个小时的酒之后,竟然试图溺水自尽。她涉水走进海里,福克纳拦不住她,便大声呼救,幸好邻居及时赶来,把她救了出来。当初福克纳曾经因为她嫁给他人而饱受失恋之苦,久久未从痛苦中解脱出来,后来海伦又让他重尝失恋的滋味。如今,他在写作中发现了一方新天地,希望别人按照他的条件进入他的生活。埃斯特尔则相反,她对这次婚姻寄予很大期望,婚后却发现她永远无法按照自己的意愿占有他。她服用镇静剂平静下来,休息了几日,逐渐恢复过来,蜜月生活就此结束。渐渐地,无奈的她只好忍受这种孤寂的生活。

结婚并没有如斯通所担心的那样耽误福克纳的创作,只不过他不得不作一些调整。他获得的稿费很少,经济窘迫,不得不在密西比大学的发电厂做监工。虽然从晚上6点钟开始连干12个小时,他依然挤出了足够的时间创作。他常在锅炉房连续铲几个小时的煤,然后把手推车当桌子,趴在上面写作。幸运的是,这份工作让他既可

第七章　"邮票大小的土地"王国的"国王"

以干活,又可以写作,至少能够边写作边谋生。他常去邮局看自己小说的销路和评论,以及读者对他的短篇小说的反馈。他还养成了每天去探望母亲的习惯,一直坚持到母亲去世。但是,母亲对埃斯特尔的曲意逢迎却总是冷淡而拘谨,她们的婆媳关系从未融洽过。

福克纳的第一个孩子是个女儿,他为女儿取了他最喜爱的姑姑阿拉巴马的名字。问题是埃斯特尔分娩时不太顺利,婴儿早产两个月。虽然孩子长得瘦小,但是医生说没有问题,不必放入早产儿保育箱。几天后,他将母女二人接回家。又过了几天,女儿变得虚弱,在出生9天之后就去世了。福克纳悲痛万分,去埋葬女儿时,他将棺材抱在怀里,又搁到膝盖上,流着泪亲手埋葬了女儿。他将女儿的死归罪于那位大夫,恨不得把他枪杀了。埃斯特尔后来回忆说,这是她第一次看见他流泪。两年半之后,福克纳又有了第二个女儿吉尔,心情才逐渐变好。他始终挚爱吉尔。

福克纳夫妇的关系一直不合,两人甚至大打出手。1931年,福克纳去弗吉尼亚大学开会时,因酗酒而身体欠佳,埃斯特尔接到电报后赶到那里。由于她表现得有些神经质,以至于在一次告别宴会上,福克纳竟然当众打了她一记耳光。在这件事上,他确实有些不近人情。另外,福克纳之所以后来长期待在好莱坞工作,一方面是因为经济问题,另一方面是由于与埃斯特尔不和。妻子生下吉尔之后,夫妻两人开始分开睡,这也给福克纳提供了在好莱坞被年轻女子吸引的借口。1930年代中期他与梅塔·威廉斯相恋,他们的婚外恋延续了将近10年。① 1937年,夫妻两人为了梅塔吵起来,福克纳大声斥责她,她则用指甲抓他的脸。几天后,两人不约而同地将青一块紫一块的伤展示给朋友看。

1940代末,福克纳年届五十,在获得诺贝尔奖的前一年,他爱上

---

① 见下文的"好莱坞之恋"部分。

了比吉尔稍大的琼·威廉斯。琼是一名在校大学生,来牛津求见大文豪,希望能够在写作方面得到他的指导。他们的初次见面短暂而无果,但在读了她的来信之后,福克纳感到犹如回到少年,觉得自己又年轻、硬朗了。一连几个月,他指导琼进行创作,并给她邮寄必读书目。他被琼深深吸引,难以与她保持距离。他说,他会继续给她写信谈论文学,但是他也要谈爱情。年轻的琼感到不自在,这令福克纳郁郁寡欢。

琼面对大文豪的表白显得踌躇之时,埃斯特尔醋意大发。她曾对梅塔多次退让,可是她无论如何难以忍受眼前的事实:丈夫怎么能与小得可以做他的女儿的人相恋。她气急败坏地私自拆读琼的来信,又到琼的父母处吵闹,自己也颜面尽失。福克纳自知理亏,表面答应改邪归正,一方面抚慰妻子的怒气,另一方面又点燃琼的爱情。就在三人闹得不可开交之际,好消息传来,福克纳获得了诺贝尔文学奖。

然而,面对情感生活,这位世界级顶尖作家仍然一筹莫展。在以后的两年间,琼一直躲避着福克纳。福克纳痛苦异常,就又给琼写信说:"照现在这样,我永远得不得安宁,除非已开的头有个结果。"他作为琼写作的导师和求爱者已三年有余,他希望两人可以随时见面、谈心、散步。琼终于为福克纳的恒心和真心所感动,在1952年夏天成为他的情人。孰料几周后琼就反悔了,她悄然离去,留下福克纳孤灯独坐,一人舔舐受伤的心灵。即使他悲痛欲绝,仍然写信劝告琼不要伤心,他情愿代替两人受苦。他写道:"那也行,我不是一直告诉你:在有痛苦和一无所有之间,我宁愿要痛苦吗?"[①]他心情极为沮丧,但希望化痛苦为诗歌。

对于丈夫与琼的关系,埃斯特尔最初难以容忍,现在终于接受了这个事实,她甚至主动要求琼来山楸别业住。她以自己的准许使这

[①] 戴维·明特:《福克纳传》,顾连理译,上海:东方出版中心,1994,第248页。

场婚外恋体面化,而自己则开始过独立的生活。

这年秋天,福克纳的大部分时间都在医院进进出出。他因为酗酒,有时犯抽筋的毛病。他对自己十分了解:有罕见的想象天赋,也有明显的性格缺陷,为了能够承受得住一切,他需要玩危险游戏,比如酗酒。对于他而言,喝酒是他身体健康状况的晴雨表。如果他酗酒,那一定是他身体亮了红灯,也是他在情感上需要得到别人帮助的信号。

沉寂两年之后,福克纳终于调整好了身心,重新提笔创作。回顾以往的成就,他感到恍如隔世,简直佩服自己惊人的表演绝技。他在1953年4月写信给琼说,"今天我第一次意识到自己曾经有过多么惊人的天赋。从哪一个角度说,我都没受过正规教育……居然写出那些作品来。"

这一年,琼大学毕业,决定去墨西哥城,吉尔想在那里上大学。福克纳意识到世界变了,知道自己不可能再做琼的情人,便打算与目前的生活告别。他把《喧哗与骚动》的手稿赠给琼,把《寓言》题赠给吉尔,作为她21岁成年的纪念。他一直害怕时光的流逝把吉尔变成女人,如今他的担心还是来了。琼是在吉尔走向成熟和独立之际出现的,他写信给琼说,他曾想做她的父亲,做一个"愿意永远把你的希望、梦想和幸福放在第一位的人",最主要的是希望她不要后悔两人的恋情,"有过这一番后,我好多了。有一天你也会有同感"。[①] 1954年3月,他得知琼嫁给了埃兹拉·鲍恩。几星期后,吉尔来信告诉他,想同一个西点军校毕业的青年保尔·萨默斯结婚。

琼创作了自传体小说《进入暮年》,影射了她与福克纳的恋情。在小说中,她是他心底深处完美女性形象的体现。读了琼的这种真情流露,福克纳把凯蒂·康普生的故事手稿送给了琼,这个约克纳帕

---

① 戴维·明特:《福克纳传》,顾连理译,上海:东方出版中心,1994,第250页。

塔法系列小说中的女性人物,他始终视为心上人。而在他眼中,琼就是他笔下许多完美女性人物的化身,琼是他心智的女儿。

福克纳的最后一位小情人并不是琼,而是年方19的吉恩·斯泰因。1953年底,就在福克纳与琼分手之后,他与熟悉并欣赏他小说的吉恩邂逅,后来两人又见过几次。这位曾到欧洲留学的富家女,聪慧而又妩媚。她采访过福克纳之后,在《巴黎评论》上发表了有名的《福克纳访问记》。第二年春天,他在巴黎又遇到她,感觉自己的生活已经离不开她。1955年,在福克纳作为美国的特使去罗马时,他再次与吉恩会面。他们就这样维持着交往,直到1957年吉恩明确表示要摆脱他,他又一次感到了空虚和怨恨。

年过六旬,福克纳常常设法忙里偷闲,教自己的外孙、外孙女和他们的小朋友讲故事、做游戏。吉尔的第二个儿子的名字和福克纳一样。

好莱坞之恋

30年代中期至第二次世界大战结束,福克纳虽然业已成名,却因生计问题断断续续到好莱坞做编剧,以求还债度日。好莱坞的工作占了他相当长一段时间,这对他的文学创作无疑造成了一定损失。不过,福克纳靠这里的较高收入养活了一大家子人,还雇了几个黑人佣仆,并把自己的山楸别业重新装修了一番,买了一架小飞机。也是在这里,他遇到了心仪的情人梅塔·威廉斯,而且他们之间的恋情断断续续延续了将近十年。

由于夫妇二人都不善理财,惯于享受,他们的财务状况出现了困难。他一贯大手大脚,常常借钱接济穷亲戚,恰似他的祖父和曾祖父。而埃斯特尔一样不知节俭度日,甚至会经常立赊购账户,家中财务永远是一笔糊涂账。家里债台高筑,两人便会指责对方挥霍,福克

第七章 "邮票大小的土地"王国的"国王"

纳只好撇下小说去写短篇赚钱。手头越来越紧,他只好动短篇小说和电影的脑筋。于是,福克纳到米高梅公司报到,做了剧本编剧。

福克纳的日子又好起来,他需要消遣,他重拾起自己曾有过的嗜好。1933年,他第一次学习开飞机,对别人则解释说是老兵学开新型飞机。不久他就可以经常上天了。他说,这是他唯一的消遣。几个月后,他拿到了飞行执照,还买了一架飞机,并和会飞行的弟弟合伙经营飞行表演。这一年,他终于当上了爸爸,有了一个女儿吉尔。夫妻两人的关系有所缓和,都乐于承担做父母的责任和义务。

福克纳于1936年搬到好莱坞,正式开始了编剧生涯。他为《夜长梦多》和海明威的《犹有似无》改编电影剧本,导演都是霍华德·霍克斯。做了好莱坞的编剧后,福克纳的收入激增,却仍然欠下肉账、食品账和保险费。背负债务让他心烦,有失他的身份。搞电影是有损他写作天分的事情,他也说:"搞电影的问题还不只是浪费我的时间,问题是回来以后的恢复、重新投入自己的写作,太费时间。我已经37岁了,不像从前那么容易适应、容易集中了。"①

福克纳又开始喝酒浇愁,但是他的写作欲望又促使他进行创作。他一边紧张地写作,一边钓鱼、打猎。在好莱坞他认识了许多明星,如克劳黛·考尔柏、扎苏·皮茨和克拉克·盖博②,还在大部分时间里与霍克斯的秘书梅塔·卡本特在一起,两人打得火热。

福克纳与梅塔的相爱是他与埃斯特尔长期的矛盾造成的。埃斯特尔嫌他接济他母亲和小弟弟的遗孀及孩子,指责丈夫在纽约出尽风头,而自己却被撇在家里与世隔绝,而且她讨厌牛津这穷乡僻壤。她倍感孤独,便成天酗酒,借以抑制自杀的念头。福克纳认为妻子轻浮,只知道享受太平、奢华的生活,他告诉梅塔,他们夫妻的个人生活

---

① 戴维·明特:《福克纳传》,顾连理译,上海:东方出版中心,1994,第169页。
② 克拉克·盖博(1901—1960),美国电影演员,1934年奥斯卡奖得主,是1939年电影《乱世佳人》的男主角。

很不和谐。夫妻之间的紧张状况,是造成福克纳在外面惹花拈草的根源。

和梅塔在一起,福克纳变成了一个极其浪漫的情人。梅塔是福克纳的同乡,比福克纳小10岁,刚离婚不久。在福克纳眼里,她落落大方,稳妥可靠,便约她出去吃饭,两人谈得很投机,经常一起出游。他承认自己已婚,而且十分贫穷,无法给予她宽松的经济条件,但是他离不开她。梅塔很乐意做这位大文豪的心上人。福克纳与梅塔的调情花样百出,他非常开心地为梅塔朗诵济慈和豪斯曼的诗歌,并且写诗献给她,就同从前他取悦埃斯特尔和海伦时一样,他成为一个既爱慕备至又小心翼翼的情人。

福克纳不愿离开梅塔,但是,他又不得不回家看望女儿吉尔。回到牛津,他发现家里债台高筑之后,恨不得与埃斯特尔离婚,娶梅塔为妻。但是他不愿失去女儿,只好带着妻女到好莱坞,以消减生活开支。此后几年,他不得不挣钱还债,没有出书。

福克纳多半找梅塔吐露生活中的苦水。可是,他在牛津期间,梅塔与一位钢琴家相爱。福克纳回来后,他与梅塔重又燃起爱情的火焰,他仍旧大谈将怎样同埃斯特尔离婚而不至于伤害吉尔。一次,梅塔问他,她还要等多久,埃斯特尔才会愿意放弃他?福克纳只是瞪视着她,转身离去。他内心很明白,离婚并不现实。他说:"这么说吧,我要你永远属于我,但是,我不知道有没有可能(娶你)。"①

虽然结合的希望很渺茫,两人继续幽会。一天,福克纳做了一件对妻子残酷的事情,他想让妻子与梅塔见面,看看她们怎么对付对方。他让梅塔来家里吃晚餐,梅塔觉得埃斯特尔憔悴、哀伤。福克纳给妻子介绍说,梅塔是本·沃森的朋友。后来埃斯特尔识破了梅塔的身份,十分恼怒,她非常凶狠地对待梅塔。她情愿独自生活也不同

---

① 戴维·明特:《福克纳传》,顾连理译,上海:东方出版中心,1994,第187页。

第七章 "邮票大小的土地"王国的"国王"

意离婚,不愿意放弃她需要的这一切——名气、家庭和女儿。第二天一早,先是埃斯特尔打电话大骂沃森,然后福克纳来电问沃森,是否可以帮梅塔找一个情人,把她从自己身边赶走。他的这些行为无情、冷漠,伤害了两个女人的心。

梅塔担心丑闻传开。自己已 30 岁,她不打算再与福克纳继续无望的爱情,于是重又回到了钢琴家身边,两人决定结婚。福克纳眼见情人即将离去,便对梅塔穷追猛打不放手。他请求梅塔再给他宽限些日子,求她回心转意。但是梅塔还是离他而去,把自己嫁了出去。福克纳只好悻悻地祝福她。在他的《押沙龙,押沙龙!》300 本限量版的第一本上题词:"赠给梅塔,不论她在哪里。"①

福克纳是个不可一日无工作的人。尽管他的生活因为家庭、女人和金钱而充满了烦心事,他仍然只求有一间属于自己的房间和大块的写作时间。所以他不喜欢好莱坞,痛恨第二次世界大战。

在好莱坞,福克纳在工作之余喜欢带吉尔去海滩散步,讲故事和他与名流的来往经历。他与埃斯特尔还是常常为钱争吵,他们对待对方的老一套态度是埋怨、妒忌、恼火和大打出手。两人会向朋友显露对方发怒时留下的青紫伤痕后,并都又开始酗酒。

虽然福克纳尽量不让他那硝烟弥漫的婚姻和痛苦的婚外恋生活干扰他在电影厂的工作,努力想做好本职工作,但是他不喜欢做编剧,也没有编出什么好剧本。他并不能胜任这份工作,干这份工作纯粹是为了养家糊口。对于他而言,这份工作实在是大材小用,又力不从心。

第一次世界大战后不久,他就开始借酒浇愁。如今他又开始了严重酗酒,有时装醉,恰似以前装小丑的生活。他怀念昔日在牛津山林的消遣,厌烦好莱坞的宴会和鸡尾酒会,蔑视那些场合的谈话。

---

① 戴维・明特:《福克纳传》,顾连理译,上海:东方出版中心,1994,第 187 页。

《押沙龙，押沙龙！》完稿后，他又没有了新的创作思路，心情沮丧，情绪低落。二十世纪福克斯公司声称不再考虑与他签订合同。本来他已经"受够了电影"，加上思念已经回牛津的吉尔，不签合同也合他的意，但是他内心却充满了挫败感，毕竟好莱坞的报酬令人垂涎欲滴。最后几周，福克纳的生活轻松惬意：写书、开飞机、喝酒。他又回到了牛津，并买了一块 30 英亩的地，作为庆祝自己 40 岁生日和给家人的礼物。

福克纳就这样结束了他在好莱坞第一阶段的工作和情爱。

福克纳在成名之后获得了评论界的认可，成为当时美国最重要的作家之一。但是，他并未像人所想象的那样过上衣食无忧的日子。他常常为欠债而困扰。5 年之后，因生活所迫，他不得不重返好莱坞谋生。

1941 年，福克纳又开始为钱发愁。他和埃斯特尔改不掉挥霍浪费的习惯，只好努力省吃俭用。但是在他自称破产后不久，他打猎鹌鹑时穿的却是高级猎装，用的是定制的手工锻造的新猎枪。他有时顾影自怜，抱怨说自己得独自承担养活一大家子人的重担，并埋怨家人把他压垮了。他生怕被迫卖地，创作也会随之受到影响。1942年，他有几个月靠赊账过日子。当最后一笔保险金提出来后，他一点储蓄也没有了。他想要换个生活环境。最后华纳兄弟公司聘请他做编剧，合同是 7 年。虽然公司的条件非常苛刻，迫于生活的压力，他还是接受了。

于是，福克纳又一次来到了好莱坞。他被金钱问题困扰，以至于他来时带了一本账单，清楚地记录了债主的姓名。"警察已跟踪在后，随时有被捕之忧"[①]，他需要钱来还债。此后，在好莱坞的几年里，福克纳的生活就是挣钱还债，直到 6 年之后才写出了一部小说。尽管他为赚钱养家发愁，但还是想摆脱好莱坞，却又无法实现，还为才

---

① 戴维·明特：《福克纳传》，顾连理译，上海：东方出版中心，1994，第 214 页。

思枯竭而苦恼。

其实,福克纳刚刚完成了一部巨著,需要休息。但作为一个不可一日无工作的人,连他的嗜好也是为了调剂生活节奏。他唯恐自己碌碌无为,不能在史册上"留下任何足迹"。**他给自己规定的生活模式很简单:努力工作,保住职位,改进合同,节俭度日,存钱还债。**有时,他深感这种刻板生活的无聊、可怕,但是一看到债务减少,尤其他又一次见到了梅塔,心情又转而明朗。1939年,梅塔在新奥尔良与福克纳重逢之后回到纽约,希望挽救婚姻。但好景不长,她的婚姻最终破裂。福克纳知道后,对她既怀念又怨恨。1942年,两位老情人又重新相聚,试图重圆旧梦。但时过境迁,今非昔比,福克纳明显衰老了,头发花白,眼神如警觉的老鹰,而且他的地位大不如从前。

梅塔试图回到从前,建议两人同居。可是,福克纳更看重的是往昔美好的回忆,他希望保持心上人的美好形象。他宁可谨慎小心,也不愿破坏早先那段浪漫美丽的爱情回忆。他尝够了婚姻的苦涩,不愿再蹚浑水。起先,两人叙旧、谈眼前的人生,但是,长此以往,两人都感觉需要有各自独立的空间。1944年,福克纳将妻女接到了好莱坞,梅塔感到这是对她的背叛,便不愿再见他。

在电影厂福克纳写了许多剧本,大多与战争有关。他知道他写不好剧本,但是感觉还不错,"写出来的东西,电影厂还满意"[1]。同事们大多友好和气。可是重新与工厂签约时,他的工资并未提高,这使他恼火,深感屈辱,便在办公室喝了个酩酊大醉。但他急需用钱,不能挑挑拣拣,只好忍气吞声继续待在这里。他讨厌好莱坞和华纳兄弟公司,宁可电影厂与他终止合同。

如今,他的工资远不如五年前多。那时他们租住了一幢大房子,带去了厨子和车夫,如今住小公寓,没有仆人和汽车。但他们的家庭

---

[1] 戴维·明特:《福克纳传》,顾连理译,上海:东方出版中心,1994,第218页。

关系比以往融洽,经常一起出去游览,下馆子。吉尔在过了11岁生日后学习骑马,非常快活。福克纳特别珍惜与吉尔一起度过的那年夏天,他从吉尔身上回顾自己的童年,记忆中只有这段时光最为温馨。

由于吉尔要去牛津上学,妻女离开了这里。福克纳又濒临崩溃。梅塔听说埃斯特尔走了,他又在酗酒,便来看望他,两人又几乎重温旧梦。有朋友来信,提起他早已知道的一件事:他的名声在出版界遭到诽谤。他心灰意冷,寂寞和沮丧驱使他酗酒的程度越来越严重。他需要脱离这个环境,于是他请了3个月假,回到家里创作。

他很得意可以摆脱好莱坞,庆幸自己又可以开始进行创作。只要能让他在家里工作,他就满意。他说:"我已经受够了好莱坞,人不舒服,心灰意懒,只觉得浪费时间,想象中出现各种爆炸或崩溃的症状。"他与华纳兄弟公司的关系因为佣金的原因闹崩了,他实在受够了,要"同好莱坞一刀两断,洗手不干编剧"[1]。他不愿再留在这里,感到"生活不再有意思"。

9月,福克纳告别梅塔,两个人难分难舍。梅塔仍然抱着嫁给他的希望。她爱福克纳至深,却未看出他从未想过与她结为夫妻,他要的是完美永恒的浪漫情怀,而不是美满的婚姻生活。他怕失去这份情意,他需要体贴温柔,但是他要与心爱的人保持一定距离。两人道别后,福克纳转身返回牛津。后来,他写信给梅塔说,"我知道,悲痛是赶不走的一个部分,有了它,爱情方才完整。悲痛是你唯一能保住的东西,失去的东西才觉得宝贵,因为你再也不可能厌倦它,不明不白地失去它。"[2]

作为一代大文豪,福克纳也同普通人一样,为婚姻、爱情和柴米

---

[1] 戴维·明特:《福克纳传》,顾连理译,上海:东方出版中心,1994,第231页。
[2] 同上书,第232页。

油盐苦恼，也会像普通的丈夫一样出轨。这实在令人慨叹他人生不易啊！

巅峰时期

福克纳逐渐在文学界大获成功，成为众人瞩目的对象。然而，他的生活中却仍旧充斥着诸多烦恼。

美国文学界中最早认可福克纳的人是小说家辛克莱·刘易斯。他在1930年获得诺贝尔奖的演说中大力推荐福克纳，认为福克纳将南方文学从带衬箍的裙子里解放了出来。其实，在美国人认可福克纳之前，法国知识界精英中就掀起了福克纳冲击波。

福克纳对自己的写作技巧充满信心，他在给朋友的信中写道："感谢上帝，我是美国最好的作家。"① 不知评论家是否赞同这个看法，但也有迹象表明，福克纳的声誉的确日益上升。就在这段时间，他与盖博之间的发生的一段故事就令人掩面偷笑了。

一次，福克纳与霍克斯和盖博一起出去打猎。在车上，盖博问福克纳说："如果有人想读最优秀的现代作品，你认为应该读哪些呢？在你看来，哪些人是当代最优秀的作家呢？"福克纳沉默了片刻之后答曰："欧内斯特·海明威、薇拉·凯瑟、托马斯·曼、多斯·帕索斯，还有我自己。"盖博醒过神来，接着问："你也写作？"福克纳有些生气，他反问道："那你是干什么的呢？"当时盖博是好莱坞当红影星，福克纳不会不知道。耿直的福克纳明显是在顶撞盖博，回敬盖博对自己的不恭。

1939年1月，福克纳被任命为全国文学艺术研究院院士。美国《时代》杂志发表了文学编辑罗伯特·坎特韦尔写的福克纳访问记，

---

① 戴维·明特：《福克纳传》，顾连理译，上海：东方出版中心，1994，第199页。

称福克纳是正在崛起的"南方文艺复兴"的中心人物和"最有才能但又是最难以看准的南方作家"[1]。他"从事写作的农民"模样的照片刊登在《时代》周刊封面上,这显示出美国媒体对福克纳的关注。牛津人虽然照旧对他冷淡,但是他们不可能继续装聋作哑,不可能无视通过《时代》周刊利用他为牛津招徕游客的事实。他们心里明白,是福克纳这位名人给他们带来了经济效益和福利。《时代》派记者来采访他,他反而大谈老上校的业绩。

如今,福克纳虽已大名鼎鼎,却未忘记老友。在得知菲尔·斯通濒临破产时,他千方百计凑了6 000美元,替菲尔还清了欠款,使菲尔免受官司之苦。他又给婚姻破裂的梅塔寄去了钱。

福克纳纽约之行的最大收获是与故友舍伍德·安德森的和解。在一次鸡尾酒会上,两人相见。他们都已经淡忘了往日的不快,进行了多年来的第一次交谈。在交谈期间,福克纳猛然认识到,这位老朋友比他自己写的所有作品都伟大,"我记起《俄亥俄州瓦恩斯堡》《鸡蛋的胜利》和《马和人》中的几篇。这时我意识到站在我面前的从前和现在(的他)都是一位巨人,住满矮子的这个世界上的巨人,尽管他只有那么二三下招式,不愧为巨人手笔。"[2]

虽然福克纳的纽约之行大有收获,但他也因酗酒付出了健康的代价。在他去那里的前几周,梅塔来信说想见他,他欣然同意,希望能够破镜重圆,谁料她并无此意。于是,他在旅馆把自己灌得酩酊大醉。有朋友找到他时,发现空酒瓶满地,他身穿内衣裤躺在地板上不省人事,背上有三度灼伤的伤痕。很显然,这是因为他长时间倒在暖气管上,后背被灼伤了。后来,他对梅塔说,他是因为失去她感到伤心才喝醉的,"我笔下的一个人物这样说过,'在忧愁和虚无之间我宁

---

[1] 李文俊:《福克纳传》,北京:新世界出版社,2003,第107页。
[2] 戴维·明特:《福克纳传》,顾连理译,上海:东方出版中心,1994,第190页。

第七章 "邮票大小的土地"王国的"国王"

愿选择忧愁'"。① 在医院里,他想见安德森。安德森马上赶过来,坐在他床头,与他轻声闲聊,这是两位大作家的最后一次见面。②

福克纳回到牛津后,把自己关在书房写作,以慰藉破碎的心。他养伤的时间比他预计的长。他多次刮肉,几次植皮,感染化脓,吃尽了苦头,背上还留下了永久的伤疤。他因背部的伤而遭受皮肉之苦,因梅塔而心碎,因埃斯特尔而时时感到赚钱的压力。

退隐的念头在他的脑海里时隐时现。他当初在牛津的偏僻之处购买山楸别业山庄时就有这种意图,还在其中建造了一间朴素得像僧侣住的小房间。然而,他的内心入世的另一半不甘心退隐。1938年间,他创作《野棕榈》不是为了驱散痛苦,而是为了表现痛苦和矛盾。这期间,他买下 330 英亩农场,命名为绿野农场,实现了当农夫的愿望。

与 W. B. 叶芝一样,他的死亡意识越强烈,求生和写作的欲望也越强。完成这部作品后,他大部分时间在农场养骡子。福克纳曾在第一部约克纳帕塔法小说中讴歌骡子对时间、环境的漠然和坚贞,它天生与世无争,不卷入任何纷争。骡子的这些特点大概是他内心所求的反映,这也是他为什么只养骡子的缘由吧。

与梅塔分手之后(第二次世界大战之后),福克纳坚持要与华纳兄弟公司解除合同。不过,出人意料的是,他争取到了久已渴望的理想工作模式:既在牛津写作,又能赚到好莱坞的钱。他开始全身心地投入写作,但是工作并不像他期望的那样顺利。写作顺畅时,他自信将创作出一部巨著;可是有时一连几天他会毫无思路,他甚至担心自己是否已经才思枯竭,被好莱坞给毁了。这些年来,他已习惯于向出版他作品的兰登书屋预支稿费,但如今他对自己越来越没有信心,

---

① 李文俊:《福克纳传》,北京:新世界出版社,2003,第 95 页。
② 戴维·明特:《福克纳传》,顾连理译,上海:东方出版中心,1994,第 191 页。

甚至觉得没脸让他们再这样厚待他了。好在他在接下来的几年坚持写短篇小说。

福克纳在美国文学界的重要地位,是由一位编辑兼批评家马尔科姆·考利发现的。他发现了一个"福克纳现象",出版了一本《袖珍本福克纳文集》,把福克纳的所有作品作为一个整体展示出来,让读者对约克纳帕塔法县从印第安时代起直到第二次世界大战时的历史有整体的了解。不久,批评家罗伯特·潘·沃伦发表文章指出,"福克纳是这样的一个小说家,他的作品数量、材料的范围、旨趣的幅度、报道的正确性和象征的微妙、哲学的分量,都可以同我们自己过去的大师并列。……他能同我们这个国家这个时代的任何大作家一样处之泰然。他能等待。但我们能等待吗?"《袖珍本福克纳文集》出版后不久,**福克纳在美国文学界确立起不容置疑的泰斗地位**,原来忽视他的学院派评论家"对福克纳的研究像是逐渐从诸多小溪流发展成了一条波澜壮阔的大江大河"①。

其实,在此之前,福克纳的文学成就早已奠定了他在国际文坛上的地位,他在欧洲的名气比在美国国内大得多。早在1939年,萨特②就曾评论过《喧哗与骚动》,他说"**在法国青年的心目中,福克纳是神。**"波伏瓦③、加缪④、纪德与马尔罗⑤都很重视福克纳的创作活动。英国也早已出版了他的作品。

1950年11月10日一大早,一位瑞典记者打电话告诉他,"**因为他在小说方面对美国新文学所作出的强有力与独特的艺术贡献**",福克纳获得诺贝尔文学奖,奖金数额约合3.01万美元。在他获奖前几

---

① 戴维·明特:《福克纳传》,顾连理译,上海:东方出版中心,1994,第241页。
② 让·保尔·萨特(1905—1980),法国哲学家、剧作家、小说家,存在主义的创始人。
③ 西蒙娜·德·波伏瓦(1908—1986),20世纪法国最有影响的女性之一,存在主义学者、文学家。
④ 阿尔贝·加缪(1913—1960),法国作家,代表作是《局外人》。
⑤ 安德烈·马尔罗(1901—1976),法国著名小说家、评论家。

第七章 "邮票大小的土地"王国的"国王"

年,人们就把他的名字与这项奖项联系在一起,预言他会成为佼佼者。1949 年秋宣布无人得文学奖时,传言更加确凿。如今,这一时刻终于来了,这实在令他振奋。

不过,福克纳对待如此殊荣的态度令人诧异。对于这莫大的光荣,他很感激,不过他宁可留在家里挨饿也不愿去瑞典领奖。他说:"路太远了。我是本地的一个农夫,我抽不出空来。"家人、朋友和美国政府特使的恳请都毫无效果,幸而埃斯特尔让 17 岁的吉尔出面,借她高中即将毕业之际,让她求父亲带她去欧洲见见世面。福克纳只好同意,他解嘲说:"反正每个女孩子都应该见识见识巴黎嘛。"①

作为一个出名的酒鬼,福克纳一生都像是浸泡在酒精中似的。他在喜事之后更会豪饮,一喝就会持续很久,而且经常躺在床上喝,还要家人带酒来陪他。如今大喜临门,就在他准备去斯德哥尔摩之前,他仍旧喝得酩酊大醉。通知的当天,他侄子也拿酒来拜访,庆祝在一场橄榄球比赛中大获全胜。虽然当时醉得神志不清,福克纳还是将这两件事的时间放在一起比较,一下子就意识到家人是在骗他,怕他在领奖的时候还醉醺醺的,他们改动了去瑞典的日期。知道真相后,他还是一直喝到真正启程为止。

福克纳是一个内向的人,他害怕作为公众人物出入公共场合,他太羞涩、胆怯了。据一起参加仪式的罗素②讲,福克纳十分紧张,在领奖章时,他竟然呆站在原处静止不动,以至于瑞典国王不得不屈尊朝前走几步,把奖章放到他的手中。在诺贝尔奖颁奖典礼上,他做了发言。他细声细语且说得太快,当时谁也没有听清楚,直到第二天,人们才明白他讲话的内容:"他的顾虑是:恐惧把人销蚀,恐惧是人最卑劣的感情。他的信仰是:只有当人心中的问题同人心产生矛盾时才能写出好东西来,没有爱、没有荣誉、怜悯、自尊、同情和牺牲,写出

---

① 李文俊:《福克纳传》,北京:新世界出版社,2003,第 151—152 页。
② 伯特兰·罗素(1872—1970),20 世纪英国哲学家、数学家、逻辑学家、历史学家。

来的大学必然是昙花一现、注定失败的。"

颁奖仪式结束后,他对记者说:"仪式长得像密西西比州的葬礼。"①他的性格在这番话里一览无遗。这一切程序结束后,福克纳如释重负,又一次开怀畅饮。第二天打点行李时,他的金质奖章不见了,还是酒店的人从一个棕榈树木桶里找到了这件宝物。显然,他又喝高了!

福克纳携女赴巴黎后,取道伦敦回到了家乡。几年前,他在牛津受尽冷落,靠写电影剧本的工资勉强糊口。如今,牛津人热情欢迎他。当地中学生为他举行游行,一些企业家出资在报纸上刊登全版祝贺广告,到处有记者跟踪他,有朋友追踪他,他达到了成功的巅峰。然而,美国新闻界对福克纳获奖的消息却反应冷淡,认为"人们还是希望他们(指诺贝尔奖委员会)能选择一位对日趋黑暗的当今世界多一点笑容的桂冠诗人。"②

当初出道时,福克纳多年因为经济问题生活窘迫。他在一封信里说:"有人说在生活重担压迫下,当肉店、杂货店与保险催款单悬在一个艺术家的头上时他才能写出好作品来,说这话的人是个十足的傻瓜。"为了弄些钱还债,他不得不出卖自己作品的手稿,原因在于"我有被不知何人宣布破产的危险,这样我就会丧失我的房子、保险以及一切。"③

如今,福克纳已经不再捉襟见肘。**他将奖金中的5 000美元留下自用,用2.5万美元设立了一项基金来奖励青年作家,这就是后来的福克纳小说奖的资金由来。**他还用500美元为密西西比大学设立了一项音乐奖学金,将3 000美元资助一位黑人中学校长进入大学学习。福克纳并非富裕之人,面对这么一笔数目不菲的资金,他并未自

---

① 李文俊:《福克纳传》,北京:新世界出版社,2003,第242页。
② 同上书,第155页。
③ 同上书,第75页。

第七章 "邮票大小的土地"王国的"国王"

己全部享用,而是更多地投入到公益事业中。**他处理奖金的方式,足以显示出他高尚的情操及其对金钱的淡然态度。**

这位文学大师如今再也不用像以前那样为钱犯愁了,倒是为如何打发时间而郁闷。他虽然名利双收,反而感觉空虚无聊。巅峰时期过后,福克纳平静的心又开始骚动。几个月来他无法静心写作,仍然惦记着琼。他写信给她说,"我这么老了,不该想念一个 23 岁的女孩子……活到这把年纪,应该不害相思病了。但愿自己是在养精蓄锐准备重新开始。"①他等待着僵局被打破,但是他的希望落空了,他烦躁不安,在一次骑马时从马背上摔了下来,这次腰伤久久未愈。

1954 年,正当大文豪以锻炼身体和种田来"消磨时光"时,美国政府工作人员请他作为亲善大使参加在巴西举行的国际作家会议。这一邀请出人意料,因为他从来没有这方面的经验,况且他性格难以捉摸,有时文质彬彬,有时粗暴无礼。不过,自从获得诺贝尔奖以来,他逐渐掌握了一些公开讲话的技巧,而且他一向希望能够为国效忠。这次,他欣然接受了邀请。这位亲善大使的巴西之行非常成功,虽然他在途中多喝了些酒,不过面对记者时,他显得十分从容自在,对于小说或者社会的问题对答如流。

回国后不到一周,吉尔的婚事张罗完,福克纳和埃斯特尔精疲力竭。两人一向相处得不和谐,便继续各自生活。埃斯特拉去菲律宾的马尼拉探望女儿维多利亚一家,福克纳又开始忙于新的创作。

作为一位有正义感的作家,福克纳同情黑人,反对种族隔离政策。他的这种民主思想和对黑人的同情,与他的黑人保姆卡洛琳·巴尔有直接关系。巴尔大妈在他 5 岁时来到福克纳家,带大了他们兄弟几个。那时他非常喜欢照顾他的巴尔大妈,她给幼小的福克纳讲小动物如何求生存,讲奴隶时代与内战的故事,讲三 K 党的事,他

---

① 戴维·明特:《福克纳传》,顾连理译,上海:东方出版中心,1994,第 247 页。

总是津津有味地聆听。幼小的他与黑人佣仆结下了深厚的感情。

在她百岁去世之后,他在自家客厅里为她主持葬礼,并诵读自己写的祈祷文,这是他感情最为深沉、真挚的一篇散文。大妈的离去触动了福克纳心中的种族亲和情结。随后,他写了多篇与种族问题相关的作品,并在1942年将《去吧,摩西》献给了大妈。**《去吧,摩西》**讲述了美国南方庄园主三个姓氏的子孙间的复杂关系,从多个角度考察了白人与黑人、人与自然之间复杂的关系,富有内涵与寓意。

福克纳在随笔中公开了他主张取消种族隔离政策的态度,引来邻居和家人的一片反对。他们辱骂他是"黑人的情人",半夜给他打骚扰电话,还给他发来污蔑信件。他对此只是感到有趣、滑稽,虽然有些担心会被强迫迁离密西西比州,他依旧坚持自己的正义立场。

1955年,就在福克纳遭受的政治麻烦日益严重之际,美国政府邀请他作为特使周游世界。他到了日本东京,受到众多粉丝的围追堵截。他对读书、战争、种族、打猎和种田侃侃而谈,受到日本人的热烈欢迎。在罗马,当福克纳得知密西西比州的一个黑人男孩被白人谋害后,他发表声明,谴责这种种族歧视行为,说白人杀戮一个穷苦的黑人小孩只能说明他们的恐惧——"如果说在美国,我们这没落的文化已到了非杀害儿童不可的地步,不论那儿童是什么肤色,我们不配继续活下去,也许也活不下去。"①

1956年初,福克纳被卷入种族矛盾中,写作几乎停顿。**他在多篇文章中表达了希望国家能够进行社会改革、避免引起暴力事件的立场。**令他尴尬的是,黑白两方都不买他的账。杜波依斯②要同他公开辩论,白人则愤怒地质问他是否敢来密西西比州较量一番。他为自己的家乡如此缺乏人性感到羞耻,但还是对他们采取包容、旁观的态度。

1950年代,福克纳的生活与从前大相径庭。他闻名遐迩,手头

---

① 戴维·明特:《福克纳传》,顾连理译,上海:东方出版中心,1994,第261页。
② 杜波依斯(1868—1963),美国黑人社会学家,黑人领袖。

第七章 "邮票大小的土地"王国的"国王"

阔绰,生活舒适,拥有了金钱和名誉,但是他的生活并不平静。他和埃斯特尔喜欢住在夏洛茨维尔,离吉尔近些,也离恐吓电话和信件远些。他们常在大学和打猎俱乐部消磨时间,他对网球、高尔夫球和飞行的兴趣变得淡薄,只以骑马和划船为消遣。

1957年,福克纳到弗吉尼亚大学当驻校作家。在那里,他的生活还算愉快。他需要做公开演讲,定时与学生们会面,定时到办公室。在课堂上,他感觉放松、自在。他身穿格子花呢大衣,手拿烟斗,一副大教授的派头。学生们大多在课堂上自由提问,这给了他侃侃而谈的机会,他说,"艺术家是受鬼神支遣的生灵,为死的预知所苦恼,决心在泯灭之墙上留下一道抓痕。艺术家的需要极简单(孤独、纸笔、烟草、食物和威士忌),只对他的艺术负责。他可以肆无忌惮,毫无道德的顾虑,只要写成书,什么都可以干出来。"[1]第二年,他又一次在这里担任驻校作家,度过了愉快的时光。1960年,他担任巴尔奇教席的美国文学讲师,还多次担任美国政府亲善大使,到丹佛和委内瑞拉。

福克纳也向往荣华富贵,享受财富带来的享受和社交乐趣。如今,他的心境趋于平静,他的婚外恋——告终,他与埃斯特尔的关系也逐渐好转,而且他有时间在女儿一家的陪伴下享受天伦之乐了。

1961年,福克纳和埃斯特尔在夏洛茨维尔买下一座宽敞舒适的大宅邸。骑马仍然是他最喜爱的运动。他曾多次从马上摔下,有几次伤势比较严重。现在,他已经成为骑马老手。他说,"纵马跳越樊篱时,有一种难言的快感,也许就是那冒险、那赌博,管它是什么,反正我需要。"[2]他追求的是主宰世界的感觉,是想要克敌制胜。他不仅需要主宰胯下的骏马,还需要克服内心的无聊和恐惧。12月,他热衷于通宵达旦地打猎,一周打猎4次。为了解痛,他又狂饮起酒来,并计

---

[1] 戴维·明特:《福克纳传》,顾连理译,上海:东方出版中心,1994,第266页。
[2] 同上书,第271页。

划再购置一座大庄园。可以说,此时的他尽享上等人的奢华生活。

1962年7月,福克纳的大限来到,一颗巨星陨落了。他似乎有预感,几次提及死亡的预兆。他先是请人给他画像,又先后去看望珍和琼。4月,福克纳收到白宫的邀请,要他参加肯尼迪总统为招待美国诺贝尔奖获奖者举行的晚宴。他却婉言谢绝,嘟囔说,"在我这样的年纪已经太老,不宜走这么远的路去和陌生人一起吃饭了。"①可是在5月,他却跑到更遥远的纽约去接受美国艺术文学学院授予他的小说金质奖章。可见**在福克纳的心目中,分量更重的不是官方所给予的荣誉,而是文学本身**。

6月,福克纳又一次从马上摔下来,他仍然重登马鞍,要制服烈马。他相信自己可以永远骑马、喝酒、创作。他开始了最后一轮的疼痛和酗酒。

7月4日,他终于声称愿意到医院去。6日,他死于心血管阻塞,被葬于牛津的圣彼得墓园。

福克纳没有白白度过一生。他走向了他既害怕又藐视的那个夜晚、那一时刻、那一瞬间,他相信自己已经完成了一生能够做的事情。

在福克纳去世之后,他在美国文学史上的重要地位逐渐确立起来。著名评论家哈罗德·布鲁姆写道:"批评家和普通读者都普遍认为,福克纳如今已得到承认,被视为本世纪最强有力的美国小说家,明显地超越海明威与菲茨杰拉德,而且在包括霍桑、梅尔维尔、马克·吐温与亨利·詹姆斯——有些评论家也许会把德莱塞也加进来——在内的名家序列中占据一个与他们不相上下的位置。"②

据统计,目前,在美国高校中,学生们以福克纳和莎士比亚为研究对象做的论文数量最多;在中国的外国文学评论界,以福克纳为研究对象的学术论文也最多。这足以证明福克纳非凡的文学成就!

---

① 李文俊:《福克纳传》,北京:新世界出版社,2003,第174页。
② 戴维·明特:《福克纳传》,顾连理译,上海:东方出版中心,1994,第183—184页。

第八章

勇敢的"投降"硬汉

——欧内斯特·海明威

少年时代,他风采夺人,在冒险活动、写作方面崭露头角。

青年时期,他在文坛初出茅庐,博得众多作家和评论家的喝彩。

作为一名硬汉,他在战场上的英勇行为及正义立场令人敬佩。作为一名大无畏的战士,他曾多次参战。一战中,他是第一位在意大利受伤的美国士兵;二战中,他到中国做过战地记者,随英国皇家空军执行过飞行任务。他喜欢冒险,热衷于到非洲、西班牙等地进行狩猎、斗牛等危险的游戏,身上留有数百个伤处。

在第一次世界大战中的海明威

可是,伴随着成功,他的性格弱点也渐渐显露无遗。

他很有女人缘,却不是个忠实的丈夫。他有着丰富的婚恋史,有过四次婚姻,却依然阻挡不了婚外恋的脚步。

他年少得志，霸气十足。1930年代以后，他成为一个狂妄自大的唯我独尊者，难以容下其他有成就的作家，开始与多位同行交恶。

他的怪异性格导致他与家人矛盾重重，隔阂不断。

1950年代后期，因健康受损、写作受阻、酗酒等原因，老年的他在公众心目中的形象一落千丈，以至于读者难以窥见他早年的英姿。

当他的创作力衰竭时，他宁愿亲手结束自己的生命，实现他一生追求的信念："人可以被毁灭，但绝不能被打败。"成了外人眼中一个向命运低头的懦夫。

尽管如此，他仍然是美国20世纪最优秀的作家之一。

他就是诺贝尔奖获得者、美国作家欧内斯特·海明威。

少年风采

美国一代名家欧内斯特·海明威(1899—1961)，少年得志，在冒险、运动和写作方面崭露头角，显示出不同于常人之处。他在写作和各项娱乐方面的才能，成为他受用终身的财富，而他把此归功于少年时代父母的教育和密歇根农村的生活环境。

海明威出生于美国的一个中产阶级家庭。父亲埃德·海明威是一位繁忙的医生。他一生共接生过3 000个孩子，包括他自己的6个孩子。海明威孩提时的朋友都认为埃德凶悍。然而，尽管埃德整日忙得不可开交，他却做各种家务，为孩子们准备早餐，负责为家庭采购百货杂物。

海明威的母亲格蕾丝曾是一名歌手。在眼睛受到舞台灯光的伤害后，她就放弃了演艺生涯。嫁给埃德之后，她颇为骄纵、自私，讨厌做家务，把孩子扔给佣人照顾，而她则全身心投入到教授学生声乐、组织音乐会、学习绘画等艺术追求中。邻居们评论说，格蕾丝是个以自我为中心、自负、清高、势利的女人。

第八章 勇敢的"投降"硬汉

父母为海明威提供了一个艺术与科学竞相争雄的家庭。和父亲一样,海明威一唱歌就跑调,没有像母亲所期望的那样在音乐领域取得一定成绩,但是他在书法绘画,特别是在油画方面的艺术鉴赏力,超过了他的母亲。

父亲给予海明威的最大财富是对大自然的热爱。受父亲的影响,海明威一生最热爱的也是大自然。他喜欢打猎、捕鱼,在林中和水中悠然享乐。

在海明威出生的第二年,父母在密歇根州的贝尔湖地区新建了一幢别墅。从此,每年他们一家都会在那里度过漫长的夏季。这幢房子前面一片青山绿水,美不胜收;山坡上有一片葱茏茂密的树林;山坡下湖水明洁如镜,沙滩上细沙白净,环境幽静怡人,可谓是人间天堂。这为他在童年、少年时期接触大自然,提供了极佳的条件,培养了他终身对自然的热爱。

3岁时,海明威随父亲到贝尔湖钓鱼。"他钓的鱼都是大鱼。"母亲写道:"他掌握鱼吃饵的时机,自个儿把鱼拖上来……他是位自然科学家,对自然界的东西样样都喜欢,诸如:臭虫、石子、贝壳,各种飞鸟和动物,昆虫和花卉。"[①]

4岁时,海明威整日跟父亲在外钓鱼。一看到美丽茂密的山林,他会心满意足,看到在树丛上下跳蹿的松鼠,他会开心地大叫。他加入了父亲组织的自然学习小组,总是随小朋友到树林里采集标本,到第斯普河两岸的灌木丛里辨认鸟类。

5岁时,他会兴致勃勃地盯着祖父送给他的显微镜,观察镜片下的岩石和昆虫的标本,一看就是一个小时。到海明威再大些时,父亲教他在野外生火煮食物,教他使用斧子砍伐树枝,在林中空地搭棚子,教他剥鱼、杀鸡、杀鸭,还教导他如何培养勇气。

---

① 贝克:《迷惘者的一生——海明威传》,林基海译,长沙:湖南文艺出版社,1992,第9页。

童年时父亲带他在户外活动的情景，在他脑海中留下了深刻印象。 由于父亲喜欢在灿烂的阳光下劳作，所以他也养成了这个习惯，在成年之后，他像父亲一样爱从事各种体力劳动。

父亲认为上帝赋予自然界以飞禽走兽，所以人类应当享有猎取这些动物的快乐。他猎捕各种动物，教儿子学会吃野味，像雉鸡、浣熊、鹌鹑、鹧鸪、野鸭、野鸽和各种鱼类。至于那些他称之为"有害动物"的食肉动物，他更是毫不留情。

冬天，七八岁的海明威总是不耐烦地等待夏天的到来。他早已熟悉到农场的路，矮树林里的针叶松沃土、沼泽地里的黑色肥泥巴、太阳晒得焦干的硬土、谷仓后面堆起来的肥肥的雏鸡以及从小泥潭里冒出的小鸟，都是他喜欢看到的事物。

父亲把喜爱运动的特点传给了海明威。 他也像父亲一样，乐于花费精力从事各种体育活动，像钓鱼、游泳、登山、步行都是他一生的爱好。父子俩都认为，出力流汗有助于头脑清醒。强身健体使他具有父亲那样坚强的意志，无论做什么事，他都决心把它做好。在以后的生活中，海明威从来没有断过打猎、钓鱼之类的娱乐活动。

16岁时，海明威经历了在少年时代遭受的"最大挫折"。他带妹妹去郊游野餐，驾驶着汽艇到湖边的洼地去玩。这个地方淤泥既多又深，四周长满了又高又密的芦苇，水里有甲鱼和青蛙。他们刚到那里，一只苍鹭就受惊飞起来，海明威立刻拿起枪瞄准，把它打了下来。他用一张旧报纸把死苍鹭包住后丢到小艇里，然后上岸去找吃的。回来后，那只苍鹭不见了，原来是巡防员把它拿走了。当巡防员见到海明威，问他是谁打死那只鸟时，他撒谎说是别人给他的。回到家胆怯的海明威把这件事告诉了父亲后，便动身到朗费尔农场去避风头，想等事情平息之后再回来。不久，一位巡防员找到海明威家里，说正在寻找一名穿红色运动衣、肩背长管猎枪的年轻人，母亲承认那是自己的儿子。父亲给他写信，要他到法庭接受陪审团的审判，并承认是自己打死苍鹭的。于是,海明威到法庭对法官述说了事情的经过,最后,他被罚了15美元。

海明威十分在意这件事,认为自己吃了官司,是个坏孩子。这件事给他留下了深刻印象,以至于他在50多岁时还对一位教授一本正经地说,幸亏他没有因此被送到劳教学校。为此,他还写了一个类似的故事。

17岁时,海明威练习拳击的热情高涨。他常带一大帮同学用家里的音乐教室做拳击场,一打就是好几场,身材高大的他常常把同学打倒在地。据他说,后来他还向芝加哥职业拳击选手学习拳击。但有根据的事实是,他曾在母亲的音乐室练习最基本的拳击技术。

"硬汉"海明威在少年时代就显露出勇敢的特点。17岁时,海明威第一次参加职业拳击赛,把对手打得不省人事,他很快成为一名出色的拳击手。可是,在另一场比赛中,刚交手一分钟,他就被打昏在地。但年轻的海明威确实是个胆大的"硬汉子"。一次,在学校餐厅吃饭时,他看到三名女服务员乘坐的送菜升降机发生了故障,马上跑去抓住缆链,赤手空拳吊住了滑轮,直到另外几个男孩跑来帮忙,把几名服务员救了下来。

远足给海明威带来了许多乐趣和裨益。周六下课后,他会邀上朋友,带着帐篷、毛毯、斧子、指南针、地图、渔具、餐具、食物等上路,他们的战利品经常是钓到的鳟鱼。

海明威在高中时颇感寂寞,有一次还离家出走。他当时的一位好友刘易斯常与他一起徒步旅行。他看出海明威的性格并不随和,认为海明威"极为好胜,对任何人包括他的朋友在内均如此。他从不让任何人,包括其家庭和学校,来约束他的行动自由……他总是雄心勃勃,富于竞争性,想干什么就一定要干什么。"他的一位女同学评价他是"非常自高自大,又颇固执己见,有时候真遭人反感,但另一方面又极具'个性'。"①

可是,**海明威在学校的各项活动中十分活跃**。他组织学校田径队,参加水球、足球和游泳等比赛,加入辩论俱乐部,还是管弦乐队成员,并为报纸撰稿,是班里各项活动的领头羊。

身材高大的海明威加入了一支足球队。笨手笨脚的他踢球时像是在跳舞,所以只能当后卫队员。有关他踢球时出洋相的笑话,很快在队里传开了。但到了冬季,他成为校游泳队队员,同时还被选为水球队队长。这些成果都使年少的海明威洋洋得意。

处于青春期的海明威并不热衷于追求女孩子。他的母亲在一个剪贴本上记载道:"海明威到15岁时,着紧身长裤,学跳舞,有了第一个女朋友多萝西·戴维斯。"但是他对社交活动漫不经心,在舞会上并没有积极去邀请女孩子。他的解释是,家人规定,在学校的舞会上,只有他那没有男生缘的姐姐受到男孩邀请之后,他才能去邀请女孩子,但那时漂亮女孩早就被邀请走了,所以他只好放弃参加。

与运动相比,海明威觉得写作更容易。在中学的最后两年,他忙于写作,成为英文老师最喜欢的学生。老师经常在班里读他的作文。这一时期他的文章大多故事情节逼真,切合学校的生活和写作要求,有独创性,深得老师的赏识。他在高中时写的文章大多刊登在学校的《特拉佩斯》周刊上,平均每周一篇以上,大多写体育方面的内容,有些文笔随意,有些严肃正经。

海明威在40年代曾回忆起中学时代的生活,做了详尽的描述:"流连于芝加哥的足球场、游泳池和博物馆等处;还沉湎于妓院、酒吧、赌窝以及大酒店等。"②

海明威不仅积极参加各项活动,学习成绩也很优秀。按照他的

---

① 杰弗里·迈耶斯:《海明威传》,萧耀先等译,北京:中国卓越出版公司,1990,第17页。

② 同上书,第21页。

成绩,他完全可以升入大学,家人也希望他像父亲一样进入奥柏林学院,将来做医生。但他另有打算。1917年,美国已经参战,他急于参军打仗。

初出茅庐

从幼年时起,海明威的文艺才能便显露出来。他在写作方面的天赋,使得他在青年时代就崭露头角。

他从小好动脑筋,无论做什么事总爱加上戏剧色彩。他喜欢编故事,在每一个故事中,他自己总是以一个打抱不平的英雄好汉形象出现。读7年级时,他曾在班级表演节目,作为绿林好汉罗宾汉,他身披长褂,脚蹬长靴,头戴丝绒帽,嘴唇上粘着假胡须,手拿一把自制的长弓,模仿着绿林好汉的样子在空旷地带走过,引起了小观众的阵阵掌声。

13岁时,海明威第一次试着写诗,描写了芝加哥幼年童子军的生活:

> 露天游戏
> 我们做游戏,一次,二次,三次,
> 童子军的生活丰富多彩。
> 苏尔特执拍上场,
> 挥拍猛击,球儿飞越穿梭。
> 右边障碍已扫净,
> 畅通无阻。①

---

① 贝克:《迷惘者的一生——海明威传》,林基海译,长沙:湖南文艺出版社,1992,第27页。

中学毕业后,海明威的父亲感到他这么小就上战场未免太残酷了,希望他能先工作一年。于是,他到了堪萨斯城《明星报》作记者。他的这一经历与许多作家类似,如马克·吐温、斯蒂芬·克莱恩、西奥多·德莱塞和辛克莱·刘易斯等,他们都是先当记者,后来成为作家。

海明威做记者得心应手,这得益于中学时老师的精心培养和训练。这家报社提倡简洁的文风,强调新闻的实效性、凝练的语言和准确表达,这使海明威的写作能力得到了很好的锻炼。多年之后他对此依然心存感激。

充满工作热情的海明威负责"短平快"的新闻报道。虽然他见到生人还有些羞怯,缺乏一名新闻记者应具备的活泼性格,特别是问及采访对象的私生活时,他更感到难以启齿,但精力充沛的他总是活跃在新闻报道现场,把一天天的时间都花在了工作上。

这一时期,海明威整日跑东跑西。他的身影出现在火车站、派出所、医院等事故、死亡发生的现场。一次,他在火车站发现了一名患天花的病人,便毫不犹豫地将病人背了起来,送到医院,而其他人因害怕会被传染,早就远远地躲开了。另一次,他遇到了一场火灾,当时连消防队员都非常谨慎。而他为了获得一手资料,观察火情,竟然钻入警戒线内。四处火星乱射,所有的物品都在燃烧,他身上的新衣被烧得到处都是洞。

海明威为报社工作的经历,为他以后的写作打下了坚实基础。他的这些新闻报道文章预示了他以后写小说时的关注点:犯罪、暴力、死亡等。

1920年代,海明威因为要为《多伦多星报》做新闻报道,到了欧洲。为了做采访,他乘火车行驶了约一万英里,奔波于欧洲多国之间进行新闻采访和报道。他在工作的同时进行旅行,并体验刺激的斗牛、钓鱼等活动。海明威酷爱旅游。1922年,他有机会在洛桑采访刚夺得政权的墨索里尼。他看透了墨索里尼的丑恶嘴脸,称他是"欧洲最大的骗子",并说:"你们可以从有名的墨索里尼勉强露出笑容的脸上看出他的虚弱。"之后,他写了一首刻薄的诗发表在1923年春季的《小评论》上:

> 墨索里尼有一对
> 眼白大　瞳孔小
> 酷似非洲人的眼睛,
> 保镖时刻紧随身后,
> 那照片上正在看书的人
> 拿的却是一本倒着的书。①

1920年代墨索里尼刚夺取政权时,许多意大利名人以及丘吉尔、萧伯纳等英国名人对他大加吹捧,而海明威却已经看出了墨索里尼的法西斯本性,可见他对人的观察入木三分。

在1920年代初,海明威直接加强了与政治家的来往,并参与了一些历史事件,政治思想越来越成熟。他支持受迫害的犹太人、被隔离的天花病人和妓女。对他甚为了解的多斯·帕索斯说,海明威有一颗最敏锐的政治头脑。他对社会并非漠不关心,**他的整个作品是对社会的批判。**驻欧洲记者的经历,对海明威的独特艺术风格和道德观的形成和发展,产生了一定影响。1924年,海明威辞掉《多伦多星报》的工作后,返回巴黎,做了《泛大西洋评论》的编辑。

尽管海明威手头缺钱,还要负担一家人的生活,但他坚持保持自己艺术的完整性。他说:"**在平静安定中写作对我来说比陷入毁灭美国作家们的金钱陷阱重要得多,我要尽力去创作,从不去考虑销路问**

---

① 杰弗里·迈耶斯:《海明威传》,萧耀先等译,北京:中国卓越出版公司,1990,第94页。

题,也从不考虑它会给我带来什么,甚至也不想它能否发表。"①

海明威发现,写作需要经受一个殚精竭虑的过程,只有通过长期艰苦的实践才能学会。他认为,作家写作是写出前人没有写出的作品,或写出超过前人的东西。他认真研习前辈们的作品,托尔斯泰、斯蒂芬·克莱恩、康拉德、和 D. H. 劳伦斯都对他早期的创作有过影响。海明威的作品受到吉卜林影响很大。他在少年时代就特别喜欢阅读吉卜林的著作,他不仅模仿这位大师,还把他当作美学的楷模,向吉卜林学来了短篇小说的写作技巧与艺术。许多学者发现,海明威的散文句法和浪漫主义态度都受益于吉卜林。他一生在不断地阅读吉卜林的作品,即使是 1930 年代吉卜林的作品遭到广泛抨击时,他仍然极力称赞吉卜林。他还向青年作者推荐吉卜林的作品,说吉卜林是最优秀的短篇小说家。他在获得诺贝尔奖时,还称颂 1907 年获奖的吉卜林,说他是"比我们优秀得多的作家"②。

海明威的作品中经常出现两个主题——性病和同性恋,都与男性害怕妇女和遗弃妇女有关。他将患有性病的狂妄自大的成年男子和强健的孤独男子联系起来,如斗牛士、暴徒、士兵等,但也认为性病是对邪恶的肉欲的惩罚。众所周知,他反对同性恋。尽管他有几个搞同性恋的朋友,如格特鲁德·斯泰因,但他对同性恋并不同情。

作为一名年轻作家,海明威显示出了才华,并从自己的作品中获得了极大乐趣。为了提高作品的自然、朴实感,他从不为了创作而写日记或笔记,在创作小说时也很少写提纲。1925 年,他的第一部短篇小说集《在我们的时代里》出版,博得了艾伦·泰特、斯科特·菲茨杰拉德以及 D. H. 劳伦斯等作家的一致赞赏,认为这是一部独特的好作品。他们尤其赞赏他的文风和技巧。

---

① 杰弗里·迈耶斯:《海明威传》,萧耀先等译,北京:中国卓越出版公司,1990,第 130 页。
② 同上书,第 111 页。

勇敢战士

(一) 无畏的迷惘青年

海明威人性中最闪亮的地方就是他的勇敢与正直。面对危险，他能够保持大无畏的勇敢精神；对于战争，他始终坚持正义的立场，保持着他的正直本色。

在祖父的影响下，海明威在童年时代就阅读了许多军事历史书籍。他喜欢阅读《圣经》的旧约部分，其中有许多战争故事。他一生极为关注战争，他的著作中有26本书的主题与战争有关，他还常与儿子们谈论南北战争。他曾随祖父安森去会见总统西奥多·罗斯福，当时总统的爽朗笑声令他难忘。海明威追寻着祖父、外祖父和罗斯福总统的足迹，到过意大利、土耳其、西班牙、中国和法国，在这些国家参加过5次战争。

从孩童时候起，海明威就表现出勇敢的天性。幼年的海明威从来不知道什么是害怕，母亲格蕾丝说，在他3岁的时候，"有人问他害怕什么的时候，他大声地回答，他什么也不怕。"[①]他的愿望是要别人把他当作大人一样看待。他常把自己当作一名士兵，扛着一杆半新不旧的老式步枪，两眼望着前方，迈着大步学士兵正步走。幼小的海明威所表现出来的勇敢和坚韧精神，给他父母留下了深刻印象。

在后来的生活中，他始终保持着勇敢精神。可是，在高中毕业那年，他因为"勇敢"经历了一件困窘的事情。在暑假，海明威与同学到林中度假。当时芝加哥报纸报道说，有一群小偷在奥克派克地区行窃。一天凌晨，当他与杰克正在帐篷酣睡时，一伙"暴徒"偷袭他们的营地。暴徒砍脱帐篷的绳索抢走他们的物品后，向树林逃去。杰克

---

① 贝克：《迷惘者的一生——海明威传》，林基海译，长沙：湖南文艺出版社，1992，第9页。

猛地抓住其中一名暴徒,海明威挥动斧子就向他砍去,差点砍中那个人的头。3名暴徒一起上前抓住他往前拖,把他推到了满是泥浆的河里。当他爬上岸才恍然大悟,这原来是一场学生们蓄谋的把戏,偷袭营地的人是奥克派克中学的学生。那天晚上,这些人在举行男生交际会时,有人提出去偷袭营地。于是,他们偷偷穿过树林来到了海明威他们宿营的营地,实施了抢劫。后来,学校的周刊报道说,两边的学生讲和了,不过那个戏弄人的骗局的发起者承认他们失败了。

像他幼时打死苍鹭的事件一样,这件事成为海明威人生中又一件难以忘怀的事情。几十年后,他曾喃喃自语,说自己曾经差点挥动斧头将人砍死,他又一次险些触犯法律。虽然这件事真的非常悬,但是海明威的无畏精神可见一斑。

从小就胆大的海明威在发生了重大战事之时自然不会袖手旁观。他的身影多次出现在一些重大的战役中。1918年4月,海明威领取了他在《堪萨斯明星报》的最后一份薪水之后,要赶第一次世界大战的末班车,等待应征入伍,参军打仗。他终于成为红十字会救护车的志愿司机。5月,他经纽约转道巴黎,到达意大利米兰。

海明威刚刚到达米兰,军火仓库爆炸,他第一次见识了血淋淋的场面。他在写给《明星报》的明信片上说,他与战友驾驶着救护车,到达爆炸地点,看到有个妇女死得很惨,触目惊心。第一次看到如此惨烈的场景,对于这位以前只用猎枪打过动物的人而言,实在是一件十分恐怖的事。

在部队的第一个月,海明威的任务是开救护车在转运站之间运送伤员。一天,他在多罗遇到一个名叫约翰·帕索斯的芝加哥人,两人愉快地交谈了一阵后分手。后来,帕索斯也成为一名作家,他们则成为多年的朋友。

海明威先是被派到法国,后来到了意大利。作为一名非战斗人员,他无法上前线,这使他坐卧不安。好不容易有了机会到前线,尽

第八章 勇敢的"投降"硬汉

管只是到指定的地点设置小卖部,海明威也第一个报名。又一个月以后,海明威到达一个前哨侦听站,给那里的士兵运送香烟、巧克力和明信片。虽然他在这场战争中仅仅做了一些微不足道的工作,但他享受到了投身于战斗获得的战友情谊。

虽然未直接与敌人交火,海明威还是受了重伤,几乎被炸死。这次受伤促成了一个英雄的诞生,是他人生的一个重要转折点。7月的一个夜晚,海明威正在壕沟内给意大利士兵分发巧克力糖时,奥地利军队的炮火向这边猛烈轰击,榴霰弹爆炸的巨大响声和随之而来的红色火焰令他窒息。一根木柱击中了他的前额,他在恍惚中似乎听到其他人的喊叫,他想向有叫声的地方走,可是却一步也挪不动。这时,河对岸的奥地利士兵用机关枪和步枪向这边阵地扫射。海明威感到双腿像灌了铅一样沉重,靴子里似乎有暖暖的水在流淌。他身旁躺着一名已经失去知觉的士兵,离他不远的地方也躺着一名,这个受了重伤的意大利士兵向他大声哭叫。海明威慢慢向他爬去,他把这名士兵扶到自己背上,摇摇晃晃地背起他走向指挥所。刚走了不到50码,又一阵机枪扫射过来,一颗子弹打中了他右腿膝关节,他感到腿一阵冰凉,打了个趔趄,摔倒在地上。可他仍旧背起那个士兵,向前挪动。凭着一股惊人的意志,他背着受伤的士兵,十分艰难地爬了100米的距离,终于到达了指挥所,然后他昏迷过去。

海明威的外衣和裤子沾满了那名意大利士兵的鲜血。人们以为他的胸部被敌军的枪弹击中,立刻把他送到最近的救护站。可是那里遭到破坏,救护站早就撤走了。躺在担架上的他看到周围全是死者或奄奄一息的重伤员。他一边默默地等待,一边在心里祈祷。两个小时之后,一辆救护车把他送到了另一个救护站。这时,海明威感到,他的腿像被无数黄蜂蜇了一样疼痛难忍。医生给他动了手术,从他腿上共取出28片碎弹片,还有一些小弹片埋得很深,无法取出来。他腿上裹了厚厚的绷带,从脚跟一直裹到大腿。接着,他被送到一个战地医院接受治疗。8天之后,这位身受重伤的英雄乘坐专列到达米兰。这时,他刚满19岁。

在米兰的医院,海明威得到了很好的治疗和照顾。经过检查,医生确定他的伤口没有感染,正在愈合,而且膝部那块弹片是横穿进去的,没有打穿膝盖骨。经过第二次手术,残留在他腿部和脚部的弹片都被取了出来。海明威兴奋地给父母写信报告他的情况,要家人不要挂念。他不仅得到了最好的医治,还获得了意大利的最高荣誉奖——战斗英雄银质奖章。

作为第一名在意大利受伤的美国士兵,海明威的伤情受到了多方关注。芝加哥各大报纸都在显著位置刊登了有关他英勇作战的消息。他自豪地给母亲写信说:"我想,要是当初我待在家里,你们也许不会赞扬我。而如果我在战场上牺牲了,你们又亲自看到讣告,那就更光荣了。"接着,他又绘声绘色地描述了他抢救那个意大利士兵的经过:

> 趴在我身上的那个意大利士兵的伤口流血不止。血渗透了我的衣衫,裤子上好像涂上了一层软乎乎的红葡萄酱。……我用意大利语对抬着我的人说,我要看看我的脚,尽管我害怕看。……他们脱掉了我的长裤,我看到自己那双宝贝的脚还在,可上面沾满了东西,弄得一塌糊涂。人们很难想象我自己双膝被子弹打穿,右脚也严重受伤,身上还要背一个伤员,如何能走完150码的距离。可是,萨玛雷利医生的手术做得很好。他在我的膝部和脚板上一共缝了28针,并用石膏把我受伤的腿敷扎起来不让移动。现在除了偶尔有阵痛外,其他时间里还感到不怎么痛苦。①

---

① 贝克:《迷惘者的一生——海明威传》,林基海译,长沙:湖南文艺出版社,1992,第85页。

第八章 勇敢的"投降"硬汉

海明威体质好,康复得很快。他因战友们的关怀和赞扬感到由衷的高兴,也为自己能经受得住战火的考验而自豪。每天,他坐在病床上,接待络绎不绝的来访者。这时的海明威热情洋溢、朝气蓬勃、幽默,喜爱讲故事。他的突出特点是思想解放,不受传统习俗的约束,总是按照自己的意志和安排去生活。父亲来信问他什么时候可以回家,他回信说,军人的职责决定了他得等战争结束之后才能回家,他决心战斗到底。病愈出院,海明威重又返回前线。

海明威与战友在一起时谈论过死亡的话题。莎士比亚的戏剧《亨利四世》中的一段话,他很有感触,背得滚瓜烂熟:"死对我来说无所谓,反正人一生只死一次;上帝要我怎么死,我就怎么死。今年死了,明年就不会再死。"① **这种死亡观与他当时给父母写的信中所表达的生死观一致。**

对于他当时受伤的情景,海明威这样描述:当他把手放在膝盖上时,发现膝不见了,而他的手伸进了伤口。子弹打碎了他的脑骨,头部严重受伤。但他当时写的信件却充满了乐观向上的语调,他在米兰医院期间拍的一些照片也显示,他当时是一个自豪快乐的青年。其实,海明威因受伤引起的心理反应在他回国后才逐渐显现出来。回家后,他经常彻夜难眠,害怕黑暗,经常是睁着眼苦挨到天亮。

海明威用自己的实际行动证明了他的英勇,他经历了战火的考验,感到自己是不可战胜的。他经受得住生死考验,也能够克服其他任何困难。

战争结束后,海明威回到了家,家人含着热泪欢迎他。他终于可以放松享受正常的生活了。每天早晨,他起床很晚;午饭后,他和家人出去散步,身穿军装,脚蹬高筒靴,手拄着拐杖。《奥克派克报》的记者来访,请他谈谈自己的英勇行为,他很谦虚地推脱说:"我上战

---

① 贝克:《迷惘者的一生——海明威传》,林基海译,长沙:湖南文艺出版社,1992,第95页。

场,是因为我想去。我身体好,国家需要我。我上战场,做我所应该做的事。在那里所做的一切都是我所应尽的职责。"①

海明威接待来拜访他的崇拜者。两个姑娘崇拜地看着他手上的戒指,那是由一片从他腿部取出来的小弹片做的。可是,他们走了之后,他却感到很孤独,无聊时便向天上放照明弹。

女记者在报纸上刊登了访问海明威的报道之后,来拜访他的人更加络绎不绝,他们请他谈谈在战场上的情况和体会。于是,他到一所中学做报告。在报告会上,他把随身带来的战利品展示给大家看,包括一顶奥地利军用钢盔、一把左轮手枪、一把打照明弹用的手枪,还有他那晚受伤时穿的血迹斑斑的裤子;他谈到遭受迫击炮弹爆炸时受到的惊吓,谈到他背着伤员回指挥所时,把那条裤子给大家看;他还用意大利语唱歌给大家听。学生们对他的报告十分感兴趣。

这时,海明威对待战争的看法充满了理想主义色彩,他似乎相信一切有关战争的宣传。他曾充满激情地写信给父母:"我们都准备献出我们的生命,但只有少数人中选,对这些少数被选中献出了生命的人,也无需给予殊荣,因为他们是幸运儿……为祖国而献身的人的母亲是世界上最值得骄傲的人,也是最幸福的人。"这种爱国主义热忱,与他在后来创作的第二部小说《永别了,武器》中所表达的幻灭感形成了强烈反差。他后来认识到,"关于战争的真相,在我最需要对它了解时却全然无知。"②《**永别了,武器**》奠定了海明威的小说家地位。小说通过描绘第一次世界大战背景下美国士兵亨利与英国护士凯瑟琳的爱情故事,表达了主人公的厌战情绪,反映了年轻一代对战争的愤懑和绝望。亨利在战斗中受伤,被送到了医院。在那里他与护士

---

① 贝克:《迷惘者的一生——海明威传》,林基海译,长沙:湖南文艺出版社,1992,第100页。

② 杰弗里·迈耶斯:《海明威传》,萧耀先等译,北京:中国卓越出版公司,1990,第31页。

凯瑟琳相爱,度过了一段美好的时光。然而,亨利在返回战场的途中亲历战争给人们带来的痛苦,于是与战争"媾和",做了逃兵。他返回医院,带上凯瑟琳逃到了瑞士,在那里度过了一段温馨、幸福的时光。然而,小说以凯瑟琳难产去世和亨利孤独一人在雨中面对人生为结局,表现了战争给年轻人带来的身心创伤,嘲讽战争给人带来的悲剧。

回到家乡日久,海明威的生活逐渐回归平静,甚至显得沉闷呆滞。海明威的兴奋感荡然无存,他的思想逐渐开始发生变化。他寂寞无聊,怀念意大利,思恋战场上结识的恋人阿格尼丝,感到压抑、窒息,虽死犹生。经历了生死考验的他已经逐渐成熟,不愿再受父母以及家乡的宗教和道德规范的束缚。

海明威慢慢恢复了以前的一些爱好,开始学会享受生活。伤痛痊愈的他扔掉了拐杖,开始再一次进行打猎。他恢复了中断两年的钓鱼活动,与朋友开车到20千米远的河边,一天一个地方。他的钓鱼技艺很高超,钓到的鳟鱼多得根本吃不完。在最后一天,他们一共钓到64条鱼,满载而归。7天的野外生活,使他重新感受到了生活的乐趣和美好。

1919年10月,海明威结束了愉快的野营生活,离开了家,到派托斯基去生活。他租了一间房子,除了全心写短篇故事之外,还常与朋友们在一起高谈阔论,品酒闲谈。他们参加舞会,到剧院看戏,参加冰球比赛。同时,海明威还为《多伦多星报》写稿件。他风趣幽默的文章很受一位编辑的赏识,预言他将来可能成为一名出色的报人。

1920年5月,海明威回密歇根的家乡度假。在家里,他又恢复了之前闲散的生活方式,每天钓鱼、打拳击。患有周期性的精神分裂症的母亲感到不快,认为他没有做正经事,依赖家人,他的生活方式令她难以忍受,尤其是他对家不管不问的态度。终于,他与母亲格蕾丝大吵了一架。

在海明威 21 岁生日那天,他带朋友回来吃晚饭。然后他帮家里做一些洗碗、刷墙漆等活儿。他不隐瞒自己的观点,认为应该由仆人来做这些家务琐事,可是父亲在信中告诫他说:

> 我非常盼望你能给父母和你的姊妹带来更大的安慰。你应该做个独立有用的人,不要再依赖他人生活了……你们住在这里人多,你母亲招待不来。她没有人帮忙,且对你的鲁莽无礼很不高兴。所以,尽快收拾行装到别处去吧,等要你来再写信告诉你。请认真考虑此事,做个诚实正直的人,亲切细致地对待你的母亲和姊妹……①

生日刚过,海明威就干了一件让家人生气的事情。原来他的妹妹和邻居家的女儿计划进行一次半夜野餐会,海明威和他的一些男朋友也参加,一共 8 人。当晚,他们像平时一样按时上床睡觉,到了半夜,他们偷偷溜出门,驾着小舟到了沙地高坡,生起篝火,开始边唱歌边吃,谈笑玩耍。到凌晨 3 点时,他们才熄灭篝火,划着小船各自回家。可是,令他们惊讶的是,几个女孩的家人提着灯笼在岸边等候她们。

当时的家长都禁止女孩在外面过夜。本来是去护送女孩的海明威,被骂成是下流胚。母亲不由分说,斥责他这一年多犯下的种种罪过:懒惰、嬉戏、享受、腐化等。第二天,母亲给他写了一封措辞严厉的信,指责他的作为:

> 你在 18 岁那年,你就表示不需要父母亲的劝告和指点。因此,多年以来,我一直保持沉默,让你自己处理自己的事,我指的

---

① 贝克:《迷惘者的一生——海明威传》,林基海译,长沙:湖南文艺出版社,1992,第 123—124 页。

是你的人生哲学。你在同男人、女人和小孩打交道时所抱的是什么道德观念。现在你已经是个21岁的人了,还如此不懂事,需要父母为你操心指导,不能不说是令人伤心的。对此,我感到十分愤慨。①

接着,母亲对他的指责更加严厉:

> 如果你还不醒悟过来,停止过那好吃懒做的浪荡生活,停止靠他人为生的生活,大吃大喝,赚多少吃多少,挥霍浪费;停止用在所谓俊俏的脸蛋去勾引容易上当的姑娘或者你仍然对救世主上帝耶稣基督不虔诚,不尽教职。一句话,你如果不自觉到自己已长大成人,应该有男子汉的堂堂气魄,那你将一事无成,招致自我毁灭。②

父母的指责对于海明威来说无疑是当头一棒,他心里很难受,明白自己现在实际上已经无家可归、被父母撵出家门了。年轻气盛的他一时烦闷,索性一不做二不休,又和朋友驾船钓鱼去了,一去就是6天。他认为,母亲不喜欢他的原因在于,他反对她花2 000美元修建音乐室,所以在找借口把他撵出家门,那些钱本来是供他上大学用的。

关于海明威的母亲,他的一个朋友曾大加贬抑,说"她是一个很厉害的女人,凡是她认为要做的就一定要办到。他母亲有本事在背后硬逼着他干,这种本事他似乎也不想有。"他认为,尽管海明威想在感情和经济上独立,但是很难违抗他母亲的意志。而海明威在母亲

---

① 贝克:《迷惘者的一生——海明威传》,林基海译,长沙:湖南文艺出版社,1992,第125页。
② 同上书,第126页。

去世后不久也发现,他们母子间的根本矛盾,在于母亲仍然把他当作小孩来严加管束,根本不了解儿子的心理。应该说母子俩的矛盾,其实是代沟问题引起的。

无论海明威怎么想,当时他的父母确实嫌他整日无所事事,因失望才对他说了不客气的话。他们认为他是家里的耻辱(甚至在他享有文坛盛名之后依旧如此)——没有上大学,从战场上回来没有找到工作,在他们这个禁酒的家庭公开喝酒,后来他又写出猥亵的书,几次离婚,等等。

21岁的他对未来充满了迷惘,但却坚信自己能够干出一番大事来。1920年代的海明威举止文雅,说话细声细气,在危难之时表现出坚毅不屈的个性,保持着中西部人活泼、热情的风格。如他的儿子杰克所言,**他性格的基本特点"是个非常有趣的人,他对生活洋溢着无限深沉的爱,感染着周围每一个人。"**①这位大无畏青年在以后的人生道路上逐渐显露出勇气。

(二) 反战勇士

海明威始终反对战争,并在多部作品中表达了反战主题。除了《永别了,武器》之外,他在1940年出版的小说**《丧钟为谁而鸣》(又译《战地钟声》)** 中以1930年代西班牙内战为背景,表达了反法西斯思想。小说塑造了具有大无畏精神的美国大学讲师乔丹,他到西班牙援助作战,最后英勇献身。这部作品重现了战争的残酷,还刻画了一群爱国抗敌的西班牙人民的英勇形象。小说问世后引起了美国读者的强烈共鸣,以至于在第二次世界大战中,赴欧洲作战的美国官兵几乎人手一册,可见其社会影响力之大!

二战中,海明威仍旧坚持反法西斯立场,以实际行动与法西斯进

---

① 杰弗里·迈耶斯:《海明威传》,萧耀先等译,北京:中国卓越出版公司,1990,第70页。

行斗争。海明威多次在各种场合表达了他反对法西斯的观点。1937年6月,他在"美国作家同盟大会"上作了题为"作家与战争"的反法西斯讲话。他说:"真正优秀的作家,在几乎任何他们能够容忍的现行政府的制度下都能有所作为。只有一种形式的政府不能产生好作家,那就是法西斯制度。因为法西斯主义是一群暴徒撒的谎,不说谎的作家不能在法西斯主义下生活或工作。"①

二战初期,海明威不愿被卷入战争中。他觉得凭借自己在文坛的地位,自己是个国宝,应该被保护起来。他到了古巴,把时间花在捕鱼、打猎和社交上。他得到了一个机会,成立了一个私人间谍组织,收集岛上亲纳粹份子的情报,不用离开古巴就可以参加战争。

可是,海明威的组织引起了美国联邦调查局的注意。他们开始调查他,认为他在从事危险活动。鉴于海明威的文学地位和国务院的支持,联邦调查局只好让步,得出结论:"海明威的'情报内容'只是一些耸人听闻而又含糊和根据不足的报告。……他的资料几乎无一例外,毫无价值。"②到1943年4月,由于收集的情报难以令人满意,海明威的这个组织只好瓦解。

1940年代,美国联邦调查局对人们的监控,比50年代初冷战时期乔·麦卡锡采取的那一套做法有过之而无不及。特工莱迪曾受到海明威的嘲弄,他看不起海明威的情报工作,又惧怕他,便给胡佛③写信,建立了审查海明威的档案,指控他同情共产党。调查局的一份备忘录记录道:"关于海明威在古巴的地位,使馆法律专员报告说,他的威望很高,崇拜者很多。美国大使对他个人完全信任,法律专员曾亲身参加过他们的会谈,目睹大使把海明威的意见奉为经典。……无

---

① 杰弗里·迈耶斯:《海明威传》,萧耀先等译,北京:中国卓越出版公司,1990,第307页。
② 同上书,第365页。
③ 埃德加·胡佛(1895—1972),美国联邦调查局第一任局长。

论海明威到什么地方去,都有一伙英雄崇拜者包围他,……他们认为海明威是个天才人物,将与托尔斯泰一样名垂青史。"[1]

鉴于海明威在古巴的影响和声望,联邦调查局放弃对他采取措施,认为他们有必要与这头"离群的野象保持距离"。最后,胡佛同意了避免同他发生冲突的做法。调查局认识到,海明威的妻子玛莎同罗斯福总统夫人的友谊,使他能够直接影响总统,他们最好避免同这个强有力的对手发生直接冲突。海明威成为极少数几个能与联邦调查局抗衡的人。

当美国海军消除了德国潜艇在古巴海域的威胁时,海明威侦查潜艇的任务也就结束了。于是,他又寻找其他途径为战争效力。他当上了通讯记者,到欧洲战场上为美国而战。然而,他并没有尽力做报道工作,而是在伦敦和巴黎的战场上不顾威胁全力投入到战斗中,这使得他的公众形象更为高大。在英国,海明威遇到了《时代》的记者比尔·沃尔顿。两人又在巴黎一起参与一些战役。沃尔顿发现,海明威极为机警,是个出色、勇敢的战士。他能分辨出德国飞机的声音,在飞机轰炸的危险即将到来的时刻,他奋不顾身地从吉普车上跳下来,扑倒在沃尔顿身上,让沃尔躲过了低空扫射。

可是,在伦敦,海明威对待英国皇家空军飞行员的狂妄态度,令许多飞行员不满。有人叙述过他当时不近人情的所作所为:"他在酒吧里居然当着三个青年飞行员的面,好像开庭审判的样子,宣称他们的上级军官都是'胆小鬼',他说那个时候他们不敢飞越敌人的领空。其实事情的真相是:所有得知了盟军进攻欧洲登陆日计划的高级军官,都被'停飞'。"[2]海明威的这种举动,源自他的骄傲自大心理。

海明威好战,他以杀戮为乐,认为战争是很好的运动。他自称杀

---

[1] 杰弗里·迈耶斯:《海明威传》,萧耀先等译,北京:中国卓越出版公司,1990,第371页。

[2] 同上书,第387页。

死了许多德国人,实际上他确实杀死过几名德国兵。1944年11月22日,德国人袭击他所在的一个英国指挥部时,他用机关枪射死了几个德国人。

在欧洲,海明威没有了在西班牙时的机智和拘谨,不再害怕在战争中丧生。哪里有危险,他就会出现在哪里。他相信自己运气好,不会被打死。他想要给人留下这样的印象:即使有生命危险也在所不惜。并以此来证明他的勇气。一次,在德国的指挥所里,当大家正在吃饭时,德军突然进行轰炸,人们全躲到桌子底下或者进入地下室去了,海明威却仍旧若无其事地吃喝,显得十分镇静,其他人不知道他这样做是愚蠢还是勇敢。

在巴黎,海明威在一辆摩托车上遭到德军炮火的轰击。他跳下一条沟去躲避,却被机关枪击中,头部撞到一块大石头上,发生了脑震荡。他眼前看到重影,失去了语言记忆,还伴随有头痛耳鸣等症状。尽管如此,海明威还是继续勇敢地参加战斗。在正规部队到达之前,他带领一支法国游击队进入了市镇。他以主帅自居,设立指挥部,并升美国国旗,俘虏敌兵,收集到巴黎途中敌人的防御工事情况,为大部队进军巴黎提供了有用的信息。

戴维·布鲁斯是美国情报局的军官,他对海明威的侦查工作做了详尽的叙述:

> 欧内斯特是战地通讯记者,按规定不携带武器,但是他可以非正式地指挥一批很有本事的游击队员。……欧内斯特的卧室是这些人情报活动的神经中枢。在他的卧室里,他不穿外衣,听取通讯人员汇报,接见从巴黎来的难民、德军的逃兵、地方官员和一切来人,从他们那里取得情报。一个相貌凶恶的"法兰西秘密部队"队员用机关枪严守在门口。在房间里面,欧内斯特兴冲冲地,看上去像个满脸凶相的巴克斯酒神,在那里指指点点,发

号施令,解决问题,判定是非,用的是英语、法语、洋泾浜德语。……

布鲁斯高度评价海明威的军事才能,并表达了他对海明威的敬意:

> 我对欧内斯特怀有极大敬意。不仅因为他是我的朋友,是位作家,而且还因为他是一个冷静、机智、富有想象力的军事战术家和战略家。我从旁观察,看到他兼有经过考虑的大胆冒险和小心谨慎的精神,这是十分难能可贵的。他懂得如何恰当地抓住一切稍纵即逝的有利时机,他天生有带兵的才能。虽然他有很强的独立的个性,但是个有高度纪律性的人,这给我的印象是很深的。①

海明威的这些行动确实为战争做出了一定贡献,但却是违法的。他作为战地记者,不应该携带武器,可他房间里有地雷、手榴弹和军事地图,他俨然是一位法国上校。盟军最高统帅知道这些情况,可是海明威的行动确实对盟军有帮助,所以他们不愿在巴黎解放之后做出有损他的公众形象的事情,便纵容他,并帮助他开脱责任。的确,因为海明威的名声太大了,他得到军方的特许,可以为所欲为。

(三) 伤病缠身

由于海明威喜欢冒险,他在战场上和打猎、旅行中多次受伤,这影响到他的健康,成为日后导致他死亡的一个间接因素。

在与第二任妻子波琳结婚的第一年,海明威曾发生过三次意外

---

① 杰弗里·迈耶斯:《海明威传》,萧耀先等译,北京:中国卓越出版公司,1990,第396页。

第八章 勇敢的"投降"硬汉

事故。在蜜月里,他的脚被割伤,感染并红肿起来,迫使他卧床休息十多天。他第二次受伤发生于1927年12月。那时他们在瑞士滑雪,夜里他帮邦比小解时,孩子的指甲在他的瞳孔上划了一道伤痕,他的视力受影响达几个星期。第三次事故是在他的住所,卫生间的天窗掉了下来,他头上的动脉破裂,导致大出血,到医院缝了9针。从此他的右边眉毛上留下一条伤疤。

海明威多次患病,遭遇不测事故,加上酗酒,这迫使他不得不多次卧床休息。1929年10月,他在西班牙的溪流中钓鱼时,他得了肾痛病;1930年,他发生了两起严重的事故,他的腹股沟肌肉曾被撕裂;1930年5月,他练拳击时右手食指受伤;1931年夏天,他的视力出现障碍,开始戴眼镜;1932年4月,他感染了支气管肺炎;1933年10月,他的咽喉动了手术;1930年11月,他和多斯·帕索斯驾驶无后座敞篷车去蒙大拿州的比灵斯时,视力不好的海明威被迎面开来的汽车大灯照得眼花,他的车突然偏斜侧翻,多斯·帕索斯从车里爬出来后,把海明威从后轮胎下拉出来送到了医院,他的右手臂严重骨折,在医院住了7周。

1940年代末,海明威多次遭遇疾病和事故。1949年3月,在意大利的滑雪场,他的眼睛感染丹毒,他的脸破相了。1950年他厄运不断,由于他长期在热带海滨阳光下暴晒,2月他的皮肤感染,到5月发展成良性肿瘤;7月,在海上,他摔在了打滑的甲板上,肉割破了5英寸,伤及骨头,动脉被割破,还得了脑震荡;9月,因一战时留在他体内的弹片作怪,他的腿剧痛。由于他忽视自己的健康状况,他的饮酒量增加,体力却在不断下降。

1945年6月20日,海明威又遭遇了一次严重交通事故。他在哈瓦那驱车前行时,车在泥泞的道路上打滑,跃过一道沟后撞到了树上。他的膝盖撞破,前额撞到后视镜上,受了重伤。1954年1月,海明威包了一架小飞机飞越东非。在靠近乞力马扎罗山时,"飞机开始沿着地面滑行,蹦跳得像一辆摩托车,然后慢慢升上天空"。在第二次飞行时,"飞机无缘无故地自己飞了起来,不过也就是几秒钟的时间,然后又猛烈地下降,只听到我们已经非常熟悉的异常声音,是金属断裂的声音!只一刹那我们就看到右舷的引擎正在腾起一股火焰。"①第四任妻子玛丽把前窗踢破后逃了出去,而海明威因太胖出不去,被堵在客舱的门口,他便用头去撞门,结果又得了脑震荡。

海明威第二次经历的飞机坠毁事件比第一次更为严重。他受了重伤,头破了,脊椎骨上的两个椎间盘断裂,右肩脱臼,他的肝、右肾和脾脏也破裂了,双臂、脸和头被火焰灼伤,视力和听力也受到损伤。

海明威的这次受伤引起了轰动。官方先是宣布他已死亡,而后又宣布他仍然活着。1951年1月24日,美联社的消息称:"海明威和他的妻子昨日在乌干达西北部一架飞机坠落之时已死亡。"②1月25日,世界各地报纸都登载了海明威的讣告。朋友们还未来得及为这一消息悲伤,不久便有消息称他仍然活着。当海明威读到自己的讣告时,他感到很有趣,把它存入了两本精美的剪贴本。

即使海明威多次受伤,身体健康受到严重损害,他却仍然一如既往地从事冒险活动,这从另一个侧面反映了他的英勇本质和他的硬汉精神。

多样婚恋史

英雄爱美人,美人也同样爱英雄。这句流传至今的名言,用到海明威身上极为合适。生来相貌英俊的他加上著名作家的光环,自然受到众多美女的青睐。海明威结过四次婚,而他从来不是一名忠实

---

① 杰弗里·迈耶斯:《海明威传》,萧耀先等译,北京:中国卓越出版公司,1990,第490页。
② 同上书,第491页。

的丈夫。婚外情不断,有过多位情人,可谓桃花运旺盛。

(一) 战地浪漫情人

在第一次世界大战中,海明威因祸得福。他因为受伤住进米兰的医院里,受伤的英雄海明威得到了医护人员细致入微的照顾。在照顾他的几名护士中,他对漂亮的阿格尼丝一见钟情,这是他第一次认真地爱上一个人。

阿格尼丝生于华盛顿哥伦比亚特区,在父亲去世后,她到华盛顿公共图书馆做助理馆员。后来她到医学院学习护理学,一心盼望能上战场。1918年1月,她加入了红十字会救护队,到欧洲执行任务。阿格尼丝聪明伶俐,性格开朗,善良、诚恳,工作负责认真,乐于助人。她颇受人喜欢,受伤的士兵都希望能早日恢复健康,好约她出去游玩。

海明威接受过手术治疗后,在漂亮热情的护士小姐的护理下,腿伤逐渐好转,他的思想也开始骚动起来。他疯狂地爱上了阿格尼丝,这是他成年后的第一次恋爱。阿格尼丝经常自愿去值夜班,这样她就可以经常到海明威的房间看望他,与他多待些时间。在《永别了,武器》中,海明威描述了凯瑟琳夜晚来与亨利相伴时的温馨气氛,这其实就是他与阿格尼丝相伴时的情景再现,阿格尼丝是凯瑟琳的原型。

阿格尼丝事业心强,不同意立刻结婚。她只允许海明威吻他,不同意他的其他要求,但她不和海明威在一起的时候又总惦念着他。她在工作服的口袋里放着海明威送给她的8张照片,每天晚上都给他写信。海明威是唯一可以称呼她的昵称"阿格"的人。在她的精心照料下,海明威日渐康复。他们一起去看赛马,参观米兰的大教堂、歌剧院、咖啡厅等。

后来,阿格尼丝自愿报名参加了佛罗伦萨的边界医院服务,两个恋人不得不分开。她深感寂寞，无时不在思念着他，她在给海明威写的信中说，"我将给你写更多的信，这可能是你没有预料到的吧。我将把其中一些信寄到英美俱乐部办公室，因为我不想让人对你产生怀疑。亲爱的，我们彼此分隔得太远了……我一心一意地爱你，加倍地爱你，永远，永远。"①阿格尼丝称呼他为"我生命之光，我最亲最亲的欧内；世上最最宝贵的，我的英雄"。她向海明威诉苦说，她每天晚上感到特别孤独。而海明威给阿格尼丝写的信比她来的信更多。每天他都给心上人写信，有时甚至一天两封。

当伤愈的海明威返回前线时，他写信给阿格尼丝说，他有可能到她那里去。她兴奋地回信说："我时时望着窗户外面，有时我简直是连走带跳地走着，因为我看到一个熟悉的身影，身上穿着漂亮的英国军服，头戴海外服务队的帽子，手里拿着一根手杖。有好几次都是这样，真是太奇巧了。可是每次我都失望了。"②

但海明威真的突然出现了，阿格尼丝反而觉得一瘸一拐的他有些窘。

1918年，战争结束，海明威回到了纽约。从阿格尼丝的信可以看出，她对他的感情是真挚的，甚至打算在他康复以后就和他结婚，并随他去美国。但她也意识到他们两人之间的年龄差距，她27岁，而他只有20岁。随着海明威的离去，她移情别恋。

回到家的海明威有些无聊。他除了忙于给来访者讲述他的英雄事迹之外，每天都会给阿格尼丝写充满美好情感的长信。可是，他收到了她写来的一封不吉利的信。她写道："我不像你所想象的那样完美无缺。不过，过去也许是这样，现在，开始不同了。我今晚感到有点不舒服，那么就此搁笔了。晚安，基德。做什么事不要那么匆匆忙

---

① 贝克：《迷惘者的一生——海明威传》，林基海译，长沙：湖南文艺出版社，1992，第91页。

② 同上书，第96页。

忙,还是好好休息吧,怀念你的艾格。"①确实,阿格尼丝已经与一个意大利小伙儿相恋了。不久,她就来信告知这一变化,并表达她的歉意,还说他会理解她的这一决定并原谅她。最后,她衷心希望他干出一番大事业。

情人的信件对于忠诚的海明威而言无疑是沉重的打击。痛苦折磨着他,他病倒了。想到阿格尼丝如此无情无义,他又愤恨,又气恼,给阿格尼丝的同事写信说,他希望她回纽约时会摔一跤,把牙齿全部磕掉。

海明威与阿格尼丝就这样结束了没有结局的恋爱。后来,海明威逐渐走出了情感的阴影,与其他女孩子交往,带她们划船游玩。他开始喝酒抽烟,享受生活。在闲散度日的同时,海明威动手写一些短篇故事。

令人意想不到的是,3个月后,他又收到了阿格尼丝的来信,称她被情人抛弃,很是伤心,并且说,海明威也算是因此报了仇。如今海明威已经忘怀了与阿格尼丝的往事,他感到与她的那段情好像是很遥远的事情,所以并没有幸灾乐祸,反而替她难过。

在此后的三年半时间里,海明威与阿格尼丝互相不通音信。当她听说海明威要与哈德莉·理查森结婚时,给他写了一封懊恼的信,称"在我们之间,战友情谊结束的方法上,一直存在着小小的不愉快。特别是当我回到美国后,另外一位护士埃尔茜·麦克唐纳给我读你写过她的信,在那封信中你很辛辣地提到我。"②

海明威确实对于阿格尼丝的薄情耿耿于怀。这件事对他造成的心理创伤,如同肉体伤痛一样令他刻骨难忘。为了"报复"她,他在

---

① 贝克:《迷惘者的一生——海明威传》,林基海译,长沙:湖南文艺出版社,1992,第104页。
② 杰弗里·迈耶斯:《海明威传》,萧耀先等译,北京:中国卓越出版公司,1990,第39页。

《永别了,武器》中安排凯瑟琳难产而死。

可以说,阿格尼丝是对海明威影响最大的女人。她在他年轻脆弱之时,让他初次品尝到女人的温柔慰藉。也是由于她的背叛,让他学会了在以后的岁月中采取一种本能的自我保护措施,那就是为了防止妻子先移情别恋,他维持着婚姻的同时,会和另一个女人来往,作为未来的预备妻子。为了保证自己情感的安全,他总是在离异之前先抛弃妻子。

与阿格尼丝的爱情,还教会了海明威在创作中创造一种战争中的爱情模式。每当男主人公受伤时,总有一个女人来到他身边,与他共患难,帮助他康复。他与第三任妻子和第四任妻子的婚姻状况都是如此。

总之,海明威度过了充满浪漫的人生第一章,开始了新的冒险生活。

(二) 第一次婚姻

21岁的海明威在芝加哥《全国互助合作》杂志做记者时,结识了他的第一任妻子哈德莉·理查森。

哈德莉比海明威大8岁,童年生活不幸。小时候,她从窗户上摔下来,背部受了重伤,一直被家人看作病人。她是个有才华的钢琴师,曾开过音乐会,但是由于身体的原因放弃了音乐。母亲去世后,她获得了一笔年收入3 000美元的遗产,如今自己独立生活。

看到美丽迷人、为人稳重的哈德莉,海明威的心被打动了,她正是他心中要娶的姑娘。而海明威一表人才,也博得了姑娘的芳心。虽然他们年纪相差一些,但不大能看得出来。他把哈德莉从受人保护的状态拉了出来,帮她恢复了自信心,带她进行户外活动。在他们结婚3年之后,他还曾向朋友夸耀她的活动能力,称她对钓鱼的兴趣似男人一样浓厚,她对拳击的了解同她对音乐的了解一样,她的酒量

第八章 勇敢的"投降"硬汉

也不小。

一个住在芝加哥,另一个住在圣路易斯,这对恋人主要靠通信进行交流。不过这种距离的考验反而加深了他们相互之间的思念。哈德莉在信中总是一再重复她的忠贞不渝、敏感、痴情,甚至流露出她将会容忍他与别人的暧昧关系:

> 亲爱的,你要知道,你是如何被深深地爱着——我们在一起是如此和谐美满,你和我亲近时,我感到如此幸福,有力量,相信你也认识到这一点。啊,亲爱的,我从未如此热烈地爱过别人。欧内斯特,没有你,我简直无法活下去,除非你需要的是其他的人。到那时情况可能会是这样,但我现在实在无法预见……我是如此狂热地恋着你,但愿世上绝不会有这么一个人出现……我为你祝福世界上最美好的一切,你要什么,我都会尽力满足你。①

哈德莉确实是痴心备至,可是他们在一起时,相处得并不是很和谐。在他们的订婚仪式上,哈德莉强调海明威在战争中如何差一点被打死时,竟无意中说错了话,她说海明威是"在意大利被打死的第一个美国人"。这令海明威不快。

订婚后,哈德莉无比自豪。海明威充满激情活力,熟谙拳击和钓鱼,致力于写作事业,令她感到"从来还没有人能比他更温存慰藉,更能体贴别人的心"。

在海明威父母亲戚的帮助下,1921年9月,22岁的他和哈德莉走进了婚姻的殿堂。但他们的蜜月却"如在漫长的黑暗中划船过湖一样"。由于食物中毒加上流感,两人都病倒了。哈德莉又从叔父那

---

① 杰弗里·迈耶斯:《海明威传》,萧耀先等译,北京:中国卓越出版公司,1990,第59页。

里获得8 000美元的遗产,他们的日子还算宽裕。

两个人相恋共10个月,但在一起的时间只有6个星期。这导致哈德莉对海明威的了解并不太透彻。她虽然有时也看得出他很粗鲁,但是非常感激他给予她的爱,并因此忠于丈夫;而海明威从哈德莉那里得到了他未能从阿格尼丝那里得到的一切:甜蜜的爱情、可观的收入和在欧洲的愉快生活。

热衷于冒险生活的海明威深深被意大利、西班牙和法国的拉丁文化所吸引,希望到欧洲去获得崭新的经历。20世纪初,巴黎的物价低廉,是个令人向往的生活和工作之地。那里有很好的文学创作氛围,又生活着许多久负盛名的作家,于是海明威携妻子到了巴黎。从1921年12月至1928年3月,他断断续续地在巴黎居住,离开巴黎的时间也大约有一半。

初到巴黎,海明威夫妇租住在一家小旅馆的一间嘈杂、狭窄的房间。他陶醉于这里放荡不羁的生活,很是满足。有妻子的经济支持,他们吃得很好,把许多余钱花在自行车赛及赛马的赌注上,还到瑞士和奥地利滑雪,周游意大利北部,夏天到西班牙看斗牛赛,唯一没有办到的是为哈德莉添新衣。格特鲁德·斯泰因①像妈妈一样劝她去买一套驾驶服,海明威却说:"不买任何新衣服,你就能省下钱来享受了。"哈德莉默默同意丈夫的说法,可她的朋友对海明威这种不近人情的做法大为不满,她替哈德莉打抱不平:"哈德莉这样逆来顺受也太蠢了,她的衣服太破旧了,无法穿着上街,何况这还是她自己的钱。"②

无论别人怎么议论,海明威都不在乎,他要保持自己婚姻的独立性。多斯·帕索斯也对海明威的做法颇有微词,说海明威经常让妻

---

① 格特鲁德·斯泰因(1874—1946),美国作家与诗人。
② 杰弗里·迈耶斯:《海明威传》,萧耀先等译,北京:中国卓越出版公司,1990,第64页。

第八章 勇敢的"投降"硬汉

子通宵达旦地观看为期6天的自行车赛,从一开始就对女人十分严厉。菲茨杰拉德也曾笑着对哈德莉说:"我注意到在海明威家,你的一举一动都得听海明威的。"①

海明威的这种强加于人的性格影响到了他与朋友的交往,成为他树敌的一个原因。幸亏哈德莉性格温顺,得以与海明威这样一个难以相处的人相安无事。早餐时,他常常全神贯注地思考写作问题,缄口不言,白天又集中身心进行写作,对其他事漫不经心,顺利时甚至会通宵达旦地写。虽然哈德莉经常孤单一人,有时感到很难与只专注于写作的丈夫相处,但是她感到这种新生活还是很快活的。她学会了烹饪,学习法语,有时弹弹琴,周游欧洲,倒也其乐无穷。

海明威觉得,最理想的创作条件是有一个绝对忠诚的妻子,而他对妻子则无需专一;同时,夫妻之间需要闹些不愉快的插曲来刺激写作。

可是,这对夫妻的生活中出现了第一次危机。1922年12月中旬,哈德莉从巴黎到洛桑去和海明威会合,进行滑雪休假。她随身带来了海明威尚未发表的全部原稿、打字稿和复印本,装在一个手提箱内,有他写的11个短篇故事,还有诗歌。当车在里昂车站停留时,提箱被盗,没了踪影。据海明威两年后的描述,哈德莉把手提箱放在她的车厢里后,离开车厢去看她的衣箱是否装上了车,等她返回车厢时,发现手提箱不见了。几天之后,她才敢把事情告诉他。

海明威为此难受了好多天,从坏处猜想妻子,甚至怀疑她是否去与情人相会了。直到30年后,他还对这件事耿耿于怀,并对朋友说,"手稿的丢失使我痛苦万分,我恨不得去做外科手术,以求忘却它。"对此哈德莉深感内疚,知道"他一直没有从这个无法挽回损失的痛苦

---

① 杰弗里·迈耶斯:《海明威传》,萧耀先等译,北京:中国卓越出版公司,1990,第64页。

中恢复过来。"[1]这一事件对他们的婚姻而言是一次灾难性的打击。海明威把它与两性关系中的不忠联系到一起,把失去文稿与失去爱情同等对待,他试图要原谅她,却始终无法做到。

引起海明威夫妻关系恶化的第二次危机,是哈德莉不受期待的怀孕。这件事发生在1923年,它使海明威对哈德莉的态度有了很大改变。在孩子出生之前,他就把妻子看作是限制他自由的人,认为人一旦结婚就会倒霉。当他得知妻子怀孕的消息后,感到自己做父亲还太年轻,甚至在斯泰因面前也表现出痛苦的样子。次年,在哈德莉又一次怀孕后,他更不高兴,甚至责怪妻子,并拒绝承担责任,这个孩子后来流产了。他不高兴的原因在于,他不愿意被孩子束缚,而无法参与更多的娱乐活动,这让哈德莉也很沮丧。在《永别了,武器》中,凯瑟琳表达了海明威强加给哈德莉的内疚:

亲爱的,你不生气吧,是吗?
不!
你不感到受约束吗?
可能有一点儿,但不是受你的约束。
她不会来到咱们中间,是吗?这小家伙……我害怕,因为我现在太肥胖了。我可能成为惹你讨厌的人……我知道,我已是你不感兴趣的人了,亲爱的,我像个大面粉桶。

哈德莉的怀孕迫使海明威找个固定工作维持家庭生活。他离开欧洲回到多伦多,可是,海明威觉得多伦多是个枯燥的城市。另外,在报社受到降级使用,导致他与《星报》决裂。海明威又回到了巴黎,

---

[1] 杰弗里·迈耶斯:《海明威传》,萧耀先等译,北京:中国卓越出版公司,1990,第68页。

第八章 勇敢的"投降"硬汉

从此他开始了专业作家的生活。一些评论家认为,这件事促使海明威重起炉灶进行创作。

当海明威的文学声誉逐日上升时,他与哈德莉的夫妻关系却日益恶化。1924年,他们手头拮据。海明威刚刚辞去报社的工作,哈德莉的资产也减少了许多,这导致哈德莉穷得连补鞋的钱也没有。她衣着破旧、过时,比朋友寒酸得多。生完孩子后,哈德莉开始发福,看起来更像一个家庭主妇。而她对丈夫越来越像一个老妈子,给他去信时总是叮嘱说:"记住,要吃好,睡好,保养好,工作好。"信的最后落款是"给予妈妈的爱"。

他们之间8岁的年龄差距越来越明显。海明威开始厌烦妻子,希望有个令人兴奋的女人出现。1925年,他迷上了玛丽·达芙·特怀斯登,这对他与哈德莉的婚姻造成了很大威胁。

达芙身材婀娜多姿,结过两次婚,以淫荡著称。她以迷惑、控制海明威为乐。而海明威感到她是一个可爱的酒友,情趣横溢,把她称为"嗜酒的迷男狂"。她成为《太阳照样升起》中的布雷特·阿什莉的原型。她常缺钱,经常因为欠酒馆的钱向海明威借债,后来,她的处境更为窘迫,像小说结束时布雷特的情况一样。

当海明威取悦达芙时,哈德莉感觉受到羞辱,妒忌地哭起来。其实,达芙虽然迷恋海明威,但顾忌哈德莉和孩子的存在,并没有想与海明威私奔。

菲茨杰拉德说,海明威每写一部新书就需要一个新的女人:《太阳照样升起》和《永别了,武器》中的两位女主人公,分别是从达芙和阿格尼丝得来的灵感,而不是哈德莉和波琳。

海明威夫妇经历了几次婚姻危机,感情越来越淡漠。虽然他没有继续与达芙厮混下去,但仍然摆脱不了感情的诱惑。1926年2月,他又坠入了与波琳的·法伊弗的婚外恋中;8月,哈德莉与他分居;次年1月,两人离婚;5月,他与波琳结婚。

(三) 第二次婚姻

波琳家境富裕,曾担任《法国时装》杂志主编的助手,还参加过时装表演。她并不迷人,只是讨人喜欢。海明威在与达芙分手之后爱上了她。1925圣诞节,波琳开始与哈德莉争夺海明威。

哈德莉与波琳形成了鲜明的对照。哈德莉与海明威结婚四年多,一直忠诚于丈夫。她为生活拮据和衣着不入时而苦恼,把全部精力都投入到两岁的儿子身上。而波琳从小受家人娇惯,有些男孩子气,野心勃勃,常常我行我素。她衣着入时,常常为所欲为。

自信而又风度翩翩的海明威总是吸引着许多女人的眼球。波琳拼命对他表示亲热,让他难以拒绝。她找到了喜欢的人,感到心满意足。而海明威为有两个女人为他争风吃醋感到自豪。于是,就出现了哈德莉在家照顾儿子,而海明威却在教波琳滑雪的事情。

1926年2月,波琳写信给哈德莉说:"我喜欢你的丈夫海明威。只要有可能我就想方设法多去看他几次,同样他也尽可能来看我。"[①] 5月份,哈德莉因尴尬的婚姻状况,开诚布公地问海明威是否爱波琳,而他的回答却令人迷惑不解。他既不表示歉意,也无悔悟之心,若无其事地仍旧去看波琳。哈德莉无可奈何,为了保护儿子不受伤害,她忍受了好几个月。波琳甚至搬来与他们一家共同居住了一个多月,以至于哈德莉说:"在这里,盛早餐的托盘是三个,晾晒的游泳衣是三件,自行车也是三辆。"[②]

波琳是名天主教徒,但是她却破坏了海明威的婚姻。哈德莉默认了海明威与波琳的暧昧关系,甚至认可了他们之间的三人同居关系,她希望海明威能够对波琳冷淡下来。可是,海明威对波琳的爱越来越炙热,导致他们夫妇之间的争吵升级。最终,哈德莉决定与丈夫

[①] 杰弗里·迈耶斯:《海明威传》,萧耀先等译,北京:中国卓越出版公司,1990,第172页。

[②] 同上书,第174页。

分居。

哈德莉被丈夫的无情深深刺痛了。一次,在从舞会回家的路上,哈德莉痛苦不已。当海明威来收拾他的生活用品离开她时,他坐下来内疚地落泪了。他对菲茨杰拉德说:"无须说明,哈德莉是宽宏大量的,一切都是我的过错。这是真实情况,而不是我故作姿态……我们之间的麻烦已经持续好长时间了,一年多来我一直同时爱着两个人,但对哈德莉我是绝对忠诚的,哈德莉认定我们还是离婚为好时,我所心爱的姑娘当时正在美国。"在给朋友解释他离婚的原因时,他答道:"因为我混蛋。"[1]他向父母表达歉意,为他给家庭带来的不幸和耻辱感到愧疚,但他不承认与波琳是私通,说是哈德莉决定离婚的。

后来,哈德莉在回顾这件事时认识到,当时她之所以提出分居,是想给丈夫一百天来考验一下他,她希望丈夫会因内疚而回心转意;因孤独而重新回到她的身边。另一方面,哈德莉认为波琳的父母也会对她有所约束。然而,这些设想都未能实现。哈德莉与海明威的分居,反而增进了他与波琳之间的思念之情。

在海明威夫妇分居期间,波琳回到了美国的家。她的利己主义思想比她的忏悔之意更为强烈,所以她毫无顾忌地向家人挑明了事情。在她给海明威的信里,她表达了自己遭受的痛苦和她对哈德莉的怨恨,要求海明威在金钱方面补偿她,并与妻子离婚,以减轻他的罪过。

比起波琳,海明威遭受的良心折磨更为深重。他去见哈德莉,告诉她波琳有多么痛苦。哈德莉见事情已无可挽回,便同意离婚。海明威赞扬她的宽大为怀,并表示悔罪,提出将《太阳照样升起》一书的版税全部交给她,以感谢她在他最初三本书的创作过程中所给予的精神和物质支持。他给她写道:

---

[1] 杰弗里·迈耶斯:《海明威传》,萧耀先等译,北京:中国卓越出版公司,1990,第176页。

我想，也许是由于波琳和我意识到，我们那样对你是多么残酷无情……你当时持反对态度，是理所当然的和完全正当的，因为我们两人是不该结合，或不配得到什么其他东西的人……对我过去的写作，你给予了支持和帮助。要是我没有和你结婚，没有你的忠诚，自我牺牲精神，经常的鼓励和爱情方面的支持——以及具体的现款支援，我根本写不成《在我们的时代里》《春潮》《太阳照样升起》这些著作，一本也写不成……我多么敬佩你纯净的思想，你的才智，爱慕你的胸怀以及你那十分可爱的双手，我常常祈求上帝，愿上帝补偿我给你造成的巨大创伤，你是我所认识的人中最善良、最诚实、最最可爱的人。①

如果海明威对哈德莉的夸赞是肺腑之言的话，那只能说他的道德品质有问题，才导致他鬼迷心窍，竟然会离开这个"最善良、最诚实、最最可爱的人"而另寻新欢。

哈德莉确实如海明威所夸赞的那么高尚。她悉心照料儿子杰克，给他解释说波琳很爱他的父亲，使杰克接受了父亲的再婚。她从来没有批评过海明威，也没有说过他的坏话。她坚强地面对丈夫的离去，婚姻的结束对她是一种慰藉，好像背上的石头被搬走了似的。

根据海明威的自传，在与波琳离婚很久之后，他谈到了与哈德莉的离婚，说自己陷入了波琳的圈套。他讽刺波琳："一个未婚的年轻妇女成为另一个已婚的年轻妇女一时的最好朋友，她与这一对夫妇同住，而后不知不觉地、无辜地而又冷酷无情地准备与这个朋友的丈夫结婚。"②

后来，海明威认识到，自己的第一次婚姻最为美好。他和哈德莉保持着通信关系。尤其在他感到孤独时，都会给她写信，仍然使用他

---

① 杰弗里·迈耶斯:《海明威传》，萧耀先等译，北京：中国卓越出版公司，1990，第179页。
② 同上书，第180页。

们之间亲密的爱称。在他们最后一次会面时,他缅怀往事,回想他们早期一起度假的情景。1942年到1943年,他告诉哈德莉,他还爱着她,她比他以后的任何一个妻子都好得多,她们都是怀着怨恨的心情与他分手的。由于哈德莉后来又嫁的丈夫不允许她有罗曼蒂克式的生活方式,于是她要求海明威停止给她写信,他们才终止了联系。

每当海明威再婚时,总要搬家。1926年12月,他迎来了第二任准妻子波琳,家也从美国搬到法国。波琳的富有给他提供了更为舒适的生活,他们租到一套优雅的住所,次年5月到教堂结婚。

20年代中期,海明威与第二任妻子波琳在巴黎

波琳与哈德莉一样,想尽力讨海明威的欢心,对他百依百顺。她甚至故意说,她"的的确确是个笨头笨脑的人",喜欢受人摆布。杰克曾同波琳和海明威在巴黎待过很长一段时间,刚开始时他对于波琳的纪律有些恐惧,但后来接受了她是自己的第二个妈妈:"她对我简直太好,太爱我了。她与爸爸关系破裂前后,对我都像对待她自己的孩子一样。"① 波琳还与自己的叔叔商定,为杰克设立一笔一万美元的

---

① 杰弗里·迈耶斯:《海明威传》,萧耀先等译,北京:中国卓越出版公司,1990,第192页。

托管基金。波琳对海明威这样评价:"当他心情好的时候,和他很好相处,在他正要动手写作之前,他是令人害怕的,不发脾气他就写不出东西来,当他说以后再也不写作时,我知道他又要开始写作了。"①

波琳生下了儿子帕特里克后,海明威并不高兴。他讨厌婴儿,想离他们远远的,连自己的孩子也不例外。他说,如果帕特里克一直吵吵嚷嚷下去,"我肯定不能写作,也不能抚养他。"不到一个月,他就把波琳母子送回了娘家,自己与朋友去其他地方钓鱼去了。而波琳自己并没有给孩子喂奶,在孩子6周大时把他丢给自己的父母,去和海明威团聚了。这对父母实在算不上称职。

海明威希望有个女儿,但波琳又生了一个儿子格雷戈里,所以她也不喜欢格雷戈里,把儿子交给保姆护养。她未尽照顾孩子的义务,反而去陪伴丈夫,陪他到欧洲和西部旅行。波琳自己承认:"我猜想我真的没有那么多所谓天生的母爱。我讨厌那些年龄不到五六岁的小孩。"②格雷戈里长大后,觉得母亲从来没有给予他母爱。他由一位德国老处女照顾带大,而这个女人情感方面有问题,又爱酗酒,搞同性恋,是个可怕的畸形人。这导致长大后的格雷戈里,在心理方面也出现了问题。

1931年,就在波琳怀着格雷戈里期间,海明威在乘船途中认识了22岁的珍妮·梅森。珍妮举止文雅而高贵,当时的柯立芝总统称她为访问过白宫的最漂亮女子。她与丈夫的关系并不太融洽,将两个领养的孩子交给佣人照看,而海明威是她的一个孩子的教父。

海明威与珍妮成为情人。他教她钓鱼,令波琳感到了威胁。波琳竭力克制着自己,耐心地等待丈夫回心转意。她设法陪同他一起去非洲旅行、游泳、钓鱼等,以赢得丈夫的欢心。但是,海明威与珍妮

---

① 杰弗里·迈耶斯:《海明威传》,萧耀先等译,北京:中国卓越出版公司,1990,第192页。

② 同上书,第222页。

第八章 勇敢的"投降"硬汉

的风流韵事持续了四年多,两人常常生活在一起,去钓鱼、游泳、赴宴。而波琳则常以讨好的语气写信给丈夫,恳请他回家。

可是,珍妮又卷入了与其他男人的纠纷当中,这激怒了海明威。1936年,他们之间的关系破裂,他意志消沉,"思维几乎停顿,无法写作,失眠,而且几乎要变得神经错乱"[①]。后来,波琳把珍妮介绍给了金格里奇,两人在1958年结婚。海明威知道后气恼地吼道:"那个卑鄙家伙!我绝不能原谅这件事。"在与珍妮的关系破裂之后,海明威很快与玛莎·盖尔霍恩在一起了。

海明威与玛莎的爱与他参加西班牙内战的经历息息相关。玛莎和波琳一样,是个有魅力的时髦女人。她与海明威的情史与波琳与海明威的情史如出一辙,在波琳忙于家务时,玛莎巧妙地打入了海明威的家庭内部。

如果把波琳比作一只小狗的话,玛莎的体型就像一头狼犬。她身材修长,富有魅力,野心勃勃。1936年12月,她与海明威在酒吧相遇,两人一见倾心,建立了亲密关系。玛莎这样描述她对海明威的印象:"他是个怪人,非常讨人喜欢,有火一般的激情,讲故事的能手。"[②]她还说,海明威是个了不起的人,她赞美他宽阔的胸脯、力量和调情的技巧。

其他人认为是玛莎追求的海明威。海明威成为玛莎的体育教练。两人常去游泳,海明威教给她许多有关船只、捕鱼和打猎的知识。两人打算谨慎行事,在公开场合言行检点,避开波琳。他们秘密通信,分别出门旅行。1937—1938年西班牙内战期间,海明威在那里待了8个月。波琳担心他在那里会受伤或丧命,还担心他一旦到了那里,就会加深对玛莎的爱。但是玛莎坚持要去,他也就跟去了,

---

[①] 杰弗里·迈耶斯:《海明威传》,萧耀先等译,北京:中国卓越出版公司,1990,第251页。

[②] 同上书,第295页。

两人成为情侣。

波琳发现丈夫的不轨行为之后,像哈德莉一样委曲求全,想留住丈夫,一直在等待海明威与玛莎决裂。然而妻子终究敌不过情妇的魅力,在海明威爱上玛莎之后,波琳的金钱、机智、讨好和忘我,甚至她为他建造的新游泳池都打动不了他的心。玛莎取得了胜利。海明威与波琳的分手拖拖拉拉、悔恨重重。其实,波琳在1933年至1939年间一直容忍海明威对她的不忠,在他同别的女人鬼混时还深深地爱着他,直到他们分手的最后一年。

1939年9月,海明威离开波琳时,责备她害得他离弃了哈德莉,觉得她的痛苦是罪有应得。波琳对海明威的敌意明显地大于哈德莉,她故意挑拨孩子们反对海明威。孩子们对于父母的离异则反应冷淡,他们已经习惯了父亲长期不在身边的生活。从古巴回美国的家时,他们反而说玛莎如何好,帕特里克甚至觉得父母两人在离婚后对他比以前还好。直到过了很长一段时间之后,波琳对海明威的痛恨才逐渐减少。

到1940年底,海明威同波琳办理了离婚手续,然后与玛莎结婚,他又有了一位新婚妻子。波琳在44岁时遭到遗弃,大受打击。她不像哈德莉那么善良、沉着。作为一位被抛弃的妻子,她难以忍受丈夫的无情。离婚之后,她感到心酸,她怨恨海明威,谴责玛莎是个利己主义者,说她自私、愚蠢、孩子气、没有才能。因为波琳,海明威和玛莎在结婚后都有负罪感。

(四)第三次婚姻

玛莎与海明威的其他妻子不同。哈德莉和波琳曾经以海明威为生活的中心,全心全意地照顾他和孩子,但玛莎在结婚后没有这么做,她不屈从于他的意志。后来,她的要强性格毁掉了他们的婚姻。

玛莎不满足于只做一位名作家的妻子,她整日到处奔走,进行采

第八章 勇敢的"投降"硬汉

访报道。即使在她的结婚旅行中,她还在为《矿工》杂志写报道。从1939年11月到1940年1月,她忙于在芬兰采访战事。她前脚刚走,海明威就发出了感慨:"难熬的冬天快到了,哪个印第安老头儿愿意让老婆跑开呀?"

海明威不习惯独自生活。玛莎的离开让他郁郁寡欢,心中怨恨她。而玛莎总是甜言蜜语地答应回来后就天天围着他转,对他百依百顺。1942年10月,在她独自去伦敦时还略带歉意地对他说:"请你理解,我是多么地爱你。……你是个比我好得多的男人。但是我希望我还不算是个太坏的妻子。虽然我知道了你也要走开的生活,我也就走开了。"①玛莎的离去使海明威很寂寞。他想念她,觉得如果她有个三长两短,他也就完了。但在一年半之后,在他们的婚姻破裂之时,他伤感地说:"我要的是一个在床上的妻子,而不是一个在发行量最大的杂志上的妻子。"②海明威虽然感到寂寞,但一人住在古巴时他还是忠于玛莎。

在这场婚姻中,海明威与玛莎之间的战争没有停歇过。

玛莎埋怨海明威没有给她送过什么礼物,他嫌玛莎花钱大手大脚。玛莎本来就爱挑剔,口齿伶俐的她常对海明威反唇相讥,骂他肮脏、贪杯、粗俗。而习惯于受人吹捧的海明威自然难以忍受她的指责,更是口出恶言。海明威惯于酒醉后在朋友面前吹牛,而玛莎根本不相信这个在著作中讲得冠冕堂皇但实际谎话连篇的人的只言片语。两人针尖对麦芒,互不相让。

海明威喜欢顺从、安静的女人,而玛莎难以满足他的要求。他没有认识到玛莎是个事业心强的人,她拒绝放弃自己战地记者的职业。两人还因为海明威的个人卫生问题发生了不愉快的冲突。玛莎有洁癖,

---

① 杰弗里·迈耶斯:《海明威传》,萧耀先等译,北京:中国卓越出版公司,1990,第341页。
② 同上。

衣着讲究,而海明威的衣着往往邋遢、不得体。她认为他"脏得要命,是我所见过的最不讲究的一个人",管他叫"猪",而他觉得她有洁癖。她要他多洗澡,培养爱清洁的习惯,而海明威讽刺说,"她什么都要讲卫生。她爸爸是个医生,所以她把我们的家尽可能弄得跟医院一样。"①

他们婚姻中最严重的问题之一是海明威的酗酒恶习。他和杰克·伦敦、辛克莱·刘易斯、尤金·奥尼尔、菲茨杰拉德、福克纳、哈特·克莱恩、斯坦贝克等美国作家一样,患有酒精中毒症。也和他们一样,他把饮酒看作是写作过程中的解脱,是他在文思枯竭时的缓和剂。他曾告诉朋友说:"问题在于我这辈子只要碰到不如意的事,一醉便能消愁,若没有酒,事情就难办了。"②

他常常认为善饮是大丈夫的标志。有人说,二战时他是个酒鬼,床边放着一瓶酒,整天喝个不停。在1940年代,他仿佛喝多少酒都不会醉一样,但这种滥饮终究要付出代价。他借酒逃避现实,导致他更喜欢吵架,说话粗鲁,难以与人相处。玛莎注意到,他喝酒的多少与他的焦虑程度有关,受人称颂时,他很少喝酒。

对于丈夫的酗酒,玛莎难以忍受。两人之间经常发生剧烈的争吵,而玛莎从来不甘示弱。一个晚上,因为海明威喝了酒,玛莎坚持自己开车,气恼的他用手背打了玛莎一个耳光。玛莎为了报复他,便以每小时十英里的速度缓慢行驶。她又故意把车开过一条沟,撞到树上,让他待在车里,自己回家去了。

海明威和玛莎在一起时合不来,分开后又相互思念,而他们频繁发生口角又促使她更多地离家,与别的男人调情,有意给海明威戴绿帽子,让他痛苦。后来,海明威责备玛莎不贞,让他上了大当。玛莎在认识海明威之前,同一位法国财阀同居了数年。她和海明威的结

---

① 杰弗里·迈耶斯:《海明威传》,萧耀先等译,北京:中国卓越出版公司,1990,第311页。

② 同上书,第342页。

合是出于事业的雄心,并不是出于对他这个人的热情。他们的个人生活也不和谐,玛莎只注意保持自己的体型,没有给海明威生一男半女,这让想要女儿的他极为不满。

不过,海明威称赞玛莎和他的孩子们关系不错,说她赢得了他们的爱。玛莎对海明威的几个儿子很好,部分原因是她只在假期和他们一起玩耍,不用照顾他们的日常起居。杰克觉得她具有冒险精神,总是兴致勃勃地听她讲战争故事,而格雷戈里最依恋她。

1941年1月,由于二战的纷扰,海明威夫妇的纷争暂时平息了一段时间。**他们分别作为两家杂志的记者来到中国,报道中国的抗日情况**。海明威要为《太平洋邮报》撰稿,观察蒋介石对日本战争的进行情况,判断中日战争如何影响美国在东方的经济和军事利益。玛莎酷爱冒险和旅行,两人都处于兴奋激动之中。

2月,海明威很快适应了在香港的生活,欣赏那里的饮食、打猎和跑马场。玛莎这样描述他在那里的生活:

> 他过去曾经学过苦力说的英语。这是西非的洋泾浜英语和加勒比海地区英语的混合。你可以经常看到他与跑堂的、黄包车夫和街上的小贩们一起哈哈大笑,显然彼此很投契。他最喜欢中国菜,常常和他那些中国朋友吃饱喝足回来,还赌咒说伺候他们的是日本艺妓。接着便滔滔不绝地向我描绘他们都吃了些什么,说得我十分恶心,求他别再说下去了。他什么都尝一尝,包括蛇酒在内,一条条蛇盘起来浸泡在酒缸底。……他认为那些香港的中国人,虽然爱赌、喝米酿的酒,但对人情世故是非常谙练的。①

3月底,海明威夫妇冲破日本人的封锁,飞抵广州前线。他们看

---

① 杰弗里·迈耶斯:《海明威传》,萧耀先等译,北京:中国卓越出版公司,1990,第348页。

到路上满是"车轮压出来的、挖出来的一条条泥水沟,到处都是大石块"。他们参观当地的寺庙,与省长和第七战区司令官一起就餐。之后,海明威到了瓮城的一个前线阵地,在那里中国人和日本人相距仅3英里,双方暂时休战。参观过一个军营之后,海明威与军官一起痛饮,14名军官都醉得瘫倒到桌子底下,他依然精神抖擞。玛莎难以忍受当地的卫生条件,感到那里人们的生活"猪狗不如",到处都是肮脏和疾病,但海明威却表示能够理解、同情。

他们又乘飞机到了遥远的重庆,在那里逗留了两个星期。期间,蒋介石夫妇宴请了他们。海明威这样描述蒋介石:"瘦削、背部挺直,穿一套朴素的灰色军服,一尘不染,看上去像个木乃伊。"他认为蒋介石害怕共产党人甚于害怕日本人。海明威重庆之行的高潮是与周恩来的秘密会晤。那时,**周恩来在重庆进行地下活动,经常处于危险之中。**玛莎称他是"我们在中国见到的唯一真正的好人"。在向华盛顿报告他们中国之行的情况时,**海明威夫妇预言,战后共产党将在中国夺得政权。事实证明,他们的预见是正确的。**

海明威在逆境中总是表现甚佳,玛莎称赞他很镇静。对于到中国的"极其恐怖的旅行",玛莎不断抱怨叫苦,而海明威却始终坚韧不拔。玛莎承认:"他把中国人看成人民,而我却把他们看成被蹂躏的、虽然勇敢然而已注定要灭亡的一群人。"①

海明威对于中国之行并不是真的有兴趣,他只是为了陪伴玛莎而已。在他回去后写的报道中,他提出,日本可能会对美国作战。这个预言十分正确,珍珠港事件确实在这一年年底发生了。**海明威的军事预言显示出他高超的军事观察力和分析能力。**

海明威的中国之行缓解了他们的婚姻矛盾,但未解决实际问题。他习惯于哈德莉和波琳把家务做得井井有条,而玛莎时常离家,这使

---

① 杰弗里·迈耶斯:《海明威传》,萧耀先等译,北京:中国卓越出版公司,1990,第351页。

第八章 勇敢的"投降"硬汉

得他们因为家务事吵得越来越频繁,婚姻濒临破裂,他愈来愈难以集中精力进行写作,酒也喝得越来越多。

海明威为写不出好的作品而恼怒,更加大了与玛莎的摩擦。他难以理解,为什么玛莎不像哈德莉和波琳那样允许他说一不二,她对事业的追求也让他感到一种危险。玛莎以他们的生活经历为背景创作出了一系列短篇小说,她为自己未能逃脱海明威写作风格的影响感到恼火。海明威与玛莎有一种共生性的文学关系,都把对方写进了自己的作品。1942年,海明威的《丧钟为谁而鸣》的版税收入剧增。虽然他手头相当宽裕,但还是为即将付出的离婚赡养费的短缺感到担忧,觉得自己快要破产了。

海明威的朋友普遍认为,他难缠的时候是个"难缠之王"。谁一旦把他惹恼,"他会像猴子被鞭打了屁股似的不好对付"。"碰到脾气不好的日子,海明威老爹比上帝还要厉害,全人类干的事都不顺他的心。"玛莎讲了一件他做的野蛮狂暴的事情。1944年,玛莎回到家,两人吵了一架后,她去睡觉了。海明威便开始骂她:

> 欧内斯特马上对我咆哮起来,用词倒不算太重。我正要睡着,他把我叫醒,让我听着他那些欺负人的、颠三倒四的、奚落讽刺的话。我犯的罪不过是我参加了战争,而他没有,但他没有那么说。他说我可能发疯了,我只需要刺激和冒险,我对谁都一点儿责任感,我的自私自利简直到了令人难以相信的地步。他就这样说下去,没完没了。请你相信,他吵得又凶又难听。[①]

玛莎实在受不了他那骇人的辱骂,她对他的爱消失殆尽,她终于决定离开他。

[①] 杰弗里·迈耶斯:《海明威传》,萧耀先等译,北京:中国卓越出版公司,1990,第380页。

海明威年纪越大，性情越古怪，就越难以相处。他和玛莎的个性都很强，都想支配对方。两强相遇，必定会打得不可收拾。在经历了4年痛苦的婚姻生活之后，他们终于在1944年12月怀着怨恨的心情分手了。

他们的离婚意味着海明威对玛莎报复的开始。玛莎长期为《矿工》供稿，于是海明威故意向杂志提出为它写稿，而杂志只需要一位前线记者。这样，海明威成为玛莎的上级，剥夺了她报道战争的机会。玛莎曾经与英国驻美国使馆一起为海明威安排了一张机票，她想海明威也会给她安排同机的一个座位，但是他竟然拒绝帮她，回答说："我办不到，他们只运送男人。"玛莎不得不冒着生命危险，坐上一条装满炸药的货船，走了两周的海路。

1945年，与玛莎分手半年之后，海明威说他并不喜欢她，但曾经非常爱她，还说他们的婚姻是他一生中最大的错误，是他的愚蠢所致。他不能原谅她常常离开他，把他一人丢在家里。在玛莎提出离婚后，海明威故意拖延时间，直到他决定娶第四任妻子玛丽时。玛莎难以理解，为什么玛丽会跟海明威，会忍受"奴隶的生活——奴隶主是个人面兽心的畜生"。

玛莎是海明威的妻子中忍受痛苦时间最长的一位。她是唯一与他具有同等才智的女子，也是他一生中唯一敢公然反抗他的女人。海明威伤了前两位妻子的心，但是玛莎却伤了他的心。所以，这次离婚是海明威在几次离婚中所遭受的打击最大的一次。

在以后的十年中，海明威反复谴责玛莎，说她话太多，与他兴趣不同，挣的钱比他多，不生孩子等等，还说她只会做三件事：离开他跑掉，没命地工作和睡觉。和许多离婚的人一样，海明威在离婚后还爱着玛莎，就像波琳在离婚后还含情脉脉地盯着海明威的照片一样。1945年1月初，海明威回巴黎找玛丽时，对玛莎还是余情未断，可是玛莎却不屑地骂了一句："那个混蛋。"

第八章 勇敢的"投降"硬汉

(五) 第四次婚姻

虽然海明威经历了三次失败的婚姻,但他还是对女人充满信心。他回古巴筹办自己的婚礼,娶了第四任妻子玛丽·韦尔什。玛丽忍受海明威的责骂和虐待的能力超过了他的其他妻子,比她们吃的苦头也要多得多。海明威与哈德莉生活了6年,和波琳生活了14年,和玛莎生活了7年,但和玛丽生活了17年。

1950年海明威与第四任妻子玛丽在古巴家中

玛丽的身世不同于海明威其他妻子,正好符合海明威的要求。她是明尼苏达州一名伐木工的女儿,打扮不时髦,属于中等水平。她上过大学,也是名新闻记者。如同他对哈德莉一见钟情一样,海明威对玛丽也是一见钟情。虽然玛丽不算十分漂亮,但是惹人喜爱,有吸引力。遇到海明威时,她已经结过两次婚了。

玛丽在《芝加哥日报》做社会栏目的采访记者,她胆大心细,采访工作做得很出色。她爱名人,在1944年遇到海明威后,她给予了他玛莎未给他的一切。当海明威与玛莎的婚姻出现裂痕时,玛丽却活泼愉快,对他的各种要求都予以满足,把他当作勇士、大丈夫。她理解他的感情需要,自愿取悦于他,如她后来所说的:"我要他当老板,要他比我强、比我聪明,我要他时时记住他多么伟大,我多么渺小。"①当玛莎拒绝海明威时,玛丽却尽力满足他的私欲。

玛丽是在海明威声望最高、道德最败坏时期做他妻子的。她在36岁时放弃了自己的事业,陪着他打猎、款待朋友,甚至还容忍他迷恋两个十几岁的姑娘阿德里安娜和瓦莱丽·丹比-史密斯。她是在船上长大的,会钓鱼、游泳,还会做菜,人又随和、仁慈,还勇敢,她把玛莎留下的家打理得井井有条,很符合海明威的要求。或者说,她顺从他的意志,所以海明威很满意。

玛丽与海明威的几个儿子关系也很好。格雷戈里迷恋玛丽,她答应他天天陪着他去钓鱼。杰克很少见海明威与玛丽吵架,她总是对他很有耐心。海明威在书中这样描绘道:

> 玛丽小姐可长远相处,是一个好妻子,她勇敢、风趣、富有魅力,让人看起来光彩夺目,与之相处则更感愉快。她还是一位极好的钓鱼妇,很不错的飞鸟射击手,游泳强手,真正的好厨师,善于鉴别好酒,优秀的园艺家,业余的天文学家,艺术爱好者,政治经济学者,懂法语和意大利语,会划船,会管理西班牙家庭或一条西班牙船。②

在海明威发生事故时,玛丽和他在一起,她也多次摔伤骨折。1945年6月在哈瓦那的一次公路交通事故中,她的左脸颊被割破一个深口子,血流满面;1949年1月滑雪时,她的右脚关节摔骨折了;1950年9月,她的左腿摔成了乌青块;1954年1月,在一次飞机事故

---

① 杰弗里·迈耶斯:《海明威传》,萧耀先等译,北京:中国卓越出版公司,1990,第384页。
② 同上。

中,她的肋骨被撞断;1959年11月,她摔到了冰上,左肘关节粉碎性骨折。最严重的一次是她因宫外孕大出血,没有了脉搏,是海明威的镇静救活了她。可是,这一次事故使她失去了生育能力,她因为无法为海明威生下女儿而内疚。后来,海明威常以此对她进行语言攻击。

尽管玛丽有许多优点,但海明威并不是一个好丈夫。他有时不信任她,会因她忘记什么事而骂她是个贼。一次,他粗鲁地对待玛丽,就像他当初对待玛莎和她的母亲一样。1950年4月,他让玛丽和她表妹等他吃饭,可是,当她们等了一个小时后,他竟然带着一个妓女回来。当玛丽数落他、批评他时,就会出现两人大吵大闹、互相指责的情景。

他们婚姻中最大的问题是海明威经常对别的女人垂涎三尺,包括1940年代后期的南希·霍克斯、弗吉尼亚·维尔特尔以及后来的阿德里安娜和瓦莱丽。

1948年11月,海明威去意大利威尼斯时认识了阿德里安娜,当时她只有19岁。海明威打猎时认识了一些贵族,在猎人小屋里,他第一次看到了正在厨房借炉火烤干长头发的她。她向他要一把梳子,结果海明威把自己的梳子一分为二,给了她一半。这是他们第一次接触。后来他对她说,这次邂逅"就像有什么东西闪电般打中了我"。海明威是在与阿德里安娜相仿的年龄(19岁)受伤的,所以他觉得她与他分担了许多秘密创伤。她比格雷戈里大一岁,她与海明威的父女关系使他们避免了不正当行为。

海明威约阿德里安娜共进午餐,与她频繁通信,至少给她写过60多封长信。从1944年至1955年,海明威给她的信中充满了对她狂热的爱,说他怀念她的机智妙语、可爱的心灵和她的身体、气质。他怂恿她忘掉自己并嫁一个好丈夫,但又说自己得动大手术来医治自己爱的创伤。阿德里安娜给海明威的信多半以"爸爸"称呼他,感谢他给予自己的帮助。她称自己对海明威的爱慕招来了许多流言蜚语,让她伤透了心,但她又强调他们的友谊。1950年,海明威在古巴的家中接待了来访3个月的阿德里安娜。他喜欢拍她的手,带她去听交响乐音乐会,邀请她去乡村俱乐部,他还在新年前夜为她举办了一场大型舞会,把她介绍给古巴社交界。

海明威的朋友马里奥对于他们两人的关系进行批评。他认为海明威执迷不悟,阿德里安娜自私透顶,她虽然很年轻,却"极为世故、老练。她非常漂亮,极具意大利式的性感……她很容易地把他玩于股掌之上……这场恋爱使他变得像傻瓜蛋似的!我很难于宽恕欧内斯特的奉承和自欺的样子,也很难宽恕阿德里安娜的受宠而安之若素的态度……她接受他对自己和他一家人的款待,殷勤、慷慨,却不给予任何回报。"①

这时,海明威正在写《过河入林》。他后来说:是阿德里安娜给予了他写作的灵感,创造了小说中的女主人公。他感谢她每天早上来陪伴他进行写作,并对格雷戈里说:"阿德里安娜可爱得让我晚上都梦见她,醒来后我觉得自己比平时更有力量,字句就源源从我脑中涌出。"②

可是,由于海明威和阿德里安娜都未顾及玛丽的感受,导致她的来访以令人遗憾的方式突然结束了。其实,在阿德里安娜来访前一周,海明威曾向玛丽的父亲保证他会做一个忠贞的丈夫。他说,他没法不喜欢漂亮的威尼斯姑娘,但是他会控制自己的感情,绝不会做对不起玛丽的事情。尽管他信誓旦旦,但他与玛丽的婚姻在阿德里安娜来访期间还是出现了最糟糕的局面。在他的心里,阿德里安娜在相貌、教养、交际、才智和文化水平等方面都优于玛丽,而他却不能与阿德里安娜生活在一起,他感到十分沮丧。于是,他便做出酗酒、说

---

① 杰弗里·迈耶斯:《海明威传》,萧耀先等译,北京:中国卓越出版公司,1990,第434页。
② 同上书,第435页。

谎等愚蠢的举动,并虐待玛丽。尽管他明白,自己的年龄太大了,不可能再娶年轻的妻子,而玛丽是位很称职的妻子,但他还是为自己的处境感到伤心。

玛丽比阿德里安娜大 22 岁,她有忍受无穷痛苦的能力,而她的容忍之心使自己成为海明威滥情的牺牲品。在阿德里安娜来访不久,海明威就当着她的面把玛丽的打字机摔到地上,用酒泼玛丽的脸。玛丽不但原谅了他,还说:"在你真的直截了当跟我说你要我离开之前,我就待在这里,管理好你的房子和你的庄园。"玛丽耐心地忍受着他的"疏忽、鲁莽、轻率以及刻薄的言语、不公正的批评、无事因为非的指责"①。

玛丽就像托尔斯泰的妻子一样,不仅是因为她喜欢做一位伟大作家的妻子,而且还因为她对他的爱忠贞不渝。她忍受痛苦的精神,使她成为海明威生活中最为悲惨的女主人公。后来,海明威的这场胡闹以阿德里安娜嫁人结束。

玛丽的忍耐力一直持续到海明威 60 岁时与 19 岁的瓦莱丽·丹比-史密斯调情。瓦莱丽不太美丽,但很迷人,有点像戈雅画中脸色苍白的贵妇人。她出身于爱尔兰的中产阶级家庭,像崇拜英雄一样崇拜着海明威。1959 年,瓦莱丽作为比利时一家新闻报社的记者去采访海明威,她没能很好地完成任务。好色的海明威便耐心地教她采访技巧,并请她来参加宴会。瓦莱丽觉得他的邀请不一定是认真的,但她没有想到,海明威让人预定好了房间,并送来了看斗牛的门票。

海明威像着魔了一样缠住了瓦莱丽。她对他安排的这些活动感到担心:斗牛、赴宴、酗酒、夸张的故事和午夜时间,但又不想让他失望。当她以不舒服为借口想要推脱时,海明威却派人来为她做体检。他雇佣她做他的秘书,实际上并没有什么实际工作可做,却每月付给

---

① 杰弗里·迈耶斯:《海明威传》,萧耀先等译,北京:中国卓越出版公司,1990,第436 页。

她250元的薪金。瓦莱丽成为海明威的雇员和家里的一员。这些都让他的朋友感到"这些都很公开,很光明正大的,但是相当无聊"①。在海明威61岁时,他仍然迷恋瓦莱丽,需要她的帮助。这一年,除非他知道她的情况,否则难以正常进行写作。后来,在海明威离开西班牙后,瓦莱丽继续在古巴和凯彻姆为他工作。他死后,她为玛丽工作。

与此同时,海明威的不忠行径激起了玛丽的妒忌,导致海明威更为残酷地虐待她,就像十年前他爱上阿德里安娜时的所作所为一样。有朋友描述道:"他对玛丽时常明显地冷淡、疏远、漠不关心,好像她只是个陌生人住在他身边。……他对待玛丽简直像对待一条讨厌的狗。"②海明威在年老多病的时候,担心自己要完全依靠玛丽了。他有时甚至想离开她去娶瓦莱丽,但是他又担心自己没有精力和信心再离婚、结婚。玛丽尽己所能来迎合海明威,但是不能容忍他的不忠,她感到自己受了伤害,考虑是否要离开他。

60年代初,在海明威最后的日子里,他已经不再爱玛丽,但发现她温顺、有用。他曾偏执而又不讲道理地训斥她,认为她没有帮他找个安全的地方逃避赋税,说她花太多时间在杂货铺里,说她对他漠不关心,竟然还有心思看电视,还说她背叛了他们幸福的生活。玛丽感到,他很"卑鄙",但又觉得守护在他身边是她的责任。哈德莉同情地说:"欧内斯特的最后日子别提有多惨了——我真为他的痛苦而哭泣。他有幸有个像玛丽这样的好妻子。"③但实际情况使玛丽简直难以忍受,以至于她紧张得从楼梯摔下来,头都磕破了。

玛丽是海明威非常忠实的妻子,始终陪伴在他的身边。在海明

----

① 杰弗里·迈耶斯:《海明威传》,萧耀先等译,北京:中国卓越出版公司,1990,第516页。
② 同上书,第514页。
③ 同上书,第532页。

威去世之后，她仍旧为他工作。她除了怀念与他生前在一起时的社交活动之外，还极为珍视自己作为一个伟大作家的妻子的重要地位。她收集和保管海明威的文稿，出版他的遗作，写回忆录（像阿德里安娜一样）。作为一个勤奋的人，在完成这些工作之后，她感觉失去了生活目标，甚为无聊、寂寞。

海明威总是同时爱着两个女人，他习惯于同时得到两位女性的宠爱。他的想法是：和前妻客客气气，维护好目前的妻子，同时他又乐于同年轻姑娘调情，这个姑娘也许就会成为他未来的妻子。在威尼斯，他被称为"美国的拜伦"，他也认可这个称呼。有众多女人相伴，他风流快活了一生；可是他却从来不是一名合格的丈夫或情人。不得不说，这是他人性中的一大弱点。

同行冤家

1920年代初，菲茨杰拉德曾这样评价海明威的为人：

> 海明威热情洋溢地、势不可挡地希望去做某些事情，后来他的写作中均曾涉及。因此，我和他一起——去旅行、去冒险。他的性格颇有影响力，他是那样热情，使我也被他的想法所深深吸引。他的性格和热情使他能在逆境中坚持不懈地进行他的工作。一旦他讨厌某个人，你无法使他和他所厌恶的人重归于好；如果他反对一个人，情况也是如此，没有什么道理好讲。他最后几乎同我们认识的每个人，他所有的老朋友闹翻了脸。[①]

菲茨杰拉德对海明威的这一评价十分中肯，绝无夸张之嫌。

[①] 杰弗里·迈耶斯：《海明威传》，萧耀先等译，北京：中国卓越出版公司，1990，第65页。

大文豪　小故事

海明威还是一名文学新人的时候,他与中学同学、玩伴、战友以及新闻界的同事建立了平等的友谊。那时候他的《太阳照样升起》还未出版,他还未成名,所以他与那些奋斗的青年作家是好伙伴,也是那些认可他的才能、并给予他帮助的前辈作家的追随者。**《太阳照样升起》确立了海明威作为"迷惘的一代"的代言人的地位**。小说描述了 20 世纪 20 年代,以巴恩斯为代表的一群英国和美国青年人的生活。他们经历过第一次世界大战后流落到巴黎,因身心的创伤失去了往日的信仰,精神空虚。于是,他们整日纵情于声色,放纵自己,看斗牛、喝酒、谈三角恋爱,借以忘却内心的伤痛。小说映射出那个时代年轻人的心理,突出了战争对一代年轻人的摧残。

从 1922 年至 1923 年,在一年的时间里,海明威结识了一些重要的作家朋友,有埃兹拉・庞德、格特鲁德・斯泰因、詹姆斯・乔伊斯、约翰・多斯・帕索斯、斯科特・菲茨杰拉德等。他们与他一起饮酒、旅游、激励、帮助他,为他出版作品,但后来他与他们中多数人中断了友谊。

1926 年之后,**海明威为了突出自己的独创性,与曾在文学创作道路上提携过他的恩人断交**,其中包括安德森和斯泰因。1937 年,在与多斯・帕索斯发生了争吵之后,他再没有一个亲密朋友。他与文学界和他地位平等的人全部断绝了来往,以控制地位低于他的人。

对于海明威而言,安德森是他遇到的第一位有成就的作家,也是第一位在文学上对他有所帮助的老一辈作家。但是,1925 年,海明威出版了小说《春潮》,遭到评论界的批评。人们认为,这是一部对安德森的《黑色的笑声》的戏仿之作,是海明威不愿意承认自己受了安德森的影响而讽刺安德森的作品。但海明威在戏仿的同时,也显示了他出色的写作才华。小说很有意味,妙趣横生,叙事艺术高超。安德森的自尊心受到伤害,但在表面上仍旧维持着与海明威友谊。次年在巴黎,他对海明威仍然以礼相待。

第八章 勇敢的"投降"硬汉

后来,海明威也曾对《春潮》的写法表示后悔,说他为这样写感到惭愧,这样做有些混蛋。然而,安德森对海明威的动机一清二楚。他曾对斯泰因说,海明威的好胜心很强,不能容忍任何其他艺术家超过他,要在文学界独占鳌头。安德森的评价是事实,海明威确实是个心胸狭窄之人,他对不知名的作家和平庸之辈很仁慈,却难以容忍重要的竞争对手。

斯泰因是海明威自年轻时就熟识的另一位前辈作家。两人来往甚多,但后来却相互记恨,成为文坛死敌。20年代在巴黎时,安德森写信将海明威介绍给了斯泰因。1921年12月,海明威在斯泰因舒适的公寓里见到了这位有钱的女作家。她的家是许多侨居巴黎的美国作家的聚居地,当时许多年轻的文人喜欢到这里谈论他们的文学创作和思想。尽管以后海明威把她称为"胖胖的傻妞",但第一次见到她时,他还是发现了她的魅力,感到她的头发性感,眼睛很美。斯泰因与海明威的母亲年龄相当,性格也像他的母亲一样以自我为中心,她因坎坷的经历和才华不被社会承认而愤怒。

海明威与斯泰因的友谊发展得很快。海明威曾打算与她建立一种"恋母情结"式的感情,他喜欢她的画、白兰地和她烤制的饼,也喜欢与她交谈;而她喜欢把他当作有发展前途的孩子对待,督促他辞去记者工作。海明威很感激斯泰因的忠告,就这么做了。当他的第一个孩子出世的时候,他请斯泰因担任孩子的教母。

当他的第一本小说《太阳照样升起》出版时,海明威把这本书献给了斯泰因。她读了之后说:你们都是迷惘的一代。由此,海明威成为"迷惘的一代"作家的领头羊。

尽管海明威与斯泰因的关系很好,彼此吹捧,但是两人不和的裂痕逐渐出现。斯泰因有一个同性恋伙伴艾丽丝,而艾丽丝对他们之间的友谊十分嫉妒。后来海明威的成就逐渐超过了斯泰因,这也引起了斯泰因的妒忌。当她在文学界的名声一落千丈时,海明威也向斯泰因开炮，抨击她的作品，导致他们的关系最终破裂。

于是，两人之间开始了更为猛烈的相互攻击。斯泰因常常通过她溺爱的卷毛狗来侮辱海明威，她会对这条狗说："去，装扮成海明威，要表演得凶猛一些。"海明威常因自己的勇敢而自豪，斯泰因却责备他是"胆小鬼"，贬低他是"智力迟钝的门徒"。他夸耀自己的运动技巧，她却说："海明威教某小伙子拳击，小伙子不知如何做，却能出人意料地将海明威击倒。"他认为自己具有忍耐力，她却讥笑他说："海明威很容易感到疲劳，从他的住处到我们这里来一趟，常常是精疲力尽。"安德森很欣赏斯泰因的所作所为，称赞她说："用你那双纤细的手握着手术刀，从海明威身上取下如此大一块皮肤。"①据说，恼羞成怒的海明威曾给斯泰因发过一份"一条母狗是一条母狗是一条母狗"的电报。

两人之间的公开争吵持续了多年，以至于海明威在后来创作的许多作品中不厌其烦地提到这段往事。1948年7月，在斯泰因去世两年之后，他在一封信里概括了他对她的复杂感情："我一直非常爱她，正如你所说的当她敞怀让你去进攻时，我从未反击过她……在她的头发没有剪掉以前我更爱她，在所有事情中剪发是个转折点，她经常对我谈及同性恋的事，并告诉我如何做对女人最好，而对男人不利，我总是耐心地听，虚心地学。"②

与海明威交恶的同行有很多，菲茨杰拉德也是其中之一。菲茨杰拉德曾帮助海明威成名，他曾给朋友写信说："我一直把我与他（指海明威）的友谊看成是我生命的最高点。"他尊敬海明威的正直诚实，赞赏海明威的小说，喜欢谈论海明威的故事，给海明威的一生涂上了有魅力的色彩。

---

① 杰弗里·迈耶斯：《海明威传》，萧耀先等译，北京：中国卓越出版公司，1990，第79页。
② 同上书，第81页。

海明威看不起菲茨杰拉德的爱财、嗜酒、自怜和缺乏对艺术的献身精神，常奚落他。1925 年，他的生活还很寒酸，对菲茨杰拉德在文学上享有的声望和生活的豪华，既妒忌又向往。惯于恩将仇报的海明威认为自己比菲茨杰拉德优越，喜欢欺辱他，说菲茨杰拉德"像一个强横的小孩嘲笑娇嫩的、但颇有天才的小孩"，"还带点孩子气，脸长得很精神，算不上很英俊，满头金黄色的卷发，高高的额头，目光兴奋而友好，他的嘴带有爱尔兰人的特征，嘴唇细长而柔嫩——长在姑娘的脸上那就相当漂亮了。他的下巴和两耳都长得很端正，鼻子不太突出，但很好看，也可以说很漂亮。"①他对菲茨杰拉德在一次舞会上的表现印象深刻。那是 1926 年 6 月的一天，菲茨杰拉德故意在舞会上捣乱，往别的桌子上扔烟灰缸。菲茨杰拉德本人也很清楚，海明威把他看作是一个不可救药的酒精中毒者。

两人的友谊掺杂着赞赏和仇恨。海明威有钱时常常自己一人花光，所以他难以理解菲茨杰拉德为何能对他疯癫的妻子泽尔达保持忠诚。海明威把菲茨杰拉德的烦恼归咎于泽尔达，说菲茨杰拉德在摆脱妻子的控制之前不会有所作为，并告诫他说："对世上所有的人来说，在工作中都要有纪律，而不是去与一个妒忌你的作品，要同你竞争，并践踏你的人结婚。"②

海明威离开巴黎之后，与受过教育的朋友大多断绝了关系，他将兴趣转向了钓大马林鱼和猎熊。与知识水平低于自己的朋友在一起，会显得他鹤立鸡群，被尊为英雄的海明威感到很得意。

30 年代末，到西班牙不久，**海明威就与文学挚友多斯·帕索斯因政见分歧而争吵**。帕索斯性情温和，有学者风度，不易感情用事，不好斗。由于他娶的妻子是海明威少年时代的恋人，海明威把他当

---

① 杰弗里·迈耶斯：《海明威传》，萧耀先等译，北京：中国卓越出版公司，1990，第 158 页。
② 同上书，第 162 页。

作对头。帕索斯支持法西斯，这使海明威大为恼火，他说："西班牙还在打仗，一方是你支持过的人民，一方是法西斯。如果你因为恨共产党，就觉得有理由为金钱去攻击仍在打着那场战争的人民，我觉得你至少应当把事实搞清楚。"①1937年夏天，两人进行了公开交锋，海明威骂帕索斯的葡萄牙血统，叫他的老婆是"贼"。两人的战争逐渐升级，竟然上升到在文学作品中相互攻击。1947年7月，海明威告诉福克纳说，多斯·帕索斯是个"势利小人"。

海明威还曾对福克纳出言不逊。早在1932年，他就说过："你没法找福克纳的岔子，他是个多产作家。到你订购了他全部作品的时候，他又有许多新书出来了。"1935年，他写信给曾帮助福克纳建立起声誉的马尔科姆·考利，批评福克纳说："他拥有各类人的才华，他需要的就是他所没有的良心。"②1947年，福克纳成为海明威在文坛的主要对手。海明威也判断出，福克纳比他有才华，认为福克纳的创作有较高的艺术性。

海明威对福克纳的肯定早于评论界对福克纳的认可，他确实有一定的眼光。可是他从来都不知道，福克纳承认曾受到过他的影响，而且对他的著作大加赞赏。福克纳在1947年访问密西西比大学时，一名记者曾向他提问：美国当代最著名的作家有哪些？当时，他的回答是：托马斯·沃尔夫、他自己、多斯·帕索斯、海明威和斯坦贝克。后来，福克纳解释说："我把海明威列在第四位，因为他只停留在他所知道的事物里面。他做得很好，但是他总不试试做不到的事。"③

从此，海明威倍感福克纳的威胁，对福克纳的批评愈发严厉。1948年，他对考利说，福克纳根本就没有道德素质，和埃德加·埃

---

① 杰弗里·迈耶斯：《海明威传》，萧耀先等译，北京：中国卓越出版公司，1990，第301页。
② 同上书，第420页。
③ 同上书，第421页。

伦·坡一样是个刺头。尤其在1952年福克纳获得诺贝尔文学奖之后,他对福克纳的嫉妒更为强烈:"你瞧,比尔·福克纳的问题在于,只要我活着一天,他就得为获得诺贝尔奖而干杯。他没有认识到我根本就看不起这个组织,但是在他赢得它的时候,我还是很为他高兴的。"1955年,在他获得诺贝尔奖之后,他又骂福克纳酗酒,骂他接受好莱坞的钱来写作,骂他的著作是狗屁。

与海明威交恶的作家中还有美国第一位诺贝尔奖获得者辛克莱·刘易斯。早在1922年,海明威就在《多伦多星报》发表文章,批评刘易斯的作品拙劣。但刘易斯在1930年获得诺贝尔奖的演说中,以赞扬海明威的《永别了,武器》来回应这位年轻的作家。然而,海明威意识到,这位长者是威胁他的对手,在《非洲的青山》中他又继续奚落刘易斯,说刘易斯"微不足道"。于是,刘易斯也开始在杂志上与海明威论战,说海明威的书喜欢"告诉人们杀害许许多多野兽是多么有趣,听它们像人类一样地呻吟,看它们拖着肚肠东倒西歪又是多么有趣。"①

在海明威眼中,刘易斯有几大罪状:刘易斯获得了诺贝尔奖,帮助过他,预料到他的酗酒和文学上的退步,刘易斯的肤色差会使他想起自己的皮肤病。他说刘易斯是他见过的最丑陋的人,并描绘刘易斯的脸就像是在燃烧着的飞机里来不及被救出来的模样。海明威残酷的描绘伤透了刘易斯的心,3个月后刘易斯与世长辞了。

海明威与安德森、斯泰因、菲茨杰拉德、多斯·帕索斯、刘易斯等作家因文学问题发生争吵,进而对他们进行报复。无怪乎他的朋友兼受害者唐·斯图尔特说:"他开始爱你之时,或他开始对你尽爱情或友谊的义务之时,即是他不得不置你于死地之时,因为你离他所极力保护的东西太近了。他把所有的好朋友一个、一个地踢开,他这样

---

① 杰弗里·迈耶斯:《海明威传》,萧耀先等译,北京:中国卓越出版公司,1990,第453页。

对待斯科特,对待多斯·帕索斯——对所有的人都如此,我想他有一种心理上的恐惧,担心你会向他索取什么,他不希望在你银行透支。"①

然而,**在文学界,有两位朋友从未与海明威吵过架,他们是乔伊斯和庞德**。海明威与庞德的交往时间比较久。1922年2月,他认识了大他14岁的庞德。此时,庞德刚编辑完T.S.艾略特的《荒原》,正在着手创作长篇诗章。他与海明威一样,都是充满激情地投入到创作中去。两人之间很快产生共鸣,彼此欣赏对方的作品。在这一时期,海明威对诗歌、散文的创作技巧的兴趣与他对拳击、斗牛的兴趣一样大,而且这是他一生中最谦虚学习的时期。他像小学生一样,虚心拜庞德为师。

热心的庞德将海明威介绍给了许多艺术家,其中包括舍伍德·安德森。海明威曾说:"我曾教庞德拳击,但收效甚微。他总是下颚前伸,活像一只小龙虾,他很想学,但力不从心。"在他1925年创作的诗作《向埃兹拉致敬》中,海明威对庞德的气魄、人品和诗歌大加赞美:

> 我们有庞德这样专心致力于诗歌的伟大诗人,他一生有五分之一的时间用来写诗,其他时间他尽力为朋友们增加他们物质与艺术的财富。当朋友遭到攻击时,他保护他们,在杂志上发表他们的作品,从监狱里把他们营救出来。他向他们贷款,销售他们的绘画,为他们安排音乐会……为他们预付医疗费,劝阻他们不要自杀。最后,他们中那些原来一有机会就想谋害他的人,也抑制住没有去伤害他。……②

---

① 杰弗里·迈耶斯:《海明威传》,萧耀先等译,北京:中国卓越出版公司,1990,第168页。
② 同上书,第74页。

第八章　勇敢的"投降"硬汉

海明威对庞德的夸奖并不为过。庞德凭借自己作为杂志编辑和长辈的身份，帮助过许多优秀的年轻作家发表作品，例如 T. S. 艾略特、乔伊斯、海明威等。所以即使庞德因支持墨索里尼的法西斯政策在二战后被判入狱多年，这些有影响的作家还是不懈呼吁，最终帮助他提前出狱。

在那一时期，庞德帮助海明威出版了他的早期作品，海明威从庞德的创作中学到了简练、精确的意象主义风格，他说："庞德是我最喜欢的，也是我最信赖的评论家。他是相信最贴切词汇（只用一个，而且是唯一正确的词）的人，是曾经教导我不要去相信形容词的人。"从这番话可以看出庞德对他的影响之大，以及他对庞德心服口服的敬佩之意。

在1924年庞德侨居到拉帕洛之前，海明威与庞德的关系一直很好。十年后，海明威在巴黎最后一次见到庞德。当时乔伊斯认为庞德举止反常，已经疯了，他要海明威与他一起去与庞德吃饭。海明威在声望超过了庞德之后，仍然很真诚地对待庞德。

在二战中，成千上万的犹太人在集中营被毒气毒死，庞德竟然还火上浇油地怂恿一场杀害重要犹太人的大屠杀，甚至称希特勒是"一位圣人和烈士"。1943年7月，他被指控犯有叛国罪，1945年被遣送回美国。在庞德获得自由的前两年，海明威给狱中的庞德送去过1 000美元的支票。庞德非常感激，将它珍藏在桌子玻璃下面，作为"最高荣誉"的纪念。为了帮助这位老一辈作家，海明威捏造了庞德精神失常的证据，希望能够通过证明庞德精神错乱帮助他获释，他还鼓动罗伯特·弗罗斯特、麦克利什、艾略特等作家支持庞德。从1943年至1958年庞德被释放，海明威坚持与他们通信联系，以帮助庞德，为他辩护，说庞德有自我主义，但有间歇性的精神不正常，他忠于法西斯的原因在于他们是唯一恭维他的政府，并且能够认真地对待他的著作。1958年，海明威终于与其他作家一道帮助庞德成功获释。

1949年,在庞德的《比萨诗章》获得博林根诗歌奖之后,海明威对庞德的妻子说:"请向埃兹拉致以良好的祝愿并祝贺他获奖,请告诉他,他在困难中还能写出这样的好诗,我是多么钦佩他呀。"在其他人质疑庞德的道德之时,海明威反而从个人和艺术的立场出发为庞德辩护:"伟大的诗人是极为稀少的,应该给他们以一定限度的理解和仁慈。……我讨厌他的政治,他的反犹太和他的种族主义。但是我真诚地认为,如果让庞德死于监狱要比释放他,让他和他的女儿一起去住在意大利更有损于国家。"①

　　庞德在去世前说:"海明威没有令我失望……在他得意之时,我从未见他只为自己打算。"②

　　乔伊斯有幸成为第二位没有与海明威吵过架的作家。1922年3月,两人相识。乔伊斯弱视,性格羞怯,他非常羡慕海明威的体魄和丰富的经历。两人常出去狂饮,乔伊斯酒醉后也会和陌生人争吵。这时,他会对身高体壮的海明威说:"揍他,海明威,揍他。"当海明威把乔伊斯送回家时,乔伊斯的太太就会怒吼道:"好!作家詹姆斯·乔伊斯回来了,还要和欧内斯特·海明威再次痛饮。"③

　　乔伊斯读过海明威的手稿,对于一个年轻作者来说,这是少有的殊荣。海明威研究过乔伊斯的作品,并把他的写作技巧应用到自己的创作中,学会了如何使作品简练,如何对自己的构思运用暗示含蓄的手法。

　　尽管海明威对于乔伊斯的软弱、自负和喜欢夸赞之辞不太欣赏,会讽刺他一番,但是他与乔伊斯的友谊却超越了文学上的竞争。1930年,当诺贝尔奖颁给辛克莱·刘易斯后,海明威大发雷霆,生气

---

① 杰弗里·迈耶斯:《海明威传》,萧耀先等译,北京:中国卓越出版公司,1990,第499页。
② 同上书,第75页。
③ 同上书,第82页。

地说:"吉姆·乔伊斯是我尊敬的唯一活着的作家,他有他的问题,但他能写出比其他任何作家更好的作品。埃兹拉是个很正派、和蔼、友善、漂亮的诗人和评论家,格特鲁特·斯泰因只是在更年期后才好起来。但我最尊敬的是乔伊斯先生。"①

1937年之后,海明威的朋友大多只是运动员、百万富翁、演员、士兵和寄生虫。到40年代,他被纽约的专栏作家、餐馆主人和电影明星们腐蚀,再也听不到同行的有益批评。1954年10月28日,海明威获得了3.5万美元的诺贝尔文学奖奖金之后,谈到他的感想,他小心翼翼地赞扬了两位二流作家,闭口不谈有水平的同代人。他因受伤未去斯德哥尔摩领奖,但送去了一份发言稿,由美国大使代为宣读。这篇有见识的发言稿透露出他的孤独以及个人的失败:"写作,充其量也只是个孤独的生涯,各位自己组织减轻了这种孤独感,但是我怀疑它们是否改进了作家的写作。他增加了知名度,摆脱了孤独,却往往降低了写作的质量。因为他只是孤军作战,假如他是个好作家,那就必须每日都面对永恒,否则他就不够格。"②

如海明威所说,**即使他获得了文学最高奖项,内心的痛苦还是难以消除**,病痛和哀愁已经削弱了他求生的欲望:"我必须照顾玛丽,老是为义务而生活,但是我相信一旦玛丽离开了,我则宁愿逗留在那在布蒂亚巴烧毁的飞机里,要是我能看到1954年剩下的生活,玛丽将是什么样,她将怎么想,那该有多好呀,有时我对痛苦真是厌倦极了,即使这是可耻的感觉。"③由于他本身的性格缺陷,海明威难以与同行友好相处。1945年9月,**他在给玛丽的信中把他的朋友分为两类:有知识的头号朋友和打猎朋友、酒肉朋友。**

---

① 杰弗里·迈耶斯:《海明威传》,萧耀先等译,北京:中国卓越出版公司,1990,第82页。
② 同上书,第495页。
③ 同上。

如上所述，海明威的妒忌、刻薄、自高自大以及野心，把作家朋友们都撵出了他的社交圈。

家庭隔阂

乖僻的性格导致海明威不但与同行难以友好相处，他与家人的关系也并不和谐，他的长辈、同辈和晚辈中几乎无人与他亲近。

海明威的第一本书《**在我们的时代**》出版之后，他虽然得到了许多著名作家的夸赞，可是在他清教徒式的家庭，这本书却引起了家人强烈的反感。这部作品是海明威的成名作，包括随笔和短篇小说，描述了美国西部少年尼克的成长，使人看到了普通美国人民的不幸生活和战争期间人们的焦虑、不安，预示了海明威此后小说的内容及其艺术特点。然而，一贯拘谨的父亲埃德坚持说，他宁可看到海明威死去，也不愿见到他写这种污秽的主题。父亲说："你把世界描写得兽欲横流，去发掘那些欢跃的、催人向上的、乐观而高尚的特性吧！"母亲格蕾丝甚至对儿子的作品感到恐惧，她也和丈夫一样，宁可看到他进入坟墓，也不愿他去干他当时所做的一切。当海明威还是个十几岁的孩子时，她就曾说过："你所写的一切都令人毛骨悚然。"当《太阳照样升起》出版时，她谴责它是"当年最污秽的图书之一"，并告诫他"除了'他妈的''狗娘养的'，在你的字典里肯定还有其他字——每一页都充满了令我恶心的字眼。"在以后的岁月里，她一直难以接受儿子的作品，难以理解她那从小受到良好教育的儿子怎么会"从阴沟里捡来这些脏字"。当海明威的一些较温和的小说在杂志上连载时，他的妹妹卡罗尔就会偷偷地阅读，并把它们藏起来，以免被母亲发现。

虽然母亲对自己是一位著名作家的母亲身份感到自豪，但是在她生命的最后一年接受记者采访时，她仍然坚持说："某些评论家认为海明威的作品是我们时代里最优秀作品之一，但我认为他在学生时代写的东西更好。"其实,海明威母亲的文学鉴赏力有限,她未能认识到《太阳照样升起》的文学价值。

海明威对母亲格蕾丝的评价一贯很低。他在给第四位妻子玛丽的情书中曾谈及母亲的过错,认为母亲是因童年时外祖母的离世而缺乏教养,成年后她放弃了音乐生涯也影响到了她的性格。他认为,母亲虚假,不注重品德修养,为人冷酷无情。母亲生病住院期间,是他在高中时最愉快的一段时光,他和姊妹不用再受到她的管教,他们也没有去探望这个"母老虎"。在他的一些短篇故事中,如在《大夫和大夫的妻子》和《我把我自己打翻在地》中,他以母亲为原型塑造了一个伪善、专横而又迟钝的女人。

海明威与父亲更为亲近一些,父亲的死对他是个巨大的打击。1928年12月,父亲因债务及健康原因,情绪低落,用祖父的手枪自杀身亡。海明威在旅行途中得知父亲去世的消息,马上返回家乡。这件事对海明威造成了一定影响,他也经常考虑自己将来也可能自杀的事情。

海明威承担起了资助母亲、弟妹生活的负担。他用自己的3万美元和第二任妻子波琳的2万美元建立了一笔信托基金,这样母亲在有生之年就有一笔可观的收入。母亲曾因他拒绝工作将他赶出家,还曾谴责他的那些"淫秽"著作和他的离婚。如今,母亲经常写信表达对他的感激之情。

海明威对父亲充满了感情,为没有及时帮助父亲感到内疚,但为资助母亲感到恼火。多斯·帕索斯说:"海明威是我所认识的人中唯一真正憎恨他母亲的人。"[①]对于母亲,他有做儿子的责任感,但又对她有对立情绪,常常陷入深深的矛盾心情之中,他为此甚为苦恼:"上帝呀!今天是母亲节吗?那么我得给这个老刁妇发份电报。"在他的

---

① 杰弗里·迈耶斯:《海明威传》,萧耀先等译,北京:中国卓越出版公司,1990,第209页。

眼里,母亲属于"老刁妇"一类人。他把父亲的自杀归咎于母亲,认为是母亲间接导致了父亲的悲剧,他说:"当我一旦知道真情,我就恨我的母亲;父亲的懦弱曾使我难堪,在此之前,我一直是爱我的父亲的。我的母亲是整个美国前所未有的刁妇,她竟会使她使用的驭骡自己枪杀自己,且不说我那可怜的血迹斑斑的父亲了。"①海明威的一些朋友和熟人都知道他恨母亲,恨她摆布他懦弱的父亲。

1951年6月,在海明威的母亲去世时,他已经有20年没有见过她了。他在1949年8月曾告诉朋友说:

> 我的母亲非常老了,她的记忆力不只乱七八糟,还热衷于一些莫名其妙的事情。后来,我就扮演孝子的角色以取悦于她。但是我恨她,她也恨我。她逼着我父亲自杀,后来有一次,我命令她把(佛罗里达)毫无价值的地产卖掉,因为她的钱都被纳税消耗光了,她写道:"别威胁我做什么。你的父亲在我们新婚时就对我这样,结果使他抱憾终生。"②

海明威最终没有参加母亲的葬礼。也许他觉得如释重负,为不用再赡养这个"刁妇"而高兴吧。可是,后来他又内疚地回忆起有关母亲的美好往事。

由于海明威离家早,所以他最小的妹妹卡罗尔在幼年时几乎不认识他。长大后,1930—1932年,她到佛罗里达州的罗林斯学院学习,到海明威家拜访,与波琳相处得很好。可是,在他们兄妹的一次驾车旅行中,卡罗尔发现了哥哥的许多缺点。自从父亲自杀后,海明威自认为是一家之长,支撑着母亲一家人。他喜欢担任"爸爸"的角

---

① 杰弗里·迈耶斯:《海明威传》,萧耀先等译,北京:中国卓越出版公司,1990,第209页。
② 同上书,第466页。

色,希望每个人听命于他。对于卡罗尔想要嫁给加德纳的想法,他坚决反对,便和她断绝了关系。他对家人感到厌倦,想尽办法与他们断绝关系。

二战前,大儿子杰克在达特茅斯大学读书,后来参战。战后,杰克在蒙大拿大学读了一年,1949年他娶了一个寡妇。海明威对杰克的军人经历很自豪,但对杰克的婚事不满,没有去参加他的婚礼。海明威对几个儿媳妇都不满,还想控制她们,并希望她们能够赞成他自己的婚事。她们都觉得他很蛮横,尽量与他保持距离。

1947年4月,帕特里克和格雷戈里去看望波琳时,路上发生了车祸,帕特里克的头严重撞伤。他老喊头痛,脾气暴躁,大吵大闹,被诊断为"幻想狂精神分裂症"。海明威深感内疚,全力以赴帮助照顾儿子,以减轻内心的负罪感。

格雷戈里的性格最像父亲,一直是海明威最宠爱的孩子。从前,他总是看到父亲责骂其他人,而他从来没有因任何事情挨过父亲的骂。但格雷戈里由于幼年时被父母的忽视,有心理障碍,所以在成年以后惹出了一些是非。1951年9月30日,波琳因为他的事给海明威打电话,两人在电话里大吵起来。当夜,她感到腹部疼痛,因内出血而亡。4个月后,格雷戈里带新婚妻子去看望海明威时,遭到责骂,说是因为格雷戈里闯祸导致了波琳的死。格雷戈里大为震惊,从此父子俩断绝了来往,再也没有见过面。后来,格雷戈里从波琳的尸检报告中获悉,她是得了罕见的肾上腺癌而死,在情绪紧张时她的血管会出现爆裂和失常的情况。因此,格雷戈里得出结论:是父亲在电话里对母亲说话粗鲁,导致她的血管破裂而亡。由于海明威的粗暴指责,格雷戈里在1950年代的日子不好过。他因酗酒被军队遣散。他狩猎好几年,但从未拿到一张职业执照。他的家庭生活也很不幸,两次婚姻都以失败告终。在父亲的葬礼上,他感到如释重负。

到1930年代中期,海明威和多数家人的关系恶化:他曾谴责母亲应该为父亲的死负责;姐姐马德琳批评他的离婚,他便与她吵架;因为卡罗尔在自己的婚事上不听他的,他便不再理她;弟弟莱斯特在1930年代讨好他,但还是被他抛弃了。海明威和孩子们的关系也不融洽:二战后,他对杰克吹毛求疵;1950年代,他与格雷戈里吵架很凶。除了妹妹森莉的儿子来访过一次之外,他从来不见任何一个侄儿、侄女。

作为一个以自我为中心的人,海明威脾气暴躁,导致他在人生的大部分时期与家人的关系不甚融洽。他与他们的交往不太愉快,甚至在遗嘱中没有给儿子们留下任何财产。

怪异性格

成为大作家之后,海明威成了文学界的成功典型。不仅作品畅销,他的私生活也成为公众的关注焦点,但是德怀特·麦克唐纳指出,如果认为"海明威的生活、写作、突出的性格和私下的思想活动都是一致的,是一篇完美的艺术作品,则是大错特错了。"[①]公众有这样一种信念:**在实际生活中有这样一位在战斗、打猎、恋爱和写作方面都完美无缺的人,但是这样一个英雄形象与现实生活中的海明威毫不相干。**

成年的海明威身体强壮,经得起折磨,还有惊人的恢复能力。这一特点得到了许多人的证实。乔伊斯说,海明威是个"高大强壮的农民,粗壮得像头水牛。他像个运动员,而且愿意像他所描写的生活那样去生活。如果他的身体不允许他去那样生活,他就绝不会去描写那种生活。"经常陪他去滑雪、钓鱼的多斯·帕索斯说,"我从未见到过哪一个运动员似的身强力壮的人像海明威那样在

---

① 杰弗里·迈耶斯:《海明威传》,萧耀先等译,北京:中国卓越出版公司,1990,第236页。

第八章 勇敢的"投降"硬汉

床上睡这么多时间。"①

海明威的情绪容易波动,他不断出去旅行,常患病,还常酗酒,多次遭遇意外事故。在开车、拳击、滑雪、钓鱼、打猎和在战场上作战时,他都有意把自己置于危险的境地。

海明威有许多优秀品质。他相貌英俊,性格坚强,体魄壮实,是名运动健将;他机智灵活,又诙谐风趣,几乎他所有的熟人都崇拜他,喜爱他。但是,他1940年代在古巴时诙谐风趣的性格逐渐变成了不顾体面、放荡不羁,就像他塑造的那个斗牛士:一个骄傲、尖刻、满嘴脏话的酒鬼。关于海明威的性格,熟悉他的查尔斯·科林伍德有客观全面的描述:

> 他的体格和风度都很有气派。通常他情绪好的时候,他浑身都散发出幽默和魅力。但是他的情绪却不是总是很好的,那时他就一语不发或是态度粗暴。于是他时常想做出来的完全自信和矜持就保不住了,你往往会感觉到他的脆弱性。
>
> 他有时候很健谈,绘声绘色,是个快活的伙伴。他对待比他年轻的人,一般是很宽容的……他身上有一种说教的倾向,最喜欢在写作的技巧和手法上教训年轻的作家。他的意见不夸张,极其实际。……
>
> 由于他的性格的绝对力量和谈话内容丰富、感情洋溢,所以在谈话中,他总是处在支配的地位。同时他也很愿意听别人说,和别人讨论甚至争辩某些问题。他不搞一言堂。遇到他情绪不好的时候,他干脆不说话。
>
> 不管他走到哪里,只要有几个人,他必定是这群人的领

---

① 杰弗里·迈耶斯:《海明威传》,萧耀先等译,北京:中国卓越出版公司,1990,第199—200页。

袖。……他个性极强,天生的有组织能力。他在任何场合都是而且愿意被视为主要人物。①

由于他怪异的性格,海明威在生活中经常发生一些不快,显得他与周围的人和环境格格不入。这对他的健康无疑有一定影响,也对他人造成了一定伤害。

"投降"的硬汉

海明威,一位在生活中曾经无数次演绎英勇行为的勇士,一位曾经塑造了无数英雄形象的大作家,在离世前10年出版的**《老人与海》**中还塑造了圣地亚哥的硬汉形象。那位古巴老渔民独自出海,他忍受着孤独寂寞,在84天一无所获的情况下仍然勇敢乐观。在捕到了一条大马林鱼后,他又勇敢地与进攻的鲨鱼群拼杀。虽然他回到岸上时只拖回了一副鱼骨架,但是他并不服输,他的信念是:"一个人不是生来让人打败的。一个人可以被毁灭,但不能被打败。"

然而,海明威在人生的最后10年不再是硬汉。1950年代他在非洲经历的飞机坠毁事件使他的身体状况进一步恶化,也给他蒙上了死亡的阴影。加上他日益沉沦的精神状况,他终于走上了自我毁灭之路。

多年来,海明威一直保持着英俊的形象。他曾讥笑过辛克莱·刘易斯的皮肤,如今,步入老年的他也因皮肤病而变得丑陋,他为之倍感苦恼。而酒精能帮他忘却苦恼。他曾说过,酒是他最好的朋友,杜松子酒是他的最爱。他的酒量一直上乘,很少因饮酒过度感到不适。尽管他饮酒过量后说话会有一点儿语无伦次,夸夸其谈,但是他

---

① 杰弗里·迈耶斯:《海明威传》,萧耀先等译,北京:中国卓越出版公司,1990,第522页。

从来没有喝得东倒西歪。不喝酒的话,他就会沉默寡言,情绪低落。但是过度酗酒导致他已损坏的肝脏更加脆弱。两次飞机失事之后,酗酒对他虚弱的身体是更大的打击。他每天饮一夸脱的威士忌,到1945年,他被酗酒这一作家的职业病压垮,成为一个酒鬼。他完全依赖酗酒来减轻痛苦,重振精神。

在生命的最后一年,海明威不得不听从医生的劝告,改变酗酒的习惯,但是他对之感到痛苦万分。哈德莉曾经毫不夸张地说:"要是让他饮酒,也许他还能活下去,但是完全剥夺其饮酒习惯,他就没法活了。"①

1960年,海明威的身心处于极度恶化的状态,严重的眼病、高血压和抑郁症使他住进了医院。而他的精神状态更为糟糕:他对事情耿耿于怀,爱妄想,害怕贫困,担心受迫害,极端抑郁,难以进行写作,有自杀的冲动。这些都是导致他11月份精神彻底崩溃的原因。

海明威的朋友都觉得他行为古怪,对各种事情态度消极。到8月份,他的精神病初期的症状已经很明显了,他担心"由于过量的工作会导致身心憔悴而崩溃",并抱怨说"脑子坏了,更不必说身体了。"那时,他非常依赖玛丽,对她说:"我希望你能在这里照顾我,帮我完成工作,免得我垮下来。我现在非常想安静下来休息休息。"这样的话从他口中说出,实在是非同小可的事情。从2月到8月,小情人瓦莱丽应他的要求从都柏林来到哈瓦那,一直陪在他的身边,直到他去西班牙。

在最后几个月中,海明威的精神处于崩溃状态。朋友发现,他做事犹豫不决、糊里糊涂、杂乱无章。他已经获准在一个农夫的田地打猎,但他又不敢进入田野,担心被认为是非法侵入而被人射死。他不喜欢自己的财富,感到它只能给自己带来律师、佣人、负面的宣传等

---

① 杰弗里·迈耶斯:《海明威传》,萧耀先等译,北京:中国卓越出版公司,1990,第522页。

复杂问题,让他有不安全感。他总有一种恐惧感,对联邦调查局感到神经过敏,总是怀疑被人跟踪。不过,1961年1月,在他住进梅奥诊所后,联邦调查局确实知道他所有的治疗情况,甚至同医生讨论过他的病情,而他也因担心被调查而深感忧虑。医生说,他的忧虑干扰了治疗。

到11月,医生对他的病情做了如下叙述:"他完全变了,他似乎很沮丧,他拒绝打猎。他对朋友吹毛求疵。他不再邀请星期五之夜的一群人来观看斗牛。看来他情况不佳。"①没有人知道他到底出了什么毛病。在他死后,玛丽说他得了"狂躁抑郁症",并说:"他就是同从前不一样,完全变了一个人,从前他开朗、精力充沛,充满生气,现在却是内向、沉默寡言。"②他患的是抑郁症,但从来没有癫狂期。

医生对海明威采用了现代电震疗法,但产生了健忘症的副作用。他的妄想症状越来越严重,他感到身体恶化,担心自己失去作家的声誉。其实如今这些都是事实。1962年2月,人们请他给肯尼迪总统写一份颂辞,结果他花了一周时间,却只写出三四句简单的话。如庞德晚年一样,海明威变得衰弱不堪、沉默、抑郁,怀疑自己著作的价值。他因失败和苦恼而痛哭流涕。

1961年,海明威出现了两次自杀的迹象。4月,他曾握着一把猎枪自言自语了将近一个小时,直到医生来给他量血压时劝他交出武器。6月,他再次做出要自杀的危险举动,并对医生说:"假如不能按我的条件活着,那这种活着就不能忍受……我就是那样生活过的,我也是必须那样生活的——要么就不活。"③

他是一位名人,创造了一种传奇式的生涯,他一生的经历比他的

---

① 杰弗里·迈耶斯:《海明威传》,萧耀先等译,北京:中国卓越出版公司,1990,第526页。
② 同上书,第527页。
③ 同上书,第533页。

著作还有名。最终，他因身心交瘁而自杀！自杀是海明威的生平和著作中一再出现的主题。甚至在他父亲于 1928 年自杀之前，他就曾受到这个主题的困扰。

海明威的自杀念头总是与他的婚变有关。在与哈德莉结婚前两个月，他为自己要承担的新的责任感到担忧，曾在她面前提到过自杀，把她吓了一跳。在同波琳关系紧张时，他曾说，假如他们的爱情不能很好地解决，他只好自杀。看到父亲受糖尿病和心绞痛折磨时，他说，"要是我成了那样子，我一定让人家来把我杀死——或者我自己来。"这是他的父亲留给他自我毁灭的冲动的遗产。1930 年代，在他所写的片段中，他好像预示了自己的人生结局："（我的）老爷子是个懦夫，（他）从未享受过，娶了个泼妇，结果开枪自杀了……（我）不是懦夫，我日子过得非常快活，娶了两个好女人，可是我想我还是会开枪自杀的。"①

1930 年代，海明威在有关斗牛的书中悲观地阐释了**死亡观**："**生活中无论何事都是无可救药的，死亡是所有不幸的至高无上的解救办法**"②，**而且人最好在还能主宰自己、还有勇气时死去，这比经受身心屈辱的恐怖要幸福得多**。他还说，同打猎一样，自杀是逃避写作造成的过分紧张的办法。

50 年代，海明威的自我毁灭冲动增强了，但他又试图找一些理由来抵制这种极端的思想：生活会好起来的，而自杀对儿子们不好，是自私、怯懦的行为。

海明威的身体受到战争和多次事故的摧残，但他却克服了各种艰难险阻活了下来，可是他的记忆力和写作能力在梅奥诊所被彻底摧垮，身心憔悴的他最终选择了退出。在自杀前一个月，海明威说：

---

① 杰弗里·迈耶斯：《海明威传》，萧耀先等译，北京：中国卓越出版公司，1990，第 537 页。
② 同上。

"一个人关心的是保持健康，好好工作，同朋友们共吃共饮，在床上过得愉快。"可是，他不再拥有这些了。7月2日，从梅奥回家两天之后，海明威像往常一样早早醒来。他轻而易举地在地下室找到了装有子弹的猎枪，来到门厅，在大门口，他把枪筒末端放进嘴里，扣动扳机。脑浆顿时迸溅了出来……

3天之后，海明威的葬礼在玛丽、3个儿子和3个姐妹的陪伴下进行。他的遗嘱令他的儿子们大为震惊、失望，他把价值140万美元的房产留给了玛丽，指定玛丽为他的遗稿保管人，未给孩子们留下任何遗产。这大概是他因为对他们的生活和婚姻不满，而作出的惩罚吧。

海明威的离去令世人震惊，人们纷纷急切地表达对他的敬意。罗伯特·弗罗斯特仍然认为，海明威的死属于意外事故。他在事情发生后的第二天在《纽约时报》发表了看法："他对生活粗暴、严厉，对自己也粗暴、严厉。就像他勇敢、自由自在的样子一样，他理应死于武器事故之下。……他的风格深深地影响了外面所讲的故事，不论长短，我记得那种魅力使我想对走来的所有人都高声朗诵《杀人者》。他是我永远怀念的一个朋友，整个国家都在哀悼他。"①

海明威在古巴的房产被卡斯特罗政权没收，但允许玛丽把属于海明威夫妇的文稿和私人物品取走，玛丽不得不同意。于是，他们在古巴的眺望山庄成为海明威博物馆。

1962年，玛丽把海明威遗存的书信、手稿、文件、笔记、剪贴簿、评论、录音带、照片和言论录，交给了肯尼迪总统图书馆的海明威收藏室保管。

海明威在作品中曾塑造了亨利、乔丹、圣地亚哥等勇士形象，他

---

① 杰弗里·迈耶斯：《海明威传》，萧耀先等译，北京：中国卓越出版公司，1990，第545页。

第八章 勇敢的"投降"硬汉

有关勇气的名言①流传于世界各地,他本人也曾在一战、二战等多次战斗中演绎了壮烈勇敢的诗章。但是到人生的最后时刻,他却失去了男子汉赖以生存的勇气。这对于以"硬汉"而著称的他而言是一个莫大的讽刺!

尽管如此,海明威以自己传奇的一生和厚重的文学作品博得了世人的认可。他对世界文坛的贡献不容忽视,他不愧为美国 20 世纪最优秀的作家之一。他将在世界文坛永远立于不败的地位!

---

① 即海明威在《老人与海》中通过圣地亚哥之口对勇气的阐释。

引用文献

洁丽·艾伦:《马克·吐温传奇》,张友松、陈玮译,北京:中国青年出版社,1983。

理查德·奥尔丁顿:《D. H. 劳伦斯传:一个天才的画像,但是……》,冰宾、东辉译,天津:天津人民出版社,1989。

简·奥尼尔:《勃朗特姐妹的世界》,叶婉华译,海口:海南出版社、三环出版社,2004。

贝克:《迷惘者的一生——海明威传》,林基海译,长沙:湖南文艺出版社,1992。

盖斯凯尔夫人:《夏洛蒂·勃朗特传》,祝庆英、祝文光译,上海:上海译文出版社,1987。

弗兰克·哈里斯:《奥斯卡·王尔德传》,蔡新乐、张宁译,郑州:河南人民出版社,1996。

舍利·克莱恩:《查尔斯·狄更斯的绝妙睿语》,范慧玉译,北京:东方出版社,2007。

佛兰克·赫里斯:《萧伯纳传》,黄嘉德译,北京:团结出版社,2006。

李文俊:《福克纳传》,北京:新世界出版社,2003。

杰弗里·迈耶斯：《海明威传》，萧耀先等译，北京：中国卓越出版公司，1990。

马克·吐温：《马克·吐温自传：戏谑人生》，石平译，合肥：安徽人民出版社，2012。

阿瑟·考尔德-马歇尔：《孤狼：杰克·伦敦轶事》，刘榜离、乔法州译，上海：上海译文出版社，1991。

戴维·明特：《福克纳传》，顾连理译，上海：东方出版中心，1994。

安·莫洛亚：《拜伦传》，裘小龙、王人力译，杭州：浙江文艺出版社，1985。

赫·皮尔逊：《狄更斯传》，谢天振等译，杭州：浙江文艺出版社，1985。

基思·萨格：《劳伦斯的生活》，高万隆、王建琦译，济南：山东友谊书社，1989。

王志艳：《泰晤士河畔飞翔的天使——与浪漫为伍的诗人雪莱》，延吉：延边人民出版社，2007。

吴少平：《一个真实的夏洛蒂·勃朗特》，北京：东方出版社，2007。

晓树：《震撼心灵的诗人——拜伦》，北京：中国画报出版社，2009。

张耘：《荒原上短暂的石楠花：勃朗特姐妹传》，北京：中国文联出版社，2002。

图书在版编目(CIP)数据

大文豪　小故事/杨建玫编著. —上海：复旦大学出版社,2020.5
ISBN 978-7-309-14744-5

Ⅰ.①大… Ⅱ.①杨… Ⅲ.①作家-生平事迹-英国 ②作家-生平事迹-美国
Ⅳ.①K835.615.6 ②K837.125.6

中国版本图书馆 CIP 数据核字(2019)第 247997 号

大文豪　小故事
杨建玫　编著
责任编辑/唐　敏　高　原
复旦大学出版社有限公司出版发行
上海市国权路 579 号　邮编：200433
网址：fupnet@fudanpress.com　http://www.fudanpress.com
门市零售：86-21-65102580　团体订购：86-21-65104505
外埠邮购：86-21-65642846　出版部电话：86-21-65642845
上海崇明裕安印刷厂

开本 890×1240　1/32　印张 10.375　字数 260 千
2020 年 5 月第 1 版第 1 次印刷

ISBN 978-7-309-14744-5/K·714
定价：38.00 元

如有印装质量问题，请向复旦大学出版社有限公司出版部调换。
版权所有　侵权必究